河北省教育厅“2019年省级专业学位教学案例（库）立项建设项目——经济法实务案例库建设”
（项目编号：KCJSZ2019007）和河北大学专业学位研究生教学案例建设项目之研究成果

经济法
实务案例与原理

刘广明　主编

PRACTICAL CASES AND PRINCIPLES OF ECONOMIC LAW

法律出版社 LAW PRESS·CHINA
北京

图书在版编目(CIP)数据

经济法实务案例与原理 / 刘广明主编. -- 北京 :
法律出版社, 2021(2024.6 重印)
ISBN 978-7-5197-5827-1

Ⅰ. ①经… Ⅱ. ①刘… Ⅲ. ①经济法-案例-研究-
中国 Ⅳ. ①D922.29

中国版本图书馆 CIP 数据核字(2021)第 158212 号

经济法实务案例与原理
JINGJIFA SHIWU ANLI YU YUANLI

刘广明 主编

策划编辑 陈 妮
责任编辑 陈 妮 王 鸿
装帧设计 臧晓飞

出版发行 法律出版社
编辑统筹 法治与经济出版分社
责任校对 王 丰 张翼羽
责任印制 吕亚莉
经 销 新华书店

开本 710 毫米×1000 毫米 1/16
印张 13.75 **字数** 303 千
版本 2021 年 8 月第 1 版
印次 2024 年 6 月第 2 次印刷
印刷 固安华明印业有限公司

地址:北京市丰台区莲花池西里 7 号(100073)
网址:www.lawpress.com.cn
投稿邮箱:info@lawpress.com.cn
举报盗版邮箱:jbwq@lawpress.com.cn
销售电话:010-83938349
客服电话:010-83938350
咨询电话:010-63939796

书号:ISBN 978-7-5197-5827-1
定价:86.00 元
凡购买本社图书,如有印装错误,我社负责退换。电话:010-83938349

前 言

“法律的生命不在逻辑,而在于经验。”案例可以说是行动中的法律,或者说是活生生的法律。虽然我国属于成文法国家,强调制定法在调整社会生活和裁判争议案件中的决定性作用与地位,但对案例的研究仍然具有重要意义。

首先,案例研究对法学教育目标的顺利达成具有重要意义。2011 年 12 月,教育部、中央政法委联合印发的《关于实施卓越法律人才教育培养计划的若干意见》强调指出,要“搞好案例教学”。《法学类教学质量国家标准(2021 年版)》亦明确规定,要“强化案例教学”。在法学教育中,将抽象规范准确适用于具体事实是法律人思维训练的关键环节,而案例教学则是承载这一任务的主要教学方式。开展案例教学不仅有利于学生更好地理解法学理论的精髓、法律规范的原理,而且有助于增强学生学习的主动性和思辨性,提高学生分析问题和解决问题的能力。将案例教学融入法学教育已成为共识,而搞好、强化案例教学以切实提高法学专业人才培养质量的基本前提就是应重视案例研究。案例研究做不好,案例教学也很难做好。

其次,案例研究对提高司法裁判质量具有重要意义。从司法实践来看,案例的科学运用能够在一定程度上弥补成文法的概括性和滞后性。因此,自 20 世纪 80 年代中期开始,最高人民法院陆续在《最高人民法院公报》上发布具有参考意义的司法案例(通称公报案例),以指导司法裁判工作、提高司法裁判质量。为总结审判经验、统一法律适用、提高审判质量、维护司法公正,2010 年 11 月 15 日,最高人民法院审判委员会第 1501 次会议通过了《最高人民法院关于案例指导工作的规定》,这标志着我国案例指导制度的正式建立。

最后,案例研究对立法工作的有效开展具有重要意义。“法律是治国之重器,良法是善治之前提。”2014 年 10 月,党的十八届四中全会通过的《中共中央关于全面推进依法治国若干重大问题的决定》强调指出:“建设中国特色社会主义法治体系,必须坚持立法先行,发挥立法的引领和推动作用,抓住提高立法质量这个关键。”立法先行以立法项目的科学确立为基本前提,而从立法实践来看,案例研究亦能为立法项目确立提供参考,尤其是在经济法领域。

《经济法实务案例与原理》特点主要有三:第一,真实性。选取案例全部为经济法适用过程中的真实案件,均切实反映了案例的基本情况和核心争议焦点,且对这些案件均详细注明了出处和来源。第二,典型性。本书案例均是从指导性案例、公报案例等经典案例中精心挑选的,并注重与经济法适用相关争议问题进行有效衔接,以确保案例分析与问题探讨有助于读者深入理解经济法基本原理和适用规则,具有较高学术价值与实践价值。第三,可读性。在保证对相关案例予以专业分析的基础上,尽量以通俗易懂的文字进行表述,以适应理论研究者、法学学生以及法律实务工作者等不同阅读群体的差异性需求。另外,在编写过程中,作者注重与经济法最新立法成果及实践创新性做法相衔接。本书不仅有利于激发法学专业学生学习经济法的兴趣,还能够提高其解决经济法法律实务问题的能力,而且对高校法学教师、审判人员及相关实务工作者而言,也有较高的参考价值。

本书由刘广明担任主编。具体撰写分工如下(按所撰写内容先后为序):葛现洋、陈浩然:消费者权益保护法;李韩非:产品质量法;刘广明、李韩非:食品安全法;张培瑶:反垄断法;张俊慈、秦星远:反不正当竞争法;李俊博:证券法;贾科峰:保险法;全书由刘广明统稿,并对个别内容作了必要修改。

本书的撰写与出版得到了法律出版社法治与经济分社沈小英社长、陈妮老师、王鸿老师、黄筝老师和河北大学法学院相关领导的鼎力支持,在此表示诚挚的谢意!

由于水平有限,加之时间仓促,书中不足之处在所难免,希望读者批评指正!

编者

2024 年 2 月

目　录

第一编
消费者权益保护法

第四编
反垄断法

第五编
反不正当竞争法

第六编
证券法

第七编
保险法

第一编　消费者权益保护法

案例一：惩罚性赔偿制度的司法适用

——基于李某诉胡某、北京J建材市场有限公司承揽合同纠纷案之分析

一、案情简介①

2013年9月24日，原告李某与被告胡某达成家用集成吊顶购置协议。购置并安装完毕1年后，所涉集成吊顶两次出现塌陷下沉、边条变形、开裂、脱落等现象。原告李某咨询专业人士后，认为上述现象是由于胡某在施工中偷工减料，未在集成吊顶内部安装龙骨及吊杆导致的。李某遂找到胡某协商解决，但胡某一直拖延，李某不得已向被告北京J建材市场有限公司（以下简称J建材公司）投诉，但是被告J建材公司偏袒胡某。李某于是投诉至W工商所，W工商所要求胡某采取重做施工措施或者赔偿李某所遭受的损失，并要求J建材公司督促胡某积极回应、尽快落实。胡某、J建材公司虽认可重做施工措施，但是一直没有拿出具体的施工方案，致使工程一直被拖延。李某认为，胡某、J建材公司的拖延行为致使其损失一直存在并有扩大的可能；在整个过程中，胡某有欺诈行为，未尽到经营者的法定和约定义务，造成消费者权益受损并应对此承担民事赔偿责任；J建材公司参与了工商行政部门组织的调解，已经明知涉案产品存在质量缺陷及造成李某损失的事实，但并未督促胡某提供有质量保证的施工措施，亦未承担先行赔付的责任，应当与胡某承担连带责任。鉴于此，李某将胡某、J建材公司诉至法院，要求二被告赔偿经济损失25,200元，并承担本案诉讼费用。

二、法院裁判

胡某在一审中答辩称，不同意李某的诉讼请求，本案应该为买卖合同纠纷而非承揽合同纠纷，其只是向李某出售吊顶，双方所签订的是《J建材市场销售单》（以下简称《销售单》）而非承揽合同，《销售单》中载明的金额就是买卖标的物的价格，不包含安装服务。

J建材公司在一审中答辩称：不同意李某的诉讼请求，李某的主张无依据，J建材公司并不是合同的相对方，纠纷与其无关。

---

① 北京市第三中级人民法院民事判决书，（2016）京03民终162号。

一审法院认为：根据李某提交的销售单、维修记录及J建材公司的陈述可确认，涉案吊顶的安装工作由胡某承担，李某与胡某成立承揽合同关系，胡某作为承揽人应当向李某提交符合质量要求的工作成果；根据李某提交的维修记录、工地监理记录及检查报告可以看出，胡某承揽的工程质量不符合国家相关标准，且部分吊顶已经出现明显质量问题；李某要求胡某在其所交款项的范围内承担赔偿责任的诉讼请求，有事实依据，应当予以支持；李某要求另外支付8400元惩罚性赔偿的请求，因没有证据证明胡某在销售过程中存在欺诈行为，应当不予支持；李某要求支付重修费用、误工费、交通费及其他损失的请求，因证据不足，不予支持；J建材公司系胡某经营场所的出租方，胡某现仍在该处经营，且李某无证据证明J建材公司有其他应该承担连带责任的法定情形，故对李某要求J建材公司承担赔偿责任的诉讼请求不予支持。综上，一审法院依法判决如下：(1)胡某于判决生效后10日内赔偿李某损失4200元；(2)驳回李某的其他诉讼请求。

一审判决后，原告李某不服判决，依法提起上诉，主要理由如下：胡某、J建材公司存在共同欺诈行为，应当依法给予李某3倍的价格赔偿。

胡某答辩称：不同意李某的上诉理由，本案属于买卖合同纠纷，《销售单》就是合同；胡某仅是基于同情心或其他附属性义务为李某提供简单的安装服务，不能按照相关国家标准来要求胡某的施工行为；因此，请求驳回上诉，维持原判。

J建材公司答辩称，本案与J建材公司无关，请求驳回上诉，维持原判。

二审法院经审理认为，本案中《销售单》是当事人真实意思表示，属合同性质，且未违反法律、行政法规的强制性规定，合法有效；根据《合同法》的相关规定，买卖合同的主要目的为转移标的物所有权，承揽合同则是以完成一定工作为目的，本案所诉争的合同在内容及形式上更为符合买卖合同的构成规定，故本案应当认定二者为买卖合同法律关系；根据《消费者权益保护法》的相关规定，原告李某为家庭消费需要购买集成吊顶，属于消费者，胡某出售吊顶、J建材公司经营建材市场属于市场经营活动，二被告属于经营者；本案为买卖合同纠纷，并基于买卖行为进行了所购买产品的安装，产品自身质量及有关安装工作均应符合相关规定，经营者应当依法履行义务，保障消费者的合法权益。

关于本案是否适用《消费者权益保护法》关于惩罚性赔偿的规定，通过重点审查商品本身、经营场所情况及涉案集成吊顶安装状态，并综合考量本案整体发展过程，二审法院认为：第一，胡某在店面装潢以及销售资料中均具有倾向性的表示，易使消费者产生某种质量上的信赖感。第二，胡某提供的产品安装成果经W工商所鉴定为不合格，证明该基于购买而为的安装行为确实存在质量问题。因此，胡某对涉案吊顶及其安装情况存在事实的隐瞒，属于消费欺诈行为。第三，J建材公司应视为本案合同项下的经营者，其有义务承担本案买卖合同项下的相关责任。

综上所述，二审法院依法判决如下：(1)撤销一审判决；(2)胡某、J建材公司于本判决生效后10日内赔偿李某损失12,600元；(3)驳回李某其他诉讼请求。

三、法理分析

本案是关于消费侵权惩罚性损害赔偿制度适用的典型案例。

惩罚性损害赔偿制度，又称示范性赔偿制度、报复性赔偿制度，是指为惩罚不法行为人的严重违法行为和预防类似不法行为的再次发生，给予受害人超出其所受实际损失之适当限度的赔偿的侵权责任制度设计。[①] 概言之，惩罚性赔偿制度具有以下显著特征：(1)依附性。所谓依附性，是指惩罚性赔偿制度的适用以补偿性赔偿的成立为前提条件，“无损害无赔偿”，无损害更谈不上惩罚性赔偿。(2)补充性。惩罚性赔偿制度设立的初衷在于弥补补偿性赔偿威慑、惩戒、抑制功能之不足，在某些情况下，还可发挥补偿受害人损失的作用。(3)法定性。惩罚性赔偿制度并非适用于所有的民事违法行为，其只适用于法律有明文规定的特定的过错行为。(4)不确定性。惩罚性赔偿的范围并不以实际损害为限，其数额往往高于补偿性赔偿标准，且具体数额多由法官根据一定的赔偿原则并斟酌多种因素后确定，和原告所遭受的实际损害并无固定联系，具有不确定性。(5)惩罚性。惩罚性赔偿制度的功能不仅在于赔偿受害人的损失，还在于惩罚和制裁加害人的严重过错行为。

理论和实践证明，惩罚性赔偿制度的确立具有以下重要意义：

1. 有利于消费者合法权益的保障。受信息占有、经济实力、诉讼能力等因素所限，相对于经营者而言，消费者无疑处于弱势地位。如何实现消费者权益的有效保护是现代社会所需妥适解决的重要课题。在传统的补偿性赔偿原则下，损害赔偿的救济方式以恢复原状和赔偿损失为主。但从实际情况来看，这种途径并不能使受害人充分地获得法律规定的全部赔偿。比如在产品责任案件中，受害人损失的范围有直接损失和因损害而丧失的其他权益，并且受害人为了维权起诉还要花费诉讼成本和时间精力。因此，仅仅对其进行补偿性赔偿难以起到实质上弥补全部损失的作用，不少人就此选择放弃维权。在消费者权益保护这个问题上，惩罚性赔偿制度有其特殊价值和突出作用，其通过超过实际损害额的惩罚性赔偿金来实现对当事人权利情感的激励功能，实现对消费者权利的倾斜性配置，进而有助于矫正消费者与经营者之间的失衡状态，实现消费者权益的有效保护。对于遭受严重恶性伤害的受害者而言，惩罚性赔偿金可以消除其对

---

① 参见高志宏：《惩罚性赔偿责任的二元体系与规范再造》，载《比较法研究》2020年第6期。

于因取证困难、诉讼程序漫长等维权成本过高的顾虑,特别是对一些实际损失不大,但加害人的主观恶性特别恶劣、对社会秩序和善良风俗的伤害较大的案件,惩罚性赔偿制度能够从经济利益的角度激发受害人启动诉讼程序,从而实现其激励功能。因此,当面临经营者欺诈、遭遇经营者侵权时,消费者就可借助惩罚性赔偿制度实现自身权益的有效保障以及遭受侵害时的全面救济。每个人都是消费者,从一定意义上来讲,惩罚性赔偿制度对消费者权益的特殊"关怀"实际上也是对人民权益予以充分保护的重要体现。

2. 有利于抑制侵权行为的发生。传统意义上的侵权损害赔偿是对受害人的一种补偿,虽然可以弥补受害人的物质损失,但是有些情况下,这种补偿其实仍是过错方的得利和受害方的损失,过错方通过自己的不法行为所得到的利益远大于其给予受害方的补偿的。因此,很可能会导致过错方并不介意也不约束其不法行为,因为即使在受害方的追索下而补偿了受害方应得的那一部分差价,过错方仍然能够从这当中获得巨大的利益。"舍小利,得大利"的心理认知可能会造成不法行为的放纵和失控。同时,对于受害方而言,在有些情况下,仅仅补偿其物质损失并不能实现其权益的全面、有效保障,如精神方面所遭受的损害。总之,单一适用补偿原则以对侵权损害进行救济,不能有效控制、防范不法行为的发生,而确立惩罚性损害赔偿制度就能在一定程度上很好地解决不法行为屡禁不止的这个问题。原因在于,当过错方发现自己的不法行为非但不能获利,反而会因惩罚性赔偿而使自身遭受不利时,过错方就会放弃这种损人不利己的不法行为,进而实现侵权行为的有效抑制。

3. 有利于健康有序市场秩序的建立。市场秩序的健康有序不仅关系到人民群众的安居乐业,而且关涉高质量发展战略的有效落实。强化市场监管是健康有序市场目标顺利实现的重要抓手,同时,市场秩序的规制又是一个系统性工程,需要方方面面的努力和持续不懈的推进。其中,惩罚性赔偿制度的建立,于健康有序市场秩序的实现与维系具有重要意义。只要有市场就会有竞争,当竞争出现的时候,就难免会出现扰乱市场的不当行为。为了牟取暴利以及占领市场,不法经营者便会以欺诈等不法手段进行市场交易,他们的存在不但会给消费者带来巨大的损失,还会给整个经济运行带来无法估量的混乱与损失。通过建立惩罚性损害赔偿制度,可以在很大程度上减少这种不法行为的出现,从而为建立健康有序的市场秩序打下坚实的基础。

4. 有利于适应侵权行为方式的变化。一项法律制度的建立,不仅是对理论完整、逻辑自洽的积极追求,更是对社会需求的应有回应。从变化趋势来看,现代社会下的侵权行为方式与传统侵权行为存在显著不同。传统侵权行为基本图景如下:由于人们活动范围比较小,侵权方式比较简单,侵权行为发生的概率和频率都比较低,一般不带有牟利目的,缺乏持续侵权的动力。因此,博弈的重复性与道德的谴责性对传统侵权行为的抑制有一定的作用,填补损失本身就足以起到惩罚遏制的效果。在现代社会,侵权行为往往伴随经营行为或出于其他牟利目的而产生,对利益的追求为侵权行为的发生提供了持续的动力;双方当事人在信息占有及经济地位上一般存在较大差距;侵权行为技术性强、产品科技含量高,侵权行为的发生及后果的出现不易被察觉;人口的流动性强,侵权行为被发现的概率较小,侵权人的机会主义倾向明显。补偿性赔偿制度也因此已失去对侵权行为的惩罚遏制功能。不同的行为方式应该对应不同的责任形式。侵权行为不同,威慑及救济的方式也应该不一样,唯有实施惩罚性赔偿,而不是填平补齐式的损害赔偿才能有力地威慑以牟利性、机会主义、蔑视他人尊严等为显著特征的侵权行为,适应侵权行为方式变化的新趋势。

5. 有利于我国法律责任体系的完善。法律责任体系是一个由各种法律责任(包括民事责任、行政责任、刑事责任等)组成的,既相对独立又相互联系;既相互渗透又相互补充组成的统一整体。然而,受我国传统文化和一度实行的高度集中的计划经济管理体制的影响,我国法律责任体系长期偏重行政责任和刑事责任,于民事责任也过分强调其补偿性,认为民事责任不包含惩罚性赔偿基因,由此导致民事责任十分薄弱,缺乏足够的威慑力。惩罚性赔偿责任保留了过错责任所具有的保障自由和醇化道德的优点,同时加强了惩罚和遏制功能,通过增强民事责任的威慑性,减轻对行政责任和刑事责任的过分依赖,有助于激励人们遵守法律、惩罚和防范不法行为。以过错责任为基础的惩罚性赔偿责任与原来以过错、无过错责任为基础的补偿性赔偿互相补充,是对民事责任形式的丰富和民事责任体系的完善,进而有助于提高法律实施效果。①

6. 有利于弥补公力救济的不足。现代社会,国家履行维护社会秩序、保护公民权利的职能主要通过制定和执行法律来实现。国家执行法律的方式有二:一是主动方式,即公力介入,由国家采用物质暴力主动执行法律,通过对违法者惩罚和制裁,加重违法者的违法成本,来预防和抑制违法行为;二是被动方式,受害人提出诉求,由国家通过法律程序给予受害者保护。由于法律的不尽完善,执法力量的相对不足,执行效率的相对不高,大量侵害社会秩序的行为难于及时发现并得到有效的处理。受补偿性赔偿规则所致的高成本低收益后果,受害人向国家寻求救济的意愿降低,大量的损害后果因此得不到国家有效的公力救济。建立惩罚性赔偿制度,可以有效地降低受害人的维权成本,激励受害人维权,从而更好地保护受害人,弥补公力救济的不足。

7. 有利于社会信用体系的建立。“人无信则不立,业无信则不兴。”经济社会的正常运转离不开信用的保障与“加持”,现代市场经济于信用的需求与要求则更高,须臾

① 参见朱战威:《惩罚性赔偿制度的理论困境及其出路》,载《西部法学评论》2016 年第 3 期。

不可分离。信用是市场经济的基础,市场经济就是建立于法制和信用基础之上的商品经济。从一定意义上讲,现代市场经济就是信用经济。就我国而言,虽然信用文化深厚,如很早就确立了“以诚而诺”的诚信观,但现代社会信用体系的构建却经历了一个较为曲折的过程。计划经济体制的实行,严重阻滞了以市场自由与主体平等为显著特征的现代信用理念的形成;改革开放之初,“商人之奸”又在部分地区、部分领域大行其道。信用基础的缺失极易诱发不当竞争,将极大地减损市场经济效率,并诱发其他社会问题。时至今日,假冒伪劣的盛行仍是阻碍我国市场经济实现更好更快发展的问题之一。法律是市场经济发展和信用社会构建的有力保障,现代社会信用体系的建立必须要以对诚信的保护与救济、对失信的惩戒与预防为基本前提。于现代信用体系的建立,惩罚性赔偿制度有其特殊价值。在惩罚性赔偿规则之下,经营者为避免承担加重赔偿责任而致“损人不利己”,将规范其经营行为、约束违法冲动,做到诚信经营;消费者在获得加重赔偿激励后,将更具有同侵权行为、不良经营者进行斗争的积极性,进而实现对经营者的有效制衡。因此,惩罚性赔偿制度的确立将有利于现代社会信用体系的建立。

8. 有利于社会安全目标的实现。在现代社会,依托法律规则、制度所建立的社会秩序应以维护人的生命、财产安全为其基本目标,安全乃是构成秩序需要的重要因素。惩罚性赔偿制度的目的之一,就是为了实现人们的这一本能愿望。到了近现代,面对工业化乃至信息化的现代社会,民事交往速度大大加快,然而在怎样维护交易安全,尤其是如何防范有预谋的恶意侵权行为的问题上,传统私法显得力不从心。就普通侵权案件而言,补偿性赔偿金基本上可以填补受害人受到的损失,又不使其因受害而获利,可以实现数量上的公平,但补偿性赔偿只具有事后补救的效果,起不到事先预防的作用。对恶意侵权行为来说,单纯的补偿不足以遏制再次侵权行为的发生,对社会上不特定的多数人也起不到警示作用。虽然当事人完全是私人诉讼人,但也可涉及社会利益。于是,侵权行为法调整的不只是一个衡量与被告的利益相对抗的原告利益的过程。社会利益被列入考虑的范围,而且通常受到更多的重视。现代法治要求在维护权利本位的同时须兼顾社会利益,即使补偿性赔偿可以使每个受害者都获得救济,但频繁发生的侵权行为无疑是对社会秩序的极大威胁。惩罚性赔偿和罚款、罚金的遏制方式是不同的,它有自身的特点更能够激励人们依靠法律,加强对个人权利的保护,减轻对行政责任和刑事责任的过分依赖。经济社会的持续健康发展需要一个安定的社会生活环境,惩罚性赔偿制度所内含的秩序价值,有助于遏制恶意损害他人利益的不法行为,进而实现社会安定目标的顺利达至。

一般认为,惩罚性赔偿制度的萌芽最早可以追溯到古巴比伦、古罗马时期。例如,

《十二铜表法》将盗窃、抢夺、伤人等在现代社会应由国家追究刑事责任的犯罪行为界定为私人之间的侵权行为，同时，为有效遏制该类侵权行为的发生，法律规定，被侵权人有权请求超过实际损失的超额损害赔偿。但严格意义上的惩罚性赔偿制度则产生于中世纪英国，1763 年 Wilks v. Wood 一案被认为是英国正式确立惩罚性赔偿制度的肇始。1993 年 10 月 31 日，第八届全国人民代表大会常务委员会第四次会议通过《消费者权益保护法》标志着我国惩罚性赔偿制度的正式确立，该法第 49 条明确规定，“经营者提供商品或者服务有欺诈行为的，应当按照消费者的要求增加赔偿其受到的损失，增加赔偿的金额为消费者购买商品的价款或者接受服务的费用的一倍”。2013 年 10 月 25 日，第十二届全国人民代表大会常务委员会第五次会议修正通过的《消费者权益保护法》对该制度作了进一步完善，该法第 55 条第 1 款规定，“经营者提供商品或者服务有欺诈行为的，应当按照消费者的要求增加赔偿其受到的损失，增加赔偿的金额为消费者购买商品的价款或者接受服务的费用的三倍；增加赔偿的金额不足五百元的，为五百元”，“法律另有规定的，依照其规定”；[①]同时，该法第 55 条第 2 款还规定，“经营者明知商品或者服务存在缺陷，仍然向消费者提供，造成消费者或者其他受害人死亡或者健康严重损害的”，受害人有权要求经营者依照法律规定赔偿损失，“并有权要求所受损失二倍以下的惩罚性赔偿”。新法对惩罚性赔偿制度的完善，意义重大，对不法经营者的威慑力进一步提升，进而对营造良好的市场环境发挥了重要作用。我国惩罚性赔偿制度虽最早确立于消费者权益保护领域，但随着法律体系的完善，在适用范围上实现了积极的拓展，涉及知识产权保护、环境侵权救济等重要领域。例如，《民法典》第 1185 条规定，“故意侵害他人知识产权，情节严重的，被侵权人有权请求相应的惩罚性赔偿”；同时，该法第 1232 条规定，“侵权人违反法律规定故意污染环境、破坏生态造成严重后果的，被侵权人有权请求相应的惩罚性赔偿”。

本案是惩罚性赔偿制度司法适用的典型案例之一。一般认为，《消费者权益保护法》中惩罚性赔偿制度的适用应具备以下条件：惩罚性赔偿制度法律关系的主体是经营者和消费者；经营者提供商品或者服务有欺诈的行为；惩罚性赔偿要以消费者有实际损失为要件；必须由受欺诈的消费者提出赔偿的要求。就本案而言，根据《消费者权益保护法》的规定，“消费者为生活消费需要购买、使用商品或者接受服务，其权益受本法保护”；“经营者为消费者提供其生产、销售的商品或者提供服务，应当遵守本法”。李某

① 研究者认为，“法律另有规定的，依照其规定”，这一“援引性条款”意义重大，其有助于避免与其他法律之间的冲突，进而增加了惩罚性赔偿制度适用的灵活性。相关论述参见江帆、朱战威：《惩罚性赔偿：规范演进、社会机理与未来趋势》，载《学术论坛》2019 年第 3 期。

为家庭消费需要购买吊顶,应属《消费者权益保护法》中消费者的范畴;胡某出售吊顶、J建材公司经营建材市场系市场经营活动,均应视为《消费者权益保护法》中经营者的范围。《消费者权益保护法》第55条第1款规定:“经营者提供商品或者服务有欺诈行为的,应当按照消费者的要求增加赔偿其受到的损失,增加赔偿的金额为消费者购买商品的价款或者接受服务的费用的三倍……”本案中,综合所购买产品和安装的整体情况,并考虑产品销售过程中可能使李某造成错误的理解和信任,应该认定胡某对涉案吊顶及其安装情况存在隐瞒的事实,属消费欺诈行为。原告李某就其损失请求惩罚性赔偿,法院判决适用惩罚性赔偿规则,于法有据,合乎法理。

案例二:欺诈情形的认定

——基于X汽车销售服务有限责任公司、杨某宝买卖合同纠纷案之分析

一、案情简介①

2014年6月24日,原告杨某宝与被告X汽车销售服务有限责任公司签订《机动车销售合同》(以下简称《销售合同》),《销售合同》约定:X汽车销售服务有限责任公司向杨某宝销售宾利慕尚(尊贵版)汽车一台,单价550万元;X汽车销售服务有限责任公司保证所售车辆具有合法手续,符合国家商检部门检验标准,车辆的质量标准和保修期限按厂家规定;如发生质量问题,X汽车销售服务有限责任公司协助解决;预计交车日期为2014年7月30日,以杨某宝全部车款到达X汽车销售服务有限责任公司账户为前提,最终交车日期以X汽车销售服务有限责任公司的通知为准;杨某宝在交车地点现场验收车辆,X汽车销售服务有限责任公司将车辆交由杨某宝实际支配并向杨某宝交付车辆的海关及商检单证、维修保养手册、交车清单等文件;车辆交接书的签订视为车辆的正式交付,其后一切风险责任由杨某宝承担。《销售合同》对所售车辆的发动机号、车架号等未作约定。

X汽车销售服务有限责任公司随后从D汽车销售公司购入前述进口宾利慕尚汽车。2014年7月30日,该车辆运抵X汽车销售服务有限责任公司,X汽车销售服务有限责任公司拟将该车辆交付杨某宝。同日,X汽车销售服务有限责任公司进行车辆移

① 最高人民法院民事判决书,(2018)最高法民终12号。

交检查时发现车辆左前门下有漆面损伤,通过抛光打蜡清除了漆面损伤,这一处理操作记载于该车辆的维修记录中。2014 年 10 月 8 日,因汽车右后窗帘存在异响,X 汽车销售服务有限责任公司更换了窗帘总成,该维修操作亦记载于车辆的维修记录中。

2014 年 9 月 26 日,X 汽车销售服务有限责任公司向杨某宝开具机动车销售统一发票。2014 年 10 月 14 日,杨某宝取得贵州省出入境检验检疫局出具的《进口机动车辆检验检疫证明》。2014 年 10 月 30 日,杨某宝为所购车辆办理了机动车登记手续。

2016 年 5 月 31 日,杨某宝通过"车鉴定网"查询所购车辆的维修保养记录时,查询到前述维修记录,遂以 X 汽车销售服务有限责任公司、D 汽车销售公司在车辆交付之时未向其告知前述情形构成欺诈并给其造成巨大损失为由向法院提起诉讼。原告杨某宝诉称:涉案车辆交付后,杨某宝在使用过程中发现车辆毛病不断,且屡次向 X 汽车销售服务有限责任公司询问均未获满意答复;杨某宝对车辆进行日常保养,无意中发现该车在交车之前即有过大修记录,X 汽车销售服务有限责任公司、D 汽车销售公司出售的系问题车,但未向杨某宝告知这一情况;X 汽车销售服务有限责任公司、D 汽车销售公司的欺诈性销售行为给杨某宝带来了巨大的损失。据此,杨某宝请求二被告依法承担赔偿责任,以有效维护其合法权益。

二、法院裁判

一审法院归纳本案的争议焦点为:(1)X 汽车销售服务有限责任公司是否存在欺诈,《销售合同》是否应被撤销;(2)X 汽车销售服务有限责任公司是否应承担惩罚性赔偿责任;(3)D 汽车销售公司是否应承担连带责任。

关于第一个焦点问题。一审法院认为,根据《消费者权益保护法》的规定,[①]对于商品买卖,在合同缔结和商品销售的整个过程中,消费者都享有知情权,经营者都负有如实告知商品信息的义务,应当确保消费者的知情权使消费者能基于其真实意愿作出意思表示并正确行使相关权利。因此,在本案中,虽然《销售合同》中对车辆的发动机号、车架号等未作约定,但涉案车辆在销售过程中已特定化,出于对消费者杨某宝知情权和选择权的保护,对欺诈情形的认定不能仅限于《销售合同》的缔约阶段,而应延续到涉案车辆的销售过程。车辆的最终交付意味着销售的结束,确定车辆的交付时间对认定

① 《消费者权益保护法》第 8 条第 1 款规定,"消费者享有知悉其购买、使用的商品或者接受的服务的真实情况的权利";该法第 20 条第 1 款规定,"经营者向消费者提供有关商品或者服务的质量、性能、用途、有效期限等信息,应当真实、全面,不得作虚假或者引人误解的宣传";该法第 16 条第 3 款规定,"经营者向消费者提供商品或者服务,应当恪守社会公德,诚信经营,保障消费者的合法权益;不得设定不公平、不合理的交易条件,不得强制交易"。

X 汽车销售服务有限责任公司是否构成欺诈至关重要。因双方均未提供证明车辆交付时间的证据,一审法院依据《销售合同》中关于预计交车日期、交车的前提条件和具体事项、车辆验收、风险转移等的约定,以及杨某宝关于其已于 2014 年 10 月 14 日收到涉案车辆进口机动车辆检验证明的自认,认定涉案车辆的交付时间为 2014 年 10 月 14 日。因涉案车辆于 2014 年 7 月 30 日和 2014 年 10 月 8 日进行过瑕疵处理和维修,X 汽车销售服务有限责任公司不能证明其已告知过杨某宝相关情况,可认定 X 汽车销售服务有限责任公司在车辆交付前故意隐瞒了车辆的前述问题,剥夺了杨某宝的知情权和选择权,X 汽车销售服务有限责任公司的行为构成欺诈,《销售合同》应予撤销。《销售合同》被撤销后,应发生相互返还的效果。在本案中,涉案车辆交付后杨某宝占有使用已近 3 年,在退还购车款时应由杨某宝负担合理的折旧费用。因杨某宝不同意对车辆现有价值进行评估,一审法院根据市场惯例,结合案件实际情况,酌定以车辆实际销售价格的 10% 为每年的折旧比例,3 年折旧费共计 165 万元,X 汽车销售服务有限责任公司应在扣除车辆折旧费后将购车款退还杨某宝,同时还应承担杨某宝支付的车辆购置税 470,085.47 元,杨某宝也应将车辆返还 X 汽车销售服务有限责任公司。

关于第二个焦点问题。《合同法》第 113 条规定,当事人违约给对方造成损失的,损失赔偿额应当相当于因违约所造成的直接损失和可得利益损失,但不得超过违约方订立合同时预见到或者应当预见到的因违反合同可能造成的损失。但经营者对消费者提供商品或者服务有欺诈行为的,依照《消费者权益保护法》的规定承担损害赔偿责任。①《消费者权益保护法》第 55 条第 1 款规定:“经营者提供商品或者服务有欺诈行为的,应当按照消费者的要求增加赔偿其受到的损失,增加赔偿的金额为消费者购买商品的价款或者接受服务的费用的三倍;增加赔偿的金额不足五百元的,为五百元。法律另有规定的,依照其规定。”依上述规定,3 倍赔偿责任的规定主要是针对经营者的欺诈行为,具有惩罚的性质,与消费者所受损失大小无必然关系,该规定未明确要求损失是由法律所明确规定的缺陷产品造成的。在本案中,X 汽车销售服务有限责任公司存在欺诈行为,虽然涉案车辆的漆面损伤及右后窗帘异响问题已由 X 汽车销售服务有限责任公司处理,但涉案车辆不同于一般的汽车商品,其品牌溢价高,价值高达 550 万元,即使比涉案车辆问题更轻微的质量问题亦会严重影响车辆的价值,从而给消费者杨某宝造成损失。因此,依据《消费者权益保护法》第 55 条第 1 款的规定,X 汽车销售服务有限责任

---

① 现已修改为《民法典》第 584 条,现规定为“当事人一方不履行合同义务或者履行合同义务不符合约定,造成对方损失的,损失赔偿额应当相当于因违约所造成的损失,包括合同履行后可以获得的利益;但是,不得超过违约一方订立合同时预见到或者应当预见到的因违约可能造成的损失”。

公司应承担购车款3倍的惩罚性赔偿责任。

关于第三个焦点问题。因D汽车销售公司并非《销售合同》的销售方,未直接对杨某宝进行销售及服务,D汽车销售公司亦不能对杨某宝实施欺诈行为,杨某宝也未举证证明D汽车销售公司知悉车辆存在的问题,对杨某宝要求D汽车销售公司承担连带责任的诉讼请求,一审法院不予支持。

一审法院判决:(1)撤销杨某宝与X汽车销售服务有限责任公司于2014年6月24日签订的《销售合同》;(2)杨某宝于判决生效之日起10日内将涉案汽车退还给X汽车销售服务有限责任公司;(3)X汽车销售服务有限责任公司在判决生效之日起10日内,返还杨某宝购车款385万元,车辆购置税470,085.47元;(4)X汽车销售服务有限责任公司在判决生效之日起10日内,支付杨某宝车辆赔偿金1650万元。

一审法院判决后,被告X汽车销售服务有限责任公司不服提起上诉,请求撤销原判,改判驳回杨某宝的全部诉讼请求,并由杨某宝承担本案全部诉讼费用,主要的事实和理由是:

1. 杨某宝诉称涉案车辆系有过大修记录的事故车辆,原审法院一方面认定涉案车辆确系从英国进口的新车,另一方面对该车是否属于经大修的事故车辆避而不谈,对经维修后车辆的状况及价值是否受到影响,以及该维修是否导致杨某宝的缔约目的无法实现等事实均未予以查明。

2. 汽车出厂后在运输途中难免产生瑕疵,进口车运输路程往往长达数千甚至上万公里,不能因到店车辆存在小的瑕疵就将车辆重新运回厂家处理。为此,汽车行业普遍存在交付前检查(Pre-delivery Inspection,PDI)作业程序,即汽车生产厂家会授权经销商在向用户交付车辆前对车辆进行最后检测时,对发现的一般瑕疵和缺陷应及时予以校正、修补及更换原厂配件,确保所交付车辆达到生产厂家的新车出厂标准,新车在PDI程序下的前述行为被视为生产商分厂或车间的行为,经PDI作业程序后交付的车辆仍属于新车,经销商在销售时无须作特别说明和提醒。PDI程序是行业惯例,对PDI程序操作过程中发现的问题应如何处理以及是否应告知消费者,现行法律并无明文规定。涉案车辆于2014年7月30日运抵X汽车销售服务有限责任公司后,X汽车销售服务有限责任公司按厂家规范进行新车PDI程序时,除发现该车左前门漆面存在轻微损伤外,其余检查项目均为正常。漆面轻微损伤经简单抛光打蜡处理即完全恢复原状,故在上报给厂家的记录中并无材料和人工费用的记载。关于右后窗帘总成的更换,系因杨某宝提车时以车辆右后窗帘启动时存在轻微异响为由要求X汽车销售服务有限责任公司处理,X汽车销售服务有限责任公司经检查出于善意更换了窗帘总成。异响是因车辆到店后长时间停放导致窗帘电机运行不畅所致,X汽车销售服务有限责任公司也如实将相关情况记录于厂家DMS系统。杨某宝将车提走后使用近三年从未对此提出异议,足以证明该瑕疵经处理后对车辆的外观、安全性和质量均未造成任何影响。X汽车销售服务有限责任公司的过错仅在于处理窗帘问题的当时未要求杨某宝签字予以确认。

3. X汽车销售服务有限责任公司主观上并无欺诈故意,客观上并未实施欺诈行为。首先,涉案车辆是X汽车销售服务有限责任公司与杨某宝签约后向D汽车销售公司订购的新车,X汽车销售服务有限责任公司与杨某宝签约时不可能知道涉案车辆的漆面和窗帘存在瑕疵。X汽车销售服务有限责任公司若存在隐瞒前述瑕疵的故意,没必要如实将上述维修情况记载于厂家对外可公开查询的DMS系统。其次,X汽车销售服务有限责任公司销售该车的纯利润不足人民币10万元,为不到2%的纯利润实施欺诈而承担巨额赔偿的风险,实无必要。更何况若车辆确有质量问题,X汽车销售服务有限责任公司可以要求D汽车销售公司重新更换一辆新车。最高人民法院审判委员会于1988年1月26日讨论通过的《关于贯彻执行〈中华人民共和国民法通则〉若干问题的意见(试行)》(以下简称原《民通意见》)第68条规定,"一方当事人故意告知对方虚假情况,或者故意隐瞒真实情况,诱使对方当事人作出错误意思表示的,可以认定为欺诈行为"。在本案中,X汽车销售服务有限责任公司在缔约阶段显然未实施欺诈行为,即使涉案车辆的瑕疵和维修情况未告知杨某宝,此时车辆应依《家用汽车产品修理、更换、退货责任规定》进入"三包"售后服务的范围,而不应判决退还车辆。而且依据《消费者权益保护法》的相关规定,①杨某宝行使退货的权利也超过了法定的7天期限,其请求撤销《销售合同》的权利已丧失。

二审法院经过审理认为,《消费者权益保护法》适用于案涉纠纷,但是X汽车销售服务有限责任公司的行为不构成《消费者权益保护法》中的欺诈。因此,依法判决如下:(1)撤销初审判决;(2)X汽车销售服务有限责任公司于本判决生效后10日内赔偿杨某宝人民币11万元;(3)驳回杨某宝的其他诉讼请求。

三、法理分析

本案是关于消费欺诈行为认定的典型案例。

一般认为,在惩罚性赔偿规则中,欺诈行为一般包括价格欺诈行为、虚假宣传欺诈

---

① 《消费者权益保护法》第24条第1款规定,"经营者提供的商品或者服务不符合质量要求的,消费者可以依照国家规定、当事人约定退货,或者要求经营者履行更换、修理等义务。没有国家规定和当事人约定的,消费者可以自收到商品之日起七日内退货;七日后符合法定解除合同条件的,消费者可以及时退货,不符合法定解除合同条件的,可以要求经营者履行更换、修理等义务"。

行为以及质量欺诈行为。[①] 但是，对欺诈行为的具体认定，无论是学界，还是实务部门，尚存在不同认识，未形成一致的意见。概言之，主要有以下两种观点：一种观点认为，消费合同属于民事合同，《消费者权益保护法》中的欺诈行为应该严格按照传统民事理念及相应标准来加以认定。具体来说，应当严格遵循原《民通意见》第68条的认定规则，即一方当事人故意告知对方虚假情况，或者故意隐瞒真实情况，诱使对方当事人作出错误意思表示的，可以认定为欺诈行为。因此，消费欺诈行为的认定标准应当包括以下要件：经营者存在欺诈行为；经营者有欺诈故意；消费者因受欺诈而陷入错误；消费者因陷入错误而为意思表示。秉持这一认定规则及标准体系的优点在于，有助于保证法律适用的统一性，防止法律适用内在逻辑上的混乱。另一种观点认为，民事欺诈应当与消费欺诈作区别对待，深入把握《消费者权益保护法》的立法精神以及功能，消费欺诈行为的认定不能适用民事欺诈行为认定的标准体系，原因在于，消费者与经营者处于实质上不平等的状态，消费欺诈行为的认定应当考虑消费者的弱势地位并对其予以倾斜性保护，即在认定标准上应做广义理解，既可进行目的解释，也可进行效果解释。

综合考量，消费欺诈行为的认定应当重点把握好以下几点：(1)在主体身份方面，消费欺诈行为的认定应以受害人身份的界定为基本前提，即受害人是否属于消费者，这是消费欺诈认定的基本前提。换言之，只有受害人属于消费者权益保护法所规定的消费者，才有对消费欺诈行为进行认定的必要。(2)在合同性质方面，应当明确一点，消费合同亦属于民事合同，因此，对消费欺诈行为的认定应当援引《民法典》相关规定，[②]并以是否影响消费者缔约的根本目的为重要标准；若经营者的行为对消费者产生重大影响、导致消费目的落空，则可考虑认定消费欺诈行为成立。(3)在构成要件方面，考虑《民法典》第148条对于欺诈行为的规定及原《民通意见》第68条对民事欺诈的规定，首先，经营者存在欺诈的客观行为，如虚假陈述、歪曲事实、虚假宣传、不履行商品或者服务的真实告知义务等；其次，与民事欺诈认定标准不同的是，消费欺诈的认定需要经营者有欺诈故意，对故意要件的认定上应该适用过错推定原则，让经营者来承担举证责任，这在一定程度上避免了消费者维权时的举证难度，并且会减少经营者的沉默、不履行如实告知的义务等问题；最后，经营者的行为是否能够引起一般消费者在主观上陷入错误的认识，并作出错误的意思表示在所不问。

就本案而言，案件纠纷的焦点就在于X汽车销售服务有限责任公司的行为是否构

---

① 参见肖峰：《〈消费者权益保护法〉中“欺诈”的解释方法改进》，载《法律科学(西北政法大学学报)》2020年第2期。

② 《民法典》第148条规定：“一方以欺诈手段，使对方在违背真实意思的情况下实施的民事法律行为，受欺诈方有权请求人民法院或者仲裁机构予以撤销。”

成《消费者权益保护法》上的欺诈情形，具体来说，又可进一步分解为以下几点：

1. 所涉争议是否适用《消费者权益保护法》？对于该问题的答案是肯定的。《消费者权益保护法》第 2 条规定，消费者为生活消费需要购买、使用商品或者接受服务，其权益受该法保护。由该规定可知，是否为《消费者权益保护法》所规定的生活消费行为，仅应依据行为性质加以界定，而无关其他因素。据此，在本案中，涉案车辆虽经济价值较高，但仍属于生活消费行为所指向的客体，由此而产生的纠纷仍应适用《消费者权益保护法》相关规定。具体理由如下：(1)不能以涉案车辆经济价值较高为据而否认购车行为的生活消费性质。由支配财富多寡、收入水平高低等因素所决定，不同消费者对消费支出的判断与把握存在显著不同，即使经济能力相同的消费者，其在消费预算、消费习惯、消费偏好等方面亦会存在差别，因此，不能以消费品的经济价值或消费行为的经济成本为依据来判定消费行为性质。总之，何为生活消费需求，感受因人而异。在本案中，虽然涉案车辆经济价值高达数百万元，但并不能据此否认原告杨某宝购车行为的生活消费属性。(2)不能以车辆的多元用途为据而否认涉案车辆的生活消费品属性。在本案中，杨某宝曾自认涉案车辆曾用于接待等商务活动，X 汽车销售服务有限责任公司据此主张涉案车辆非生活消费品，因此，不适用《消费者权益保护法》相关规定。X 汽车销售服务有限责任公司的这种做法有违常识与法理。在本案中既然涉案车辆登记于自然人杨某宝名下，车辆使用性质登记为非营运，即使存在杨某宝将所购车辆同时用于商业接待的事实，《消费者权益保护法》亦应适用于本案。

2. X 汽车销售服务有限责任公司的行为是否影响购车行为、交易契约的根本目的？对于该问题的答案是否定的。原因主要包括：(1)从合同内容来看，X 汽车销售服务有限责任公司的行为并未构成根本违约。双方在《销售合同》中对涉案车辆的基本情况(厂商、品牌及型号、颜色、单价、交付方式、付款方式等)作了明确约定，X 汽车销售服务有限责任公司的义务还包括车辆应商检合格、具有合法手续、质量标准和保修期限应依厂家规定等，双方还对其他事项进行了约定。从合同内容来看，《销售合同》并未对与窗帘相关的问题或者类似的问题进行约定，与窗帘相关的问题或类似的问题并不构成杨某宝缔约的根本目的。杨某宝诉称涉案车辆系经过大修的问题车而非新车，该主张与一般公众对于大修的合理认知明显不符，在并无证据证明该车交付前即已被他人办理过车辆注册登记，或虽未办理过车辆注册登记但被他人实质使用过的情况下，X 汽车销售服务有限责任公司交付的车辆属于合同所约定的新车。(2)从问题性质来看，车辆窗帘问题及相应修复措施并不影响杨某宝缔约的根本目的。关于车辆的窗帘问题及相应修复措施，不涉及车辆的动力系统如发动机和变速器等，不涉及车辆的转向系统、制动系统、悬架系统、安全系统，不涉及前后桥的主要零件及全车的主线束，不危及车辆安全性能、主要功能和基本用途；同时，相应修复措施轻微，花费时间较短。因此，所涉车辆问题及相应修复措施并未影响杨某宝缔约的根本目的。（3）从危害后果来看，涉案车辆存在的问题与X汽车销售服务有限责任公司的处置措施并未给杨某宝带来重大权益损失。首先，并未侵害到杨某宝的人身健康和安全。本案中，并无证据证明窗帘问题及其修复给杨某宝的人身健康和安全构成潜在威胁，甚至造成实质损害。其次，并未侵害到杨某宝重大财产利益。虽然更换车辆窗帘总成的费用仅就数额而言并非显著偏低，亦非明显偏高，且与车辆购置价格相比显著轻微，故对于涉案车辆的消费者而言，窗帘修复费用并不构成一项较大的财产利益。综上，本案并不存在杨某宝的缔约目的不能实现的情形。

3. X汽车销售服务有限责任公司的行为是否契合消费欺诈行为的具体构成要件？对于该问题的答案是否定的。X汽车销售服务有限责任公司虽未将窗帘问题及其修复情况告知杨某宝，在一定意义上属于欺诈行为，但未予告知的信息并不属于影响杨某宝缔约根本目的的重要信息，并且，经营者X汽车销售服务有限责任公司能够证明其并无刻意隐瞒相关信息的意图，该类轻微问题也并不属于明显超出一般消费者心理所能承受范围之特殊事件。X汽车销售服务有限责任公司未履行告知义务的行为虽在一定程度上侵犯了杨某宝的知情权，但尚不构成消费欺诈。

综上所述，二审法院认为，虽然涉案车辆存在问题，但是经营者处理措施显著轻微，且明显不危及车辆安全性能、主要功能、基本用途，无证据证明该问题及处理措施给杨某宝造成了较大不利影响，经营者在车辆交付前亦已免费原装更换了窗帘总成，兼顾了对消费者认知能力和消费心理的保护，同时及时记载并上传相关信息，因此，不存在对消费者杨某宝的欺诈故意，不构成消费欺诈行为，因此，不能适用惩罚性赔偿规则；同时，X汽车销售服务有限责任公司未在车辆交付前或交付时以更直接、更明确、更便捷的方式告知消费者，对消费者知情权造成了一定程度的影响，因此，应承担相应赔偿责任。二审法院对案件的定性准确，裁判结果合法合理。

案例三：消费者知情权的保护

——基于邓某华诉上海Y汽车销售服务有限公司买卖合同纠纷案之分析

一、案情简介[①]

2016年8月30日，邓某华至上海Y汽车销售服务有限公司订购CC2.0T豪华型(9912B4)轿车一辆，车身颜色为极地白，双方当日签订《汽车销售订单》(以下简称《订单》)并约定：车辆价款25万元，预付款5000元。同日，双方还签订《委托服务协议》，约定由上海Y汽车销售服务有限公司代理邓某华办理金融贷款、车辆保险等事宜，并就各项事宜的相关费用或预估费用作出约定。订购车辆当日，邓某华即按约定支付上海Y汽车销售服务有限公司5000元预付款。

同年9月27日，邓某华与上海Y汽车销售服务有限公司推荐的金融公司签署借款合同，并支付车辆余款，上海Y汽车销售服务有限公司向邓某华开具了价税合计25万元的机动车销售统一发票。嗣后，上海Y汽车销售服务有限公司为邓某华办理车辆保险业务、贷款业务。10月2日，上海Y汽车销售服务有限公司向邓某华交付诉争车辆及车辆三包凭证、车辆保单、售前检查证明(落款显示当日出具)等相关材料。10月8日，诉争车辆于江苏省盐城市进行正式注册登记，邓某华为此支付车辆购置税21,900元及工本费125元。此外，邓某华还支付机动车交通事故责任强制保险及商业第三者责任保险保费共计21,733.26元，支付车辆装饰费8500元。

交付车辆后，邓某华发现该车辆维修记录显示：2016年9月12日，维修项目为拆装后保、后保整喷，里程数1公里。邓某华认为，诉争车辆在交付前已有过维修记录，但上海Y汽车销售服务有限公司故意隐瞒车辆真实情况并将其出售给自己，这一行为已构成消费欺诈。2016年11月，在与上海Y汽车销售服务有限公司沟通无果的情况下，邓某华将上海Y汽车销售服务有限公司诉至法院，请求：(1)判令上海Y汽车销售服务有限公司退还邓某华购车款25万元；(2)判令上海Y汽车销售服务有限公司赔偿邓某华车辆购置税21,900元、保险费29,261.76元、代办保险服务费2000元、上牌报备费2000元、贷款服务费2000元、车辆装饰费8500元；(3)判令上海Y汽车销售服务有限公司赔

① 上海市浦东新区人民法院民事判决书，(2016)沪0115民初81221号。

偿邓某华75万元惩罚性赔偿金。

二、法院裁判

一审法院经审理认为:消费者的合法权益受法律保护,依据现行法律规定,消费者享有知悉其购买、使用的商品或者接受服务的真实情况的权利;①在本案中,双方当事人对于诉争车辆于交付前有过维修记录,且交付后亦进行过维修的事实不存在争议;上海Y汽车销售服务有限公司辩称,2016年9月12日的维修记录系在根据厂方要求为诉争车辆做售前检查(PDI)时,发现车辆后保险杠部位有轻微的外观瑕疵而对车辆进行的售前修复;结合向案外人A公司调查核实的情况,上海Y汽车销售服务有限公司的辩称具有一定的合理性,予以采信;诉争车辆于交付后的两次修理,也系车辆使用人发现故障后所进行的常规检查,不能据此证明诉争车辆存在重大质量问题。综上,根据现有证据及查明事实,无法认定上海Y汽车销售服务有限公司在汽车销售过程中存在消费欺诈行为,但同时需要指出的是,上海Y汽车销售服务有限公司确实在履行合同中存在瑕疵,未将完整电脑系统维修记录告知邓某华,以致邓某华产生合理怀疑。据此,一审法院依法判决如下:驳回邓某华的全部诉讼请求。

一审判决后,原告邓某华不服提起上诉称:从整个购车的过程看,上海Y汽车销售服务有限公司有恶意隐瞒车辆发生维修的事实。邓某华于2016年8月30日订车后,上海Y汽车销售服务有限公司告知没有库存车辆,后又通知邓某华新车到店,双方于同年9月27日办理车辆贷款和保险业务、余款支付事宜,并于同年10月2日提车;而该车辆于同年9月12日在上海Y汽车销售服务有限公司4S店进行维修,维修记录载明:拆装后保,后保整喷。上海Y汽车销售服务有限公司先是谎称没有库存车,在将所涉车辆交给原告时,也从未主动告知诉争车辆经过维修的事实。此外,邓某华在使用车辆后还发现有方向盘抖动、方向跑偏等问题,在上海Y汽车销售服务有限公司4S店进行了离合检查、动平衡检查、检查行驶跑偏纠正等维修,由此可推知该车辆可能系发生碰撞的事故车辆。据此,上海Y汽车销售服务有限公司以次充好,隐瞒车辆在交付前即被维修的事实,使邓某华作出错误的意思表示,已构成消费欺诈。一审法院采信上海Y汽车销

---

① 《消费者权益保护法》第8条规定,“消费者享有知悉其购买、使用的商品或者接受的服务的真实情况的权利”,“消费者有权根据商品或者服务的不同情况,要求经营者提供商品的价格、产地、生产者、用途、性能、规格、等级、主要成份、生产日期、有效期限、检验合格证明、使用方法说明书、售后服务,或者服务的内容、规格、费用等有关情况”;该法第20条规定,“经营者向消费者提供有关商品或者服务的质量、性能、用途、有效期限等信息,应当真实、全面,不得作虚假或者引人误解的宣传”,“经营者对消费者就其提供的商品或者服务的质量和使用方法等问题提出的询问,应当作出真实、明确的答复”。

售服务有限公司的辩称意见,即所诉争维修系根据厂方要求做售前检查时发现有轻微外观瑕疵而进行的售前修复,进而以诉争车辆不存在重大质量问题为由驳回邓某华诉请,认定事实依据不足,属于认定事实错误。上海Y汽车销售服务有限公司明知车辆交付前已有维修记录却故意隐瞒,是对消费者知情权和选择权的侵害,构成消费欺诈。

上海Y汽车销售服务有限公司辩称:一审法院认定事实清楚,适用法律正确,上海Y汽车销售服务有限公司出售的是质量合格的新车,销售行为不存在欺诈;《订单》第4条明确注明,卖方将车辆交予买方前,已根据厂方要求为该车辆做了交车前PDI检测,并根据PDI检测结果进行车辆检修、调校,确保该车辆符合厂方新车交付标准;诉争车辆到店后,上海Y汽车销售服务有限公司即根据厂方要求对诉争车辆进行PDI检测,经检测发现车辆后保险杠部位有轻微的外观瑕疵,为保证邓某华取得符合厂方规定的无瑕疵车辆,上海Y汽车销售服务有限公司在与厂方沟通后,对车辆的瑕疵部位进行维护,之后才将车辆交付,并向邓某华出具PDI检测合格证明;诉争车辆维修属于售前的正常维修,维修记录截图显示,2016年9月12日车辆到店时,里程数为1公里,即证明诉争车辆是未经过使用的新车;记录中拆装后保、后保整喷项目,是上海Y汽车销售服务有限公司对车辆进行售前PDI检测时所进行的合理维护,所需工时极少,并非重大维修;PDI维修记录是生产过程的延续,与事故车无关,与隐瞒和欺诈无关,不会主动向客户出示维修记录,但客户在所有4S店都可以查到该维修记录;上海Y汽车销售服务有限公司所售诉争车辆并无重大质量问题,该车经生产厂商检验合格后出厂,已取得《机动车整车出厂合格证》等随车文件,证明该车在投入流通时不存在任何质量问题;引起车辆跑偏的原因有多种,轮胎胎压、轮胎花纹阻力偏差、新车运输过程因颠簸等原因导致四轮定位调教参数有误、消费者使用不当等原因均可能引起,邓某华认为诉争车辆在交付前已被使用和维修,并无事实依据。总之,上海Y汽车销售服务有限公司在销售过程中,客观上不存在告知虚假情况或隐瞒真实情况的行为,主观上亦无任何过错,不存在销售欺诈行为。

二审法院经过审理认为:上海Y汽车销售服务有限公司理应交付未经维修或使用的无瑕疵新车;一旦所交付的车辆存在瑕疵并经维修,上海Y汽车销售服务有限公司应负有说明义务,须告知邓某华瑕疵维修的事实,上海Y汽车销售服务有限公司未履行告知义务,侵犯了邓某华作为消费者的选择权,使其陷入错误认识,属于故意隐瞒真实情况,构成欺诈。据此,二审法院依法判决如下:(1)撤销一审判决;(2)撤销邓某华与上海Y汽车销售服务有限公司于2016年8月30日签订的车辆买卖合同;(3)上海Y汽车销售服务有限公司应于本判决生效之日起10日内返还邓某华购车款人民币25万元;(4)邓某华应于本判决生效之日起10日内将所购的大众牌轿车一辆返还上海Y汽车销售服务有限公司；（5）上海 Y 汽车销售服务有限公司应于本判决生效之日起 10 日内赔偿邓某华损失人民币 75 万元。

三、法理分析

本案是关于消费者知情权保护的典型案例。

一般认为，所谓消费者知情权，又称消费者知悉真情权，是指消费者所享有的知悉其购买、使用的商品或者接受的服务的真实情况的权利。知情权生成的现实基础在于，消费者与经营者之间所存在的巨大信息“鸿沟”，消费信息在消费者与经营者之间的配置处于严重失衡状态，消费者在消费信息占有方面处于相对弱势地位。确立知情权的目的就在于，通过赋予消费者知悉消费所涉信息的权利，以调整信息分配失衡的状态、矫正消费者在信息占有方面的不利状况，避免经营者滥用消费信息优势实施消费侵权行为，进而实现消费者权益的有效保障。

1993 年 10 月 31 日，第八届全国人民代表大会常务委员会第四次会议通过的《消费者权益保护法》首次以法律的形式对消费者知情权进行了明确，该法第 8 条第 1 款规定：“消费者享有知悉其购买、使用的商品或者接受的服务的真实情况的权利。”这一规定具有开创性。正如有研究者所指出的那样，因为消费者与经营者之间实际市场地位的悬殊差异，且双方的信息具有极强的不对称性，所以消费者权益保护法采取了完全不同于民商法所采取的均等保护的方法与手段。① 其中，消费者知情权的明确就是具体表现之一，其有助于保护消费者在消费的过程中知悉商品或者服务的真实信息，是避免消费者正当权益受损的重要权利。赋予消费者知情权，在很大程度上解决了消费者的后顾之忧，弥补了消费者消费心理的不平衡性，对消费者权益的维护产生了至关重要的作用。②

《消费者权益保护法》除对消费者知情权予以明确规定外，还从经营者义务、权利救济等方面进行了相应规定，从而形成了一个较为完善的消费者知情权制度体系，主要体现在以下几个方面：（1）对消费者知情权的地位予以明确规定，即“消费者享有知悉其购买、使用的商品或者接受的服务的真实情况的权利”。（2）对消费者知情权的内容予以明确规定，即“消费者有权根据商品或者服务的不同情况，要求经营者提供商品的价格、产地、生产者、用途、性能、规格、等级、主要成份、生产日期、有效期限、检验合格证

---

① 参见万方：《我国〈消费者权益保护法〉经营者告知义务之法律适用》，载《政治与法律》2017 年第 5 期。

② 参见李捷：《消费者知情权及其法律保护问题研究》，载《梧州学院学报》2017 年第 5 期。

明、使用方法说明书、售后服务，或者服务的内容、规格、费用等有关情况”。(3)对经营者保障知情权的义务进行了全面规定。第一，“经营者向消费者提供有关商品或者服务的质量、性能、用途、有效期限等信息，应当真实、全面，不得作虚假或者引人误解的宣传”；第二，“经营者对消费者就其提供的商品或者服务的质量和使用方法等问题提出的询问，应当作出真实、明确的答复”；第三，“经营者提供商品或者服务应当明码标价”。(4)对消费者知情权救济进行了系统规定。例如，“消费者因经营者利用虚假广告或者其他虚假宣传方式提供商品或者服务，其合法权益受到损害的，可以向经营者要求赔偿”，“广告经营者、发布者不能提供经营者的真实名称、地址和有效联系方式的，应当承担赔偿责任”。

本案的争议焦点为：上海Y汽车销售服务有限公司在汽车销售过程中是否存在消费欺诈，即上海Y汽车销售服务有限公司未将诉争车辆在交付前的维修情况直接披露给消费者是因“有意为之”而构成欺诈，进而应承担惩罚性赔偿责任，还是属于“按规程操作”而应予免责？对于该问题的界定需要综合考量。就本案而言，所涉商品的特殊性质或可成为一个重要切入点。从常识来看，汽车属于比较复杂的商品，涉及大量的专业知识，消费者对相关领域的专业知识和信息知悉有限，由此导致经营者和消费者之间存在严重的信息不对称。在本案中，作为行业惯例，实施PDI检测以确保交付的车辆符合安全标准和质量要求是经营者的职责所在，而所涉维修等相关信息是否属于消费者知情权的指向对象，或者说是否属于经营者应当依法披露的重要信息，是问题的关键所在。根据普通消费者的认知能力、消费心理，相关维修信息将对消费者的购车行为产生重要影响，即关乎其是否决定购买该车，将直接影响消费者选择权的行使和真实意思的表示，因此，属于消费者知情权的指向对象，属于经营者应当依法主动披露的重要信息。因此，上海Y汽车销售服务有限公司不能以行业认知、行业惯例来对抗消费者所享有的知情权。本案中，诉争车辆确实存在瑕疵，上海Y汽车销售服务有限公司所实施的维修行为也已经超出车辆正常售前检测的合理范畴，经过维修的诉争车辆不符合普通消费者对新车的一般认知标准。上海Y汽车销售服务有限公司应负有说明义务，须告知邓某华车辆所存在的瑕疵及进行维修的事实；同时邓某华也有权期待上海Y汽车销售服务有限公司对维修事实作出说明，因为这些信息会对消费者选择权的行使和真实意思表示产生直接影响。上海Y汽车销售服务有限公司未履行告知义务，侵犯了邓某华作为消费者的知情权，使其陷入错误认识，属于故意隐瞒真实情况，构成欺诈。二审法院认为，上海Y汽车销售服务有限公司侵犯消费者知情权构成对邓某华的欺诈是正确的，判决上海Y汽车销售服务有限公司应作还款退车处理以及承担车辆3倍价款的惩罚性赔偿责任合法合理。

案例四:医患关系的消费者权益保护法适用

——基于张某勇诉 X 医院医疗服务合同纠纷案之分析

一、案情简介①

原告张某勇患有鼻炎病症,于 2015 年 3 月 21 日到淮安市某医疗机构进行治疗,但因对该医疗机构所采用的传统手术治疗方案存在忧虑,遂放弃治疗。某日,原告张某勇浏览被告 X 医院的网页广告,该广告宣称 X 医院引进了美国 DNR 第六代低速等离子消融术及相应设备,以及德国 STORZ 内窥镜技术。原告张某勇在与被告 X 医院的工作人员联系后,确认该医院采用的确实是美国 DNR 第六代低速等离子消融术及德国 STORZ 内窥镜,遂于 2015 年 3 月 22 日到被告 X 医院进行治疗。治疗后,原告张某勇得知被告 X 医院并没有美国 DNR 第六代低速等离子消融术,所使用的也并非进口医疗设备。原告张某勇认为,被告 X 医院的宣传及医疗行为构成消费欺诈,主要体现在以下方面:第一,X 医院治疗所使用的设备不是进口设备;第二,对外宣传技术等级是第六代,但 X 医院工作人员称是第四代;第三,治疗效果没有达到广告宣传中的效果。原告张某勇遂将被告 X 医院诉至法院,请求法院依据法律规定判令被告 X 医院 3 倍赔偿张某勇所支付的医疗费用(费用合计 6239.1 元),即 18,717.3 元,本案的诉讼费用由 X 医院承担。

二、法院裁判

一审法院经过审理认为,依据《消费者权益保护法》第 2 条的规定,②本案中,原告张某勇与被告 X 医院之间存在医疗服务合同关系,原告张某勇接受医疗服务的行为属于生活消费行为,其属于《消费者权益保护法》所规定的消费者。

经张某勇的举证、X 医院的质证,一审法院认为:第一,并无证据证明在治疗过程中,X 医院所使用的设备非进口设备,故张某勇主张 X 医院未使用进口设备属于欺诈行为的理由不能成立。第二,X 医院在对外广告宣传中称其采用的是针对耳鼻喉炎症适

① 江苏省宿迁市中级人民法院民事判决书,(2016)苏 13 民终 792 号。

② 《消费者权益保护法》第 2 条规定:“消费者为生活消费需要购买、使用商品或者接受服务,其权益受本法保护;本法未作规定的,受其他有关法律、法规保护。”

用的第六代多昵尔低温等离子消融技术,但在为原告张某勇进行诊疗过程中所使用的则是第四代多昵尔低温等离子消融技术,而非第六代多昵尔低温等离子消融技术,故X医院在该方面存在虚假宣传,属于欺诈消费者的行为。第三,X医院在广告宣传中确实声称使用第六代多昵尔低温等离子技术治疗鼻炎彻底率可达99%、临床率可达98.4%,该广告宣传夸大治疗效果,属于夸大宣传,违反了法律禁止性规定,但不构成虚假广告,故X医院的行为并不构成欺诈。

一审法院认为,依照《消费者权益保护法》第4条、第55条的规定,经营者与消费者进行交易,应当遵循自愿、平等、公平、诚实信用的原则;经营者提供商品或服务有欺诈行为的,应当按照消费者的要求增加赔偿其受到的损失,增加赔偿的金额为消费者购买商品的价款或接受服务的费用的3倍;增加赔偿的金额不足500元的,为500元。本案中,X医院在提供医疗服务的过程中,确实存在欺诈行为,因此,应当对原告张某勇所遭受损失承担相应的赔偿责任。同时,需要予以明确的是,在治疗过程中,虽然X医院所实际使用的技术与广告宣传的技术不完全相符,但是X医院对于原告张某勇的鼻炎症状在事实上也进行了相应治疗。鉴于此,对于损害赔偿金额的确定,除应适用惩罚性赔偿规则外,还应当遵循公平原则。

综上所述,一审法院依法判决如下:X医院于判决生效之日起5日内赔偿张某勇12,731.4元;案件受理费400元,减半收取200元,由X医院负担。

一审判决后,原告依法提起上诉称:X医院在广告宣传中称使用进口医疗设备,但实际上使用的是湖南长沙生产的国产医疗设备,原审法院对此未予认定。原告张某勇所支付的治疗费用为6239.1元,依据3倍惩罚性赔偿标准,应依法获得18,717.3元赔偿金。原审法院依据公平原则扣除药物治疗费用1955.3元的判决错误,理由包括三个方面:第一,公平原则适用的前提是法律无明确规定或适用法律规定明显违背公序良俗或双方均无过错,本案中,X医院在医疗服务过程中存在欺诈行为,不属于公平原则适用情形,不存在适用公平原则的前提。第二,X医院在广告宣传中称治疗无须用药,但在治疗过程中却使用了相应药物且费用由原告张某勇承担,属于额外经济支出,原审法院将该部分费用排除在原告张某勇的损失之外,于法理不合,是错误的。第三,在医疗过程中,X医院违反承诺降低服务标准,以传统药物治疗代替美国第六代等离子技术,且并未治好原告张某勇的鼻炎,是对原告张某勇合法权益的重大侵害,因此,要求适用3倍标准的惩罚性赔偿合乎法理、合乎情理。综上,原告张某勇请求二审法院撤销原审判决,改判支持张某勇全部诉讼请求。

一审判决后,X医院亦上诉,并答辩称:X医院在广告宣传中并不存在欺诈行为,只是相关人员对所称医疗方法及设备的理解不同,从而造成误解;X医院在对张某勇进行治疗过程中所使用的低温等离子机器虽然不是进口设备,但同时使用了美国系统、德国生产的 STORZ 内窥镜,故 X 医院在对张某勇进行诊疗过程中并不存在欺诈行为;X 医院在对张某勇进行诊疗过程中,按照规定合理收取手术费 2772 元、医疗费 469.3 元,且并未造成张某勇财产损失;张某勇因治疗疾病需要而自行购买的 1471.8 元药品,不应计算在张某勇的损失范围内;张某勇购买药品支出是为治疗其原发性疾病而产生的费用,并且张某勇已经使用了该药品,X 医院在此过程中不存在欺诈;X 医院属于非营利性的医疗机构,不是经营者,医院向社会公众提供的医疗服务不是商业服务,故本案不应适用《消费者权益保护法》。综上,请求依法驳回张某勇的上诉请求。

二审法院经审理认为:在本案中,X 医院向张某勇提供的系有偿医疗服务,《消费者权益保护法》并未规定医疗服务不适用该法规定,X 医院关于本案不适用《消费者权益保护法》的主张没有法律依据,不予支持;依据双方提供的证据,应认定 X 医院在为张某勇提供手术治疗过程中存在欺诈行为,且 X 医院所实施的治疗并未治愈张某勇的鼻炎,张某勇因该手术所支出的费用应为 X 医院给张某勇造成的损失,X 医院应按照法律规定赔偿张某勇的损失。据此,二审法院依法作出判决,原审判决认定事实清楚、适用法律正确,但赔偿数额确定不准确,依法应予以变更。

三、法理分析

一般认为,所谓医患关系,或称医疗(服务)关系,是指医疗机构受患者的委托或者基于其他原因,在对患者实施诊断、治疗、护理等医疗行为过程中所形成的权利义务关系。医患关系是医患双方之间所发生的诊疗护理活动经法律调整之后所形成的权利义务关系。对于医患关系是否属于消费行为、是否适用《消费者权益保护法》的规定,学界还存在不同认识。概言之,主要有否定说、肯定说和折中说。

持否定说观点的研究者认为,医患关系不适用《消费者权益保护法》的规定,其主要理由在于:

1. 患者不是消费者。《消费者权益保护法》第 2 条规定:"消费者为生活消费需要购买、使用商品或者接受服务,其权益受本法保护;本法未作规定的,受其他有关法律、法规保护。"国际标准化组织认为:消费者是以个人消费为目的而购买或使用商品和服务的个体社会成员。由此可见,消费者是生活消费的主体,作为自然人只有从事生活消费之时才可能成为消费者,若其所从事并非生活消费则不会成为消费者。所谓"人人都是消费者"的说法,只有在每个人都必须进行生活消费这一意义上才是正确的,且仅限于自然人,法人、非法人组织亦被排除在消费者范围之外。例如,某人从事个体经营,虽然为了经营其也购买和消费了商品,但这种消费不是生活消费,而是生产消费,因而其法律地位是个体工商户而非消费者。患者因疾病接受医疗机构的诊疗服务,并非日常生活消费,而属于一种特殊救助行为,因此,患者不能成为消费者权益保护法意义上的消费者。

2. 医方不是经营者。《消费者权益保护法》第 3 条规定:“经营者为消费者提供其生产、销售的商品或者提供服务,应当遵守本法;本法未作规定的,应当遵守其他有关法律、法规。”由此可知,所谓经营者,是指提供商品或服务、从事经营活动的市场主体,经营者从事经营活动并以营利为目的是经营者的突出特征所在。按照民法上关于法人分类的理论,经营者的营利性特征是指其设定宗旨或目的的营利性,而非指其提供服务的有偿性和实际盈利,即使经营者在实际经营活动中无偿提供商品、服务,又或者发生亏损,也不影响其组织的营利性质。依据《医疗机构管理条例》的规定,医疗机构无论公立还是私立,其设立宗旨都是救死扶伤,防病治病,为公民的健康服务。① 据此可知,医疗机构的非营利性与经营者的营利性有着本质的区别。② 将医疗机构提供有偿医疗服务并实际盈利的行为简单等同于经营者营利活动的主张及观念,是对医疗机构设立宗旨的无视,显然是不符合相关法律规定的宗旨和初衷的。总之,医疗机构不是营利性组织这一论断早有定论,亦十分合理。

3. 从法律关系的内容看,医患关系不应适用《消费者权益保护法》的规定。从法律关系的内容看,医疗机构所承担的提供医疗服务的义务不同于经营者遵循市场规律提供商品和服务的义务。依据相关法律规定,经营者对消费者所负义务的核心内容在于按照合同约定提供商品和服务,而医疗机构所负义务的核心内容则是向患者提供医疗服务,两者均属给付义务,且主要为作为义务;但是,判断经营者是否履行了给付义务,重点在于甄别履行义务的结果是否符合消费契约的约定,如经营者所交付的货物是否符合合同约定的品质、数量要求,所提供的服务是否达到合同约定的标准。经营者如何生产和提供商品、服务的过程,法律并不过问。因此,经营者提供商品和服务的义务属于结果义务,这种结果义务在消费合同成立时即可确定。《消费者权益保护法》调整消费关系,完全是建立在经营者的结果义务基础上的,当经营者所提供的商品和服务不符合合同成立之时既已确定的标准,造成消费者人身和财产损害时,消费者即可依据《消费者权益保护法》,获得有效的救济。但是,在医患关系中,医疗机构所负的义务并非结

---

① 国务院于 1994 年 2 月 26 日颁布的《医疗机构管理条例》第 3 条规定:“医疗机构以救死扶伤,防病治病,为公民的健康服务为宗旨。”2016 年 2 月 6 日国务院对《医疗机构管理条例》进行修订,但对该规定只字未改。

② 参见张素华、吴维维:《消费者范围解读——以〈消费者权益保护法〉为对象》,载《湖北警官学院学报》2015 年第 4 期。

果义务,而是过程义务。判断医方是否履行义务,不是以患者所患疾病是否治好这一结果为标准(尽管患者找医生看病的目的是治病,医院的宗旨是救死扶伤),而是以医疗机构的诊治行为是否符合医疗规范及相关规定为标准。在调整医患关系时,法律并不会以患者疾病未治好为依据而要求医疗机构和医生承担责任,而只有在医疗机构或医生违反医疗规范及相关规定时才要求其承担相应责任。

4. 从归责原则看,医患关系不应适用《消费者权益保护法》的规定。《消费者权益保护法》对消费者进行保护的最为重要的一个制度就是适用无过错责任。而在我国目前的国情下,对医疗服务采用无过错责任,显然是有违法律之公平基本理念的。医疗服务行为的或然性造成医疗行为相对于治疗结果具有不可确定性,医师虽然努力追求完美的治疗结果但往往因现代临床医学科学的局限性而事与愿违。医疗服务行为的公共性、公益性,使医方无法像一般经营者那样可基于意思自由对预见的风险作出自由选择,医疗服务行为的侵袭性、或然性及医疗对象自身的缺陷性,使医疗服务行为具有高度风险性,而法律或道德赋予医方的强制缔约医疗义务、无因管理医疗义务更是限制了医疗机构及其从业者的意志自由,医疗服务行为具有不可选择的风险性;若适用无过错责任规则,将医疗风险所产生的不良治疗结果强加于医疗机构及其从业者,有失妥当。如果适用无过错责任,医疗机构及其从业者在对患者损害发生有过错时被要求承担赔偿责任,在无过错但客观上造成患者损害之时也被要求承担责任,那么医疗机构及其从业者无疑将处于绝望的境地,其结果必然是极大地妨碍医疗服务的提供、医疗水平的提高、医疗事业的发展以及医学的进步,进而将影响社会安全与稳定。

5. 从患者的权利看,医患关系不应适用《消费者权益保护法》的规定。《消费者权益保护法》所确认的消费者的某些权利是不能赋予患者的,这主要体现在以下几个方面:其一,安全权。作为消费者最基本的权利,安全权要求经营者不得销售对消费者安全、健康有任何危害的商品和服务,除非现实的知识水平和技术水平还无法预见到这种危害。① 这种权利显然于患者不适,医疗服务的特殊性决定了医疗服务的伤害性和风险性,这是法律所允许的,也是患者应当理解的。尤其是一些特殊的治疗措施(如手术、放疗、化疗等)必然会对患者产生某种伤害,甚至因患者个体特质而不敌这种伤害进而造成患者的伤亡。医疗服务对人体的适度侵害是治疗疾病所必需的,是法律所容许的。其二,知情权。所谓知情权,是指消费者在购买商品或者服务的时候,有权要求经营者

① 《消费者权益保护法》第7条规定:“消费者在购买、使用商品和接受服务时享有人身、财产安全不受损害的权利”;“消费者有权要求经营者提供的商品和服务,符合保障人身、财产安全的要求”。

提供相关商品或服务的各种真实情况,[1]如商品的价格、产地、性能等,服务的内容、规格、费用等。这种权利对于看得见、摸得着的有形商品以及规格化(具有明确的内容、条件、标准、费用等)的商业性服务而言是不难实现的。但由于医疗服务不可避免的不可预测性及经验依赖性,有时连医师也难知悉真情;而保护性医疗措施的运用则使医师不得不担当起“骗子”的角色,以避免对患者产生不利后果(如心理的冲击、情绪的影响、压力的加大等)。当然在一般情况下,患者或其家属有知情的权利,但知情的真假是无法要求医方给予保证的。其三,选择权。所谓选择权,是指消费者所享有的自主选择商品或者服务的权利。[2] 作为患者,在非紧急救助的情况下,他可以选择医院或医生,但对于疾病的治疗方案、药品、器具等,患者并没有完全自由的选择权,最终还是需要医务人员按法律、法规、诊疗规范等进行决断。在某些特定情况下,对于某些患者不愿治疗的疾患,依据相关法律规定的职责,医生还必须进行治疗处理,如强制医疗制度。[3] 其四,公平交易权。所谓公平交易权,是指消费者在购买商品或者接受服务时,有权获得质量保障、价格合理、计量正确等公平交易条件,有权拒绝经营者的强制交易行为。[4] 对于消费者而言,公平交易权非常之重要,但这一权利对患者则不适宜。首先,医疗服务在多数情况下都要依赖于医师的主观判断,而判断正确与否既有医师的专业知识和经验水平问题,也有患者的个体差异问题,还有病症表现的复杂程度问题。因此,我们无法要求医师提供质量保障,一看就准,一治就好。其次,医患双方本非交易,医药价格循规而定,何谈交易公平?其五,依法结社权。所谓依法结社权,是指消费者有依法成立维护自身合法权益的社会团体的权利。[5] 这一权利是基于消费者与经营者在自由交易中形成的对立关系和个体消费者的相对弱小而设定的。医患关系不是交易关系,医

---

① 《消费者权益保护法》第8条规定:“消费者享有知悉其购买、使用的商品或者接受的服务的真实情况的权利”;“消费者有权根据商品或者服务的不同情况,要求经营者提供商品的价格、产地、生产者、用途、性能、规格、等级、主要成份、生产日期、有效期限、检验合格证明、使用方法说明书、售后服务,或者服务的内容、规格、费用等有关情况”。

② 《消费者权益保护法》第9条规定:“消费者享有自主选择商品或者服务的权利”;“消费者有权自主选择提供商品或者服务的经营者,自主选择商品品种或者服务方式,自主决定购买或者不购买任何一种商品、接受或者不接受任何一项服务”;“消费者在自主选择商品或者服务时,有权进行比较、鉴别和挑选”。

③ 所谓强制医疗,是指非自愿性强制治疗,是指国家为避免公共健康危机,通过强制对患者疾病进行治疗,达到治愈疾病、防止疾病传播、维护公众健康利益的目的,具有强制性、非自愿性、公益性的特点,一般包括性病、吸毒、精神障碍、严重传染性疾病等,较为常见的是对精神病人的强制医疗,有关部门对吸毒人员采取的强制戒毒措施等。例如,现行《刑事诉讼法》第302条规定:“实施暴力行为,危害公共安全或者严重危害公民人身安全,经法定程序鉴定依法不负刑事责任的精神病人,有继续危害社会可能的,可以予以强制医疗。”

④ 《消费者权益保护法》第10条规定:“消费者享有公平交易的权利”;“消费者在购买商品或者接受服务时,有权获得质量保障、价格合理、计量正确等公平交易条件,有权拒绝经营者的强制交易行为”。

⑤ 《消费者权益保护法》第12条规定:“消费者享有依法成立维护自身合法权益的社会组织的权利。”

疗行为和服务收费一直处在政府的严格管理控制之下；与此相对应，患者的就医也不是自由化的交易，尤其是在公共医疗保障体系中，政府既是患者的组织者，也是患者的保护者。患者不可能再有一个强于政府的组织来维护自己的合法权益，当然也没有必要为其设定专门的依法结社权。

6. 不能基于患者的弱势地位就认为医患关系应适用《消费者权益保护法》的规定。主张医患关系应纳入消费者权益保护法调整的一个重要理由在于，患者也是弱者。一般而言，在医患关系中，由于医学的专业性强、技术含量高，医疗结构与患者之间确实存在医学信息不对称的情况，患者时常处于“弱势”地位。但是，如果换一个角度看，情况就可能不同。在疾病诊治过程中，患者和医生共同面对的是疾病，面对的是自然界不断给人们提出的医学难题。由于医学难题的不断出现，加上患者个体的差异，担负着救死扶伤重大社会责任的医生在给患者诊治时，很难说他们就一定属于强势群体。这与消费关系中经营者和消费者之间的强势与弱势的区分明显不同。因此，将医患关系双方简单地界定为相互对立的强势和弱势群体，将患者归于消费者的范畴，将患者权益保护纳入《消费者权益保护法》，显然是不合适的。此外，即便从医学信息分布不均衡的角度看，患者处于弱势地位，也不宜简单地将患者权益保护归入《消费者权益保护法》的范围。因为《消费者权益保护法》只是保护弱势群体的法律之一，而非全部。不同的弱势群体，以及与之对应的强势群体之间，存在的法律问题不同，采取的法律保护措施也有区别，我们必须根据不同的弱势群体的具体情况，制定相应的专门法律，加以保护；而不能因为他们都是弱势群体，就将他们随意地归入某一个弱势群体保护法中。我国立法实践也印证了这一点。为保护弱势群体的权益，国家先后制定了《残疾人保障法》《未成年人保护法》《妇女权益保障法》《反不正当竞争法》《劳动法》《老年人权益保障法》等法律。因此，以患者是弱者为由，主张将医患关系纳入《消费者权益保护法》，不仅在理论上缺乏说服力，而且也不符合弱势群体保护立法的实践要求。

7. 从就医与消费的社会意义看，医患关系不应适用《消费者权益保护法》的规定。消费的基本作用就是满足个人生活所需，而就医不仅直接满足个人的健康需要，而且也是在维护整个民族、整个社会的健康。这是因为生存权、健康权从来就不是一个简单的仅仅针对每个公民个人的特定概念，它是针对整个民族、整个社会甚至全人类的普遍概念。疾病所害并非仅及于生病之人，任其发展就会危及整个群体。基于此，医疗卫生才会成为各国着力发展的社会事业，医疗服务才会成为社会中的公共物品；基于此，互助性公共医疗保障制度才有存在的根据和理由，一些颇具危害性的疾病（如肺结核、麻风病等）才会由政府或社会向患者提供免费的医疗服务，而有的疾病（如精神类疾病）还要由政府对患者进行强制医疗。就医的这种社会性体现在法律关系中，就表现为医患关系主体双方的意志自由要受到某些方面的限制,而这种对意志自由的限制在消费法律关系中是绝不允许的。

8. 从国际立法例来看,医患关系不应适用《消费者权益保护法》的规定。从世界范围来看,大多数大陆法系国家并未将患者纳入消费者的范畴。我国属于大陆法系成文法国家,成文法系的一个重要特点就是法律渊源及法律适用均应由法律加以明确规定,我国现行的《消费者权益保护法》并未明确规定其适用于医患纠纷的处置与解决。不仅如此,有立法和司法解释权的全国人大及其常委会、最高人民法院均未作出立法或司法解释以明确医患关系适用《消费者权益保护法》。因此,认为患者是消费者、医患纠纷适用《消费者权益保护法》的主张是没有法律依据的。

持肯定说的研究者认为,医患关系适用《消费者权益保护法》的规定,其主要理由在于:

1. 患者是消费者。《消费者权益保护法》第 2 条规定:"消费者为生活消费需要购买、使用商品或者接受服务,其权益受本法保护……"消费者身份的享有以具备以下两项条件为必要和充分:一是为了生活而消费,二是有购买商品或接受服务的行为。通说认为,人类的消费分为生产消费和生活消费。其中,生活消费是指人们为了生存和发展的需要消耗物质产品或者接受劳动服务的行为,包括物质产品消费和劳动服务消费。毫无疑问,到医疗机构去寻求诊治是现代人类为了阻止人体活力衰弱从而维持个体生命活力以继续生存和发展的重要活动,与吃饭、穿衣、住宿、出行一样成为基本的生活需求。虽然医疗诊治行为具有一定的专业技术性,但其本质仍是满足人们的生活需要且已不可或缺。因此,医疗机构的诊治行为是在为患者提供相应的医疗服务,是生活消费的一种体现。患者在医院购买药品予以服用或者住院接受医院手术治疗并被观察疗效的行为就是消费物品(药品、医疗器械等)与接受劳动服务(诊治服务)的消费行为,因此当然地具备消费者地位。

2. 医疗机构是经营者。随着经济社会的发展,尤其是市场经济体制的建立健全,医疗机构现在已经逐渐具有了经营者的特点。医疗机构所提供的医疗服务与其他经营者提供的商品或者服务之间没有本质的差别,其所具有的专业性、危险性与其他商品或者服务具有的专业性、危险性之间也没有本质的差别。虽然医疗机构还具有某些福利性、事业性,但是,随着现代市场经济的发展以及医疗体制改革的深入,大部分医疗机构将从现有的福利性、事业性转向商业化、企业化的经营轨道。可以预见的是,尽管盈利不会成为医疗机构的唯一追求目标,但是盈利也必将逐渐成为医疗机构维持其生存和发展必不可少的条件;而更为关键的是,目前我国已出现了许多私人性质的医疗机构,其主要目标,甚至首要目标,已经转向盈利,这已成大势所在。此外,在实践中,医患双方亦主要遵循公平交易、等价交换的基本市场法则；除极少数的强制性医疗卫生服务仍保有无偿属性外，其他的医疗、康复、保健等医疗机构及其所提供的医疗服务均是以等价有偿为基本规则的。因此，鉴于医疗事业改革的最新进展及未来趋势，在生活消费过程中经营者与消费者所享有的权利、所承担的义务同样也适合于医患关系中的医患双方。

3. 医患关系具有消费关系的特性。在形式上，医患双方的法律地位是平等的，但实际上无论是在经济上还是在社会地位上，二者都是不平等的。其中，患方居于弱者地位，且其合法权益容易受到侵犯，具体表现在以下几个方面：首先，由于医方拥有绝对优势的医学专业知识与医疗技能，且医疗服务带有很高的技术性，而患方对于医疗知识却知之甚少，在双方所占有医学信息严重不对称的情况下，为达到疾病治愈的目的，患方明显依赖于医方，甚至对医方言听计从，从而形成完全听命于医方的局面。其次，医方多为具有一定规模的法人及其他社会组织，而患者则是单一的个体社会成员。显然，作为个人的患者相对弱小，难以与具有强大组织和经济实力的医疗机构相抗衡，形成了医疗机构对患方居高临下的不平等关系。最后，从现实来看，医患关系紧张，医疗事故出现后，患者难以及时获得合理赔偿等。由上可知，从形式上看，医患双方具有平等性；从实质上看，医患双方又是不平等的，患者处于弱者地位，其权益难以得到保障。医患关系的这一特性是符合消费关系的实质特征。将医患关系界定为消费关系，并依据《消费者权益保护法》相关规定对病人的合法权益予以强有力的保护，恰恰符合《消费者权益保护法》保护处于弱势地位的个体消费者的立法宗旨。

4. 医患关系本质上是一种医疗服务合同关系。从医患关系的模式转型来看，随着病患权利意识的崛起，向特殊消费服务转型已逐渐成为世界共同趋势。具体来说，现代医患关系已经由传统的以医师权威为重的单向关系转为平等、双向的医疗服务提供关系，越发接近平等的民事法律关系。从法律关系的主体来看，无论医疗机构的经济实力与技术实力如何雄厚，无论患者的出身、职业、社会地位、经济状况是否优越，双方的法律地位是平等的；从成立法律关系的角度来看，患者到医疗机构就诊并支付一定费用以购买挂号单，实际上属于合同法上的要约行为，而医疗机构同意卖给患者挂号单的行为，则属于合同法上的承诺，即承诺为患者提供医疗服务。由此来看，患者到医院就诊便与医疗机构形成了一种合同关系，而这为《消费者权益保护法》的适用奠定了坚实基础。

5. 医患关系适用《消费者权益保护法》的规定有助于改善医疗服务、提高医疗效益。作为保障人们健康的一种公共服务，医疗服务对社会的存续与发展起着至关重要的作用。把医患关系纳入《消费者权益保护法》调整范围，并不会对医疗机构的正常运转造成负面冲击,相反,会有助于改善医疗服务、提高医疗效益。首先,对患者这一特殊消费者身份的确认,要求医疗机构及其所提供的医疗服务必须以患者的实际需求为导向、以患者的消费者主权为遵循。这有助于促进医疗服务提供者引入一些私人部门的管理经验,包括预算管理、业绩管理,以及一系列增进患者满意度的管理经验。这些管理经验的引入不仅将会降低医疗费用支出,而且将使医疗服务更加高效。其次,对患者这一特殊消费者身份的确认,要求医疗机构及其医务人员必须尊重患者的基本权利,必须明确自己应负的责任和义务,即遵循医学科学原理、勤勉谨慎地从事医疗活动以最大限度地保障患者的生命安全和身体健康,而不至于动辄因过失而酿成医疗事故等。如此,一方面,患者将获得优质而安全的医疗服务,从而保障其生命安全与身体健康;另一方面,医疗结构及其医务人员服务态度的好转、服务质量的提高,将吸引更多的患者前往接受医疗服务,从而实现医疗资源的优化配置与利用。最后,确立患者的消费者地位、赋予患者以医疗监督权和结社权,可以使公众和患者形成消费者团体,参与公共卫生政策的制定并对医疗服务提供者进行必要监督,促使医疗卫生服务更能符合公众的需求、更加高效。因此,对患者这一特殊消费者身份的确认,将有利于医疗服务机构改进管理方法,提高服务质量,最大可能地保证医疗安全,从而提高国家整体医疗服务的效率。

6. 医疗关系适用《消费者权益保护法》相关规定有助于医患纠纷的有效解决。一般认为,所谓医患纠纷,是指医方(医疗机构)与患方(患者或者患者近亲属)之间就诊疗等行为所产生的纠纷,包括基于医疗过错争议产生的医疗纠纷,也包括与医疗过错无关的其他医患纠纷(如欠付医疗费的纠纷、对疗效不满等)。在医患纠纷中,由医疗技术的专门性、医疗行为的侵袭性、医疗损害因果关系的复杂性等因素所决定,在发生纠纷时,患者的维权往往十分困难,平等的双方在现实中变得不平等起来。① 赋予患者以消费者地位并将医患纠纷置于《消费者权益保护法》调整范围内,将有效拓展医患纠纷的解决途径,提高纠纷解决的效率。例如,《消费者权益保护法》建立了完备的消费纠纷解决制度体系,②包括与经营者协商和解、请求消费者协会调解、向有关行政部门投诉、根据与经营者达成的仲裁协议提请仲裁机构仲裁、向人民法院提起诉讼等。消费纠纷解决制度的应用将有效改变患者投诉无门的状况,为医患纠纷的解决提供多种选择

---

① 参见董亚光:《在消费者权益保护法的视野下浅谈患者作为消费者所享有的权利》,载《劳动保障世界(理论版)》2012 年第 6 期。

② 《消费者权益保护法》第 39 条规定:“消费者和经营者发生消费者权益争议的,可以通过下列途径解决:(一)与经营者协商和解;(二)请求消费者协会或者依法成立的其他调解组织调解;(三)向有关行政部门投诉;(四)根据与经营者达成的仲裁协议提请仲裁机构仲裁;(五)向人民法院提起诉讼。”

途径，医患纠纷的当事人双方可以对争议的解决方案作出选择，尽快解决医患纠纷。同时，若有效发挥消费者协会在调解医患纠纷方面的作用，对社会稳定的维护也具有重要意义。总之，赋予患者以消费者地位，将有利于医患纠纷的妥善解决，降低纠纷解决的成本，及时化解医患矛盾，并有助于社会稳定的维护。

持折中说观点的学者认为，医患关系是否适用《消费者权益保护法》的规定，不应一概而论，而应区别对待。具体来说，折中说又主要分为以下两种观点：

1. 医患关系性质区别说。

持该观点的学者认为，医患关系是否适用《消费者权益保护法》的规定，应根据医患关系性质的不同而予以区别对待。医患关系并非单一性质法律关系，而是综合性质法律关系，可具体分为医疗合同关系、无因管理关系与强制医疗关系三种类型。无因管理关系和强制医疗关系属于非合同医疗关系，与生活消费关系在性质上存在显著不同，因此，应当排除在《消费者权益保护法》的适用范围之外；医疗合同关系在本质上属于生活消费关系，因此，应由《消费者权益保护法》予以调整。其原因在于：首先，在医疗合同关系中，患者与医疗机构是平等的市场交易主体。医疗机构无论其性质是否属于公立以及是否盈利，都是提供医疗服务的经营者；患者不论其身份、职业、社会地位、经济状况是否优越，均与医疗机构各自完全独立，自主表达自由意志，不存在隶属关系。医患双方属于基于医疗合同关系而形成的平等民事主体。无论是从法律规范层面，还是从职业道德层面上来看，医疗机构均有义务为患者提供医疗服务，患者均有义务根据医疗机构提供的医疗服务支付相应医疗费用，医患双方的权利义务具有对等性和一致性，并完全符合民法上的自愿公平原则。其次，医疗服务属于生活消费的范围。生活消费是与生产消费相对而言的，但生活消费本身的范围也不是确定不变的。随着经济社会的发展变化，人们对生活质量的要求不断提高，生活消费的内容也在不断拓展，而不仅仅限于衣食住行等基本生活需要的消费，只要是人们为了自身生存和发展的需要而为的消费均应当认定为生活消费。无论是在营利性医疗机构，还是在非营利性医疗机构，都是患者在看病时通过支付费用以获得医疗服务，医疗机构在收取患者费用后提供相应诊疗护理服务，这与其他提供商品和服务的经营者相比，没有本质的区别，发生于医患双方之间的医疗服务行为及由此所形成的权利义务关系无疑属于一种生活消费关系，理应属于生活消费的内容，应当适用《消费者权益保护法》的相关规定。

2. 医疗机构性质区别说。

持该观点的学者认为，医患关系是否适用《消费者权益保护法》的规定，应根据医疗机构的性质不同而予以区别对待。根据医疗机构是否以营利为目的，可将医疗机构分为营利性医疗机构和非营利性医疗机构，营利性医疗机构与患者所形成的医患关系应适用《消费者权益保护法》的规定,而非营利性医疗机构与患者所形成的医患关系则不应适用。其原因主要在于:第一,非营利性医疗机构及其医务人员与患者之间不是平等主体之间的关系,在医疗服务中,患者的很多权利要受到限制。第二,非营利性医疗机构具有公益性,其在患者的选择上并无意思自由,而应履行强制缔约义务,不同于一般消费契约的缔结。第三,在非营利性医疗机构与患者形成的医疗服务合同关系中,不能按医疗风险大小确定收费价格,而应执行政府指导价。而在营利性医疗机构接诊病人时所形成的医疗服务合同关系中,营利性医疗机构可以有条件地选择病人,且可以自主确定医疗服务价格,并在一定条件下,享有缔约自由,可以根据其意思自由选择是否缔结合同,以及通过磋商合同具体内容来避免医疗业的特殊风险。

就本案而言,法院无疑采取了肯定说的观点,一审、二审法院都认为:原告张某勇与被告 X 医院之间存在医疗服务合同关系,张某勇属于消费者,被告 X 医院向原告张某勇提供的系有偿医疗服务,且《消费者权益保护法》并未规定医疗服务不适用该法规定,故可以适用《消费者权益保护法》。依照《消费者权益保护法》的规定,经营者与消费者进行交易,应当遵循自愿、平等、公平、诚实信用的原则;经营者提供商品或服务有欺诈行为的,应当按照消费者的要求增加赔偿其受到的损失,增加赔偿的金额为消费者购买商品的价款或接受服务的费用的 3 倍;增加赔偿的金额不足 500 元的,为 500 元。本案中,X 医院确实存在欺诈行为,并因此应对张某勇因 X 医院欺诈行为而受到的损失承担相应的赔偿责任。

案例五:商品房买卖的消费者权益保护法适用

——基于 Y 有限公司、靳某清商品房销售合同纠纷案之分析

一、案情简介①

2014 年 8 月,原告靳某清看到被告 Y 有限公司发放的商品房销售宣传资料称其建设的某某未来小区设计如下:贵族宅邸特有的半封闭式入户玄关设计,移步通幽,渐趋佳境;一户一层,360 度全景视野,饱览无边秀色;分设入口,各行其道,动线完全独立,互不干扰;睡眠区与休闲区左右分立,皇室寝宫级主卧风情万种;星级卫浴空间,储衣

① 河南省焦作市中级人民法院民事裁定书,(2019)豫 08 民终 2536 号。

间、洗面台双双对对，书房阳台一应俱全；明快丰富的空间层次感，呈现人性与艺术的极致。同时，该宣传资料还在显著位置配以房屋户型平面图并在其最后一页右下角的边框处以区别于主文的竖版方式，以字体大小明显较小的文字标注“本图文仅作项目介绍之用，不是开发商的要约，亦不构成商品房买卖合同的内容，以上一切资料以政府批文之法律文件为准”。

为上述宣传所动，2015 年 9 月 15 日，原告靳某清与被告 Y 有限公司签订了《商品房买卖合同》，该合同约定：靳某清购买 Y 有限公司建设的某未来小区 15 号楼 1 单元 201 号预售商品房；建筑面积共 348.29 平方米，总金额为 2,071,727 元；合同签订后 15 日内，原告靳某清将首付购房款汇入被告 Y 有限公司指定账户，余款由买受人以按揭贷款方式支付。2015 年 7 月 29 日，原告靳某清按照约定将首付款 621,727 元交付给被告 Y 有限公司；2015 年 10 月 30 日，原告靳某清所申请按揭贷款获批并交付给被告 Y 有限公司。2016 年 5 月，被告 Y 有限公司将合同约定房屋交付给靳某清，后者完成房屋装修后入住该小区。

2017 年 8 月，原告靳某清发现 Y 有限公司将其所在 15 号楼 8 层以上住宅进行改造，予以分割拆零，由一层一户变更为一层两户，对房屋的原有户型设计进行实质性变动。原告靳某清认为，一层一户的住宅设计是促使其购买所涉商品房的重要原因之一，被告 Y 有限公司所进行的分割拆零改造行为，不仅极大地降低了房屋在使用上的安宁性和私密性，增加了低层住户的安全隐患（Y 有限公司在 8 层以上楼道中增加了一堵墙），而且是对销售宣传和设计承诺的直接违背，属于消费欺诈行为。据此，靳某清依法将 Y 有限公司诉至法院，请求法院依据《消费者权益保护法》的规定，判令被告 Y 有限公司按已付购房款的 3 倍赔偿其因私自改造而遭受的经济损失。

二、法院裁判

一审法院经审理认为：本案为商品房销售合同纠纷，被告 Y 有限公司以引人误解的宣传方式误导原告靳某清，使其花费巨资购买房屋且在其入住后，擅自改变涉案楼房结构，严重降低了原告靳某清对房屋尊享的期待和房屋在使用功能上的安宁性和私密性，其行为已构成欺诈；从《消费者权益保护法》的立法宗旨及具体规定来看，其适用范围不包括商品房买卖行为以及由此引发的法律纠纷；最高人民法院《关于审理商品房买卖合同纠纷案件适用法律若干问题的解释》对商品房买卖纠纷处置规定了不同于《消费者权益保护法》的一套惩罚性赔偿责任制度，[①]本案应当适用该解释；所涉争议虽不属于最高人民法院《关于审理商品房买卖合同纠纷案件适用法律若干问题的解释》中惩罚性赔偿责任规定的几种情形，但应依法承担违约责任。综合全案情况，根据原告靳某清的投资期待和Y有限公司的欺诈情节，参照最高人民法院《关于审理商品房买卖合同纠纷案件适用法律若干问题的解释》中关于惩罚性赔偿责任的规定，一审法院依法判决如下：(1)Y有限公司应于判决生效后10日内赔偿靳某清2,071,727元；(2)驳回靳某清的其他诉讼请求。案件受理费55,306元，由Y有限公司负担。

一审判决后，Y有限公司依法提起上诉，请求撤销一审判决，主要事实和理由包括：(1)原审判决认定事实不清、证据不足。双方合同标的物是15号楼1单元201号房，原审将15号楼8层以上房屋均定性为涉案房屋，属于认定事实错误；8层以上房屋的属性应当以行政机关登记备案的内容作为唯一衡量标准，不能仅以外观上的入室门、门牌号作为认定事实的证据；公司不存在分割拆零销售的行为，并举出了相应证据，原审未予采纳错误；双方签订了商品房买卖合同，公司履行了合同内容，靳某清装修并入住，之后公司对8层以上其他房屋进行了功能设计上的变更，原审判决认定公司出售商品房时存在欺诈行为，逻辑矛盾。(2)原审判决适用法律错误。公司的行为不属于最高人民法院《关于审理商品房买卖合同纠纷案件适用法律若干问题的解释》中惩罚性赔偿责任规定的几种情形，原审已予认定，但参照该规定判决，不适当地扩大上述司法解释的适用范围，属适用法律错误；同时，原审以宣传资料格式排版为由认定公司存在主观欺诈故意不能成立，以公司后来变更功能设计的行为倒推欺诈主观故意明显不适当；靳某清对房屋尊享的期待不属于法律调整范围，靳某清所购买房屋符合约定的一层一户，未发生任何变化，公司不存在任何欺诈行为。

靳某清辩称：(1)Y有限公司将涉案房屋由一户一层变更为一层两户，改变了房屋的原有户型设计，事实清楚、证据充分。(2)Y有限公司构成欺诈，应当承担赔偿责任，原审判决酌定按一倍赔偿并无不当。靳某清根据Y有限公司的一层一户的宣传购买了房屋，但之后Y有限公司擅自将8层以上房屋变更为一层两户，不仅降低了房屋在使用功能上的安宁性和私密性，其在楼道中擅自加一堵墙，更给靳某清造成了安全隐患；

---

① 2003年3月24日，最高人民法院审判委员会第1267次会议通过的《关于审理商品房买卖合同纠纷案件适用法律若干问题的解释》第9条规定："出卖人订立商品房买卖合同时，具有下列情形之一，导致合同无效或者被撤销、解除的，买受人可以请求返还已付购房款及利息、赔偿损失，并可以请求出卖人承担不超过已付购房款一倍的赔偿责任：(一)故意隐瞒没有取得商品房预售许可证明的事实或者提供虚假商品房预售许可证明；(二)故意隐瞒所售房屋已经抵押的事实；(三)故意隐瞒所售房屋已经出卖给第三人或者为拆迁补偿安置房屋的事实。"但是，2020年12月23日最高人民法院审判委员会第1823次会议修正后的《关于审理商品房买卖合同纠纷案件适用法律若干问题的解释》取消了这一规定。

Y 有限公司未履行宣传资料中的一层一户承诺而将房屋拆零销售，其行为构成对靳某清的欺诈，应当承担赔偿责任。原审判决适用法律正确，应当予以维持。

二审法院经审理认为：双方签订的商品房买卖合同合法有效，Y 有限公司交付给靳某清的房屋与原宣传和双方合同约定相符，并无任何变更，设计变更和房屋结构变更的行为不是对靳某清所购房屋的变更行为，行为本身不构成对靳某清居住环境的影响和对双方房屋买卖合同的违反；靳某清起诉主张 Y 有限公司改动楼层户型和结构，严重影响其居住安全，但没有提供相应的客观证据，不能成立；靳某清没有证据能够证明 Y 有限公司在与其签订合同时就已经决定对该楼变更设计、改变和降低居住环境和品质，并且存在故意不告知或者作虚假告知等事实，宣传广告内容、方式亦不足以认定 Y 有限公司存在欺诈销售行为。综上，二审法院依法判决如下：(1)撤销一审判决；(2)驳回靳某清的起诉。一审案件受理费 55, 306 元，退还靳某清；二审案件受理费 23, 374 元，退还 Y 有限公司。

三、法理分析

一般认为，所谓商品房，是指房地产开发企业以营利为目的建造的，经批准用于市场交易的，在法律上拥有完整所有权的房屋。它有别于地方政府为解决低收入人群住房困难，实施安居工程而建造的安居房、解困房、解危房、房改房、经济适用房以及集资房等政策优惠房，也不同于农村集体经济组织成员在自己的宅基地上经批准自行修建的自住房。对于商品房买卖是否适用《消费者权益保护法》的规定，学界还存在不同认识，概括而言，主要有肯定说和否定说之别。

持肯定说观点的研究者认为，商品房买卖关系应适用于《消费者权益保护法》的相关规定，其主要理由在于：

1. 商品房是重要的耐用消费品。一方面，商品房属于商品，它具备商品的一切特征，属于《消费者权益保护法》中的商品。根据马克思主义政治经济学原理，商品是指用于交换的劳动产品，其兼具价值与使用价值。商品房与一般商品一样，是以交换为手段的，是具有价值和使用价值的商品。房地产开发企业投入大量的人力、物力建造商品房，建成后的房屋中蕴含了大量的人类劳动，属于劳动产品是没有问题的。而房地产开发企业建造商品房的目的很显然是将其投入流通领域用于交换以赚取经济利益。商品房具有价值和使用价值，一旦依法进入流通领域，自应视为商品。随着房地产业走向市场，商品房像普通商品一样已经完全具备了商品的属性。另一方面，商品房不仅是一种商品，它还是一种直接用于人们的生活而非生产的重要的耐用消费品。其一，商品房是与购房者的一生都密切相关的耐用消费品。根据商品的形态和商品的消费速度，消费品可分为耐用消费品和非耐用消费品。商品房属于耐用消费品，它在购买后使用时间较长，甚至延续至购房者的下一代，大多数购房者一生中仅买一次，对购房者的整个一生甚至去世后都将产生影响。因此，对购房者而言，商品房具有十分重要的意义。其二，商品房的价值额度较高，可能花费购房者一生的积蓄或者使其背上沉重的债务负担。

2. 商品房买卖关系是一种消费关系。商品房买卖在本质上与人们日常生活中购买普通商品、日常消费品的行为并无二致，即购房者购买商品房也是一种消费行为，是购房者为了满足其日常生活（衣、食、住、行等）中的住的需要而根据自身的购买能力取得其所需的消费资料的行为。商品房买卖合同是特别的消费合同。① 除买卖标的较为特殊外，商品房买卖与消费市场中所发生的其他买卖关系并无区别，商品房买卖关系本质上是一种发生于生产经营者与消费者之间的消费关系。购房者购买商品房的目的是居住，而不是用来作为生产经营的场所，具有非营利性，该购买行为因而属于消费行为。商品房投资虽然有之，但其最终的属性还是用于居住生活之需，并且大部分购房者都属于刚需购买，投资性购房毕竟是少数。必须要予以明确认知的是，不能因为少数投资商品房的行为就否定商品房的价值和使用价值二重属性而将其排除在《消费者权益保护法》适用范围之外。②

3. 房地产开发企业符合《消费者权益保护法》所规定的经营者身份。根据《消费者权益保护法》的规定，③所谓经营者，是指为营利目的而生产、销售商品或者提供服务的自然人、法人和其他组织。商品房的销售者为房地产开发企业，而根据《城市房地产管理法》的规定，④房地产开发企业是以营利为目的，从事房地产开发和经营的企业。我国《消费者权益保护法》中的经营者主要是指提供消费资料和消费性服务的人。商品房经营者一般是房地产开发企业，营利性是其固有的特征。房地产开发企业为了实现其经济利益，必须将其开发建设的商品房投入流通领域用于交换，以实现其价值。在个人以消费者的身份购买其房屋时，房地产开发企业便与消费者之间建立了消费法律关系。很显然，房地产开发企业的法律身份与我国《消费者权益保护法》中的经营者的特

---

① 参见夏平：《为何惩罚性赔偿可以引入到商品房买卖合同中》，载《湖北经济学院学报（人文社会科学版）》2016 年第 8 期。

② 参见张刚：《论商品房消费者权益的法律保护》，载《湖南工业大学学报（社会科学版）》2017 年第 4 期。

③ 《消费者权益保护法》第 3 条规定："经营者为消费者提供其生产、销售的商品或者提供服务，应当遵守本法……"

④ 《城市房地产管理法》第 30 条规定："房地产开发企业是以营利为目的，从事房地产开发和经营的企业……"

征是相符的。

4. 购房者的弱势地位决定应对其适用《消费者权益保护法》。作为分散的个体消费者，商品房购买者在与房地产开发企业进行的商品房交易中处于绝对的弱势地位，主要体现在：其一，房地产开发企业只承担经济风险，而商品房购买者除承担经济风险之外，还要承担生存风险。如果房屋质量低劣或者存在其他安全隐患，则商品房购买者将面对的是财产或者人身的损害威胁。其二，在商品房交易过程中，商品房购买者的消费需求与房地产开发企业经济利益的满足方式不同。房地产开发企业的利益在商品房交易完成后，收取价款即获得满足；而商品房购买者的需求要在交易完成后，通过长时间的居住才能得到满足。如果房屋的瑕疵不是在交易当时发现，或者给人身、财产造成的损害不是在交易当时发生，而是在居住若干年之后，那么商品房购买者的正当权益极有可能受到损害，因为时过境迁，房地产开发企业或许早已倒闭，那样商品房购买者只能自认倒霉。其三，在商品房交易过程中信息不对称的问题尤为突出，商品房购买者明显处于劣势，消费者仅靠自己的常识、经验往往不够，还需房地产开发企业提供信息进行选择和判断。但房地产开发企业往往会根据自身利益的需要只公布对自己有利的信息，而隐瞒商品房瑕疵或其他于商品房购买者不利而于房地产开发企业有利的信息。《消费者权益保护法》的最大特点，就是打破了传统私法自治原则，引入国家权力以适当干预经济生活，明确消费者的弱势地位并给予其法律上的倾斜性保护。相对于房地产开发企业，商品房购买者是市场交易中的弱者，对其合法权益予以倾斜性保护符合《消费者权益保护法》的立法宗旨和价值取向。

5. 对商品房买卖及其纠纷处置适用一般民事法律将导致实际不公。作为市民社会的自治规范，民法的中心要旨在于排除国家公权力的强行干预，赋予民事行为主体双方平等的权利和义务，使行为双方在完全自由的情况下为民事法律行为，其表现之一就是民事法律赋予双方当事人以完全平等的法律地位，一方当事人不能超过另一方享有比对方更多的权利或负担比对方更多的义务。民法要求对民事关系双方当事人予以平等保护，而不偏袒、倾斜任何一方。但是，这种平等保护有一个十分重要的前提，那就是双方当事人不但形式上要平等，而且在实体上也要平等。否则，可能造成结果的不公平。但是，在商品房买卖关系中，恰恰存在这种实质上的不公：双方的经济实力相差悬殊，双方所掌握的信息严重不对称，双方的交易技巧和交易能力不对等，双方的诉讼能力亦存在显著差别。购房者本身经济力量相对微弱、关键信息掌握不足、组织性缺乏，以及交易技巧欠缺等导致商品房买卖双方实际力量的不平衡，导致购房者在商品房买卖关系中处于实际上的劣势地位。这种商品房买卖双方实际力量的不平衡，使得民法赋予商品房买卖双方的平等法律地位在实际效果上大打折扣，民法所赋予双方当事人的平等的权利和所规定的平等的义务难以最终实现其预定的公平价值目标。伴随高度发达的市场经济而出现的商品房买卖这种经济关系已不再是传统的简单商品交易关系,该经济关系主体双方之间已不再是传统意义上的力量均衡关系,而变成了一种支配与被支配关系。对这种主体力量已经失衡的关系,以民法加以调整的结果也就必然远离其预先设定的价值目标,即会导致实际上的不公平,而《消费者权益保护法》相关规定的适用则是弥补民法调整局限的重要法宝之一。

6. 商品房买卖及其纠纷处置适用《消费者权益保护法》有利于预防商品房买卖纠纷的发生。随着房地产行业的发展,尤其是随着房地产开发与交易规模的不断走高,商品房买卖纠纷呈急速上升趋势,就纠纷本身的预防以及商品房买卖行为的规范而言,《消费者权益保护法》具有显著的优势。第一,《消费者权益保护法》对权利与义务的规定更为明确。《消费者权益保护法》明确规定了购房者作为消费者的权利和房地产开发企业作为经营者的义务,使商品房买卖双方在进行商品房交易时更加有所遵循,知道自己该如何行为以及可以如何行为,从而可以起到防止交易纠纷的作用。第二,《消费者权益保护法》规定的法律责任更为严厉。《消费者权益保护法》中规定的法律责任在主体、形式等方面不同于民法上有关法律责任的规定,这些规定显得更为严厉,有利于预防商品房买卖纠纷的发生。例如,《消费者权益保护法》以生产经营者为主要法律责任主体,给予更多义务,这显然有利于防止商品房买卖纠纷发生。再如,《消费者权益保护法》中多种法律责任并存的责任承担形式有利于预防商品房买卖纠纷的发生,除具有补偿性责任形式外,《消费者权益保护法》还规定了惩罚性责任形式。这犹如高悬于经营者头上的"达摩克利斯之剑",显然更有利于防止商品房买卖关系中纠纷的发生。

7. 商品房买卖及其纠纷处置适用《消费者权益保护法》有利于促进房地产业的健康发展。商品房买卖关系是发生在房地产交易市场中的一种消费关系,商品房买卖的合法、正常进行有赖于房地产交易市场的规范,房地产交易市场的净化、规范化又有利于房地产业的健康发展。商品房买卖及其纠纷处置适用《消费者权益保护法》弥补了适用民法调整时的不足,因而具有更大的优势。这种优势在于它适应了法律的发展和经济关系的变化,适时地引入了买卖双方之外的第三者的力量,使商品房买卖双方失衡的力量对比关系重新回到平衡状态上来,从而使商品房买卖能够在对等力量之间进行,保证了交易结果的公正。从客观上看,在《消费者权益保护法》中,国家机关介入商品房买卖关系有利于房地产交易市场的健康发展,并最终保证作为国民经济一部分的房地产业的健康发展。《消费者权益保护法》第55条的规定,实际上就是赋予了消费者以强有力的武器,进而有助于实现消费者与房地产开发企业之间的利益平衡,并最终有助于我国房地产市场的健康、规范发展。

持否定说观点的研究者认为，商品房买卖关系不应适用《消费者权益保护法》的相关规定，其主要理由在于：

1. 从《消费者权益保护法》的立法初衷来看，不宜将商品房买卖纳入《消费者权益保护法》调整范围。作为我国第一部专门保护消费者合法权益的基本法律，从立法原意上看，制定《消费者权益保护法》所针对的只是普通商品市场中存在的假冒伪劣、缺斤短两等典型的日常消费侵权行为，所设想的适用范围并不包括商品房买卖。因此，商品房买卖关系应不适用《消费者权益保护法》的相关规定，否则，将有违《消费者权益保护法》的立法初衷。

2. 商品房与一般商品存在显著差别，不宜将商品房买卖纳入《消费者权益保护法》调整范围。商品房与一般商品存在显著差别，这主要表现在商品房的价值巨大。就目前的情况来看，对于一般家庭而言，购买一套商品房可能会耗尽其一生的储蓄，甚至三代人几个家庭的财富积累，且消费频次与普通的生活消费存在明显不同。此外，商品房在规划、开发、验收与交易等环节，均存在政府干预的身影，这更加凸显了商品房与一般商品的差别显著。商品房并非《消费者权益保护法》意义上的商品，商品买卖关系亦因此不能适用《消费者权益保护法》的相关规定。

3. 将商品房买卖纳入《消费者权益保护法》调整范围将导致显失公平。《消费者权益保护法》第55条规定："经营者提供商品或者服务有欺诈行为的，应当按照消费者的要求增加赔偿其受到的损失，增加赔偿的金额为消费者购买商品的价款或者接受服务的费用的三倍；增加赔偿的金额不足五百元的，为五百元。法律另有规定的，依照其规定。经营者明知商品或者服务存在缺陷，仍然向消费者提供，造成消费者或者其他受害人死亡或者健康严重损害的，受害人有权要求经营者依照本法第四十九条、第五十一条等法律规定赔偿损失，并有权要求所受损失二倍以下的惩罚性赔偿。"由于商品房买卖所涉金额巨大，若依此规定判决数倍赔偿，将导致双方关系严重不平衡，甚至会直接危及房地产开发企业的生存，进而可能会对房地产市场的持续健康发展产生巨大冲击。

4. 购房动机的复杂性决定了不宜将商品房买卖关系纳入《消费者权益保护法》的调整范围。当前我国房地产市场仍处于发展的较快增长期，房地产市场供需两旺，房屋价格仍保持上涨趋势。从购房人的动机分析来看，目前至少有三种不同的商品房购买需求，即刚性需求、投资性需求和投机性需求。将基于刚性需求而进行的购房行为界定为一种生活性消费还尚且说得过去，但基于投资性需求和投机性需求而进行的购房行为显然不属于生活消费，其属于投资行为，相应地，此时的购房人应属于经营者而非消费者。但问题的关键是，购房动机属于一种主观心理状态，对其难以进行准确的认定，在实践中很难将基于刚性需求、投资性需求和投机性需求而实施的不同购房行为区别开来。若将这三种购房行为笼统地纳入《消费者权益保护法》的调整范围，则显然是有违《消费者权益保护法》的立法宗旨，并有悖于社会公平理念的。由此来看，不宜将商品房买卖纳入《消费者权益保护法》调整范围。需要说明的是，不将商品房买卖纳入《消费者权益保护法》调整范围并不意味着不对其进行法律规范，当事人仍可援引《民法典》等相关法律规定，以保护自身合法权益。

如上文所述，本案中，一审、二审法院对所涉纠纷在性质的界定和法律的适用上存在不同认识，并据此作出了不同裁判，恰恰反映了其对商品房买卖及其纠纷处置是否适用《消费者权益保护法》这一命题的严重认知分歧。

案例六：惩罚性赔偿在职业打假中的司法认定

——基于李某诉H食品商行网络购物合同纠纷案之分析

一、案情简介①

2018年3月19日，原告李某在某宝网站向H食品商行购买6件共计36瓶茅台镇内部职工专用酒（酱香型，红白盒两款，53高度白酒），单价为799元/件，李某于当日13时支付货款4794元。H食品商行于当日13时通过某宝网站向Q酒庄有限公司购买茅台镇内部职工专用酒36瓶（酱香型，红白盒两款，53高度白酒），单价87元/瓶，共计付款2160元，约定收货人为原告李某，收货地址及联系人与原告李某所提供的信息一致。原告李某于2018年3月26日签收前述商品。收到货物后，原告李某认为该酒存在质量问题，在与H食品商行协商退款退货和赔偿事宜无果后，将H食品商行诉至法院，请求：判令H食品商行向李某退还货款4794元，并10倍赔偿47,940元，共计52,734元。

二、法院裁判

一审法院认定事实如下：涉案6件白酒，其中5件为红色包装，1件为白色包装；红色款的外包装上印有“茅台内供酒”字样，包装标注“职工专用酒贵州茅台酒股份有限公司”；白色款的外包装上印有“茅台集团内供酒”字样，包装标注“内部特供不得外销贵州茅台酒厂（集团）劳动服务公司供应”；通过贵州茅台酒股份有限公司官方网站公

① 四川省高级人民法院民事判决书，（2019）川民再298号。

告查证，该公司并未生产过或授权他人使用该公司名义生产过“茅台内供酒”。

一审法院另查明事实如下：自2017年6月至今，一审法院立案受理多起李某作为原告的网络购物合同纠纷案件。其中，2017年6月22日向一审法院起诉2件，案号分别为（2017）川0303民初473、474号；2017年7月3日起诉1件，案号为（2017）川0303民初507号；2017年9月18日起诉2件，案号分别为（2017）川0303民初748、749号；2018年1月3日起诉1件，案号为（2018）川0303民初27号；2018年3月26日起诉4件，案号分别为（2018）川0303民初351、352、353、354号；2018年5月7日起诉1件，即本案。上述11件案件中有10件均围绕白酒商品标签是否规范、添加物品是否符合规范要求、生产厂家是否有生产许可证等同类问题提起诉讼，多依据《食品安全法》等法律中关于惩罚性赔偿的规定，请求对每一件商品都获得商品价款10倍的赔偿。李某亦向一审法院承认其为职业打假人，其购买本案诉争商品并不是为了消费，而是为了“打假”。

一审法院认为：消费者是指为生活消费需要而购买、使用商品或者接受服务的人；法律对消费者予以倾斜性保护的宗旨在于，保障公众健康和生命安全及其他合法权益，鼓励消费者与制售假冒伪劣产品的行为作斗争，但自然人、法人或其他组织以牟利为目的的购买行为应予除外。在本案中，通过商品展示状态，李某购买时间、数量、协商退款赔偿过程以及投诉处理经过，并结合其诉请考虑，李某的购物行为具有明显的牟利意图；同时，李某亦向一审法院承认其为职业打假人，购买本案诉争商品并不以消费为目的，故李某不是消费者，对于李某主张惩罚性赔偿的诉请不应予以支持。据此，一审法院依法判决如下：H食品商行于本判决发生法律效力之日起10日内向李某返还货款4794元，驳回李某的其他诉讼请求。案件受理费559元，由李某负担534元，由H食品商行负担25元。

一审判决后，原告李某不服提起上诉称：根据《消费者权益保护法》的规定，[①]只要在市场交易中购买、使用商品或者接受服务是为个人、家庭生活需要，而不是为生产经营活动或者职业活动需要，就应当认定为消费者，属于《消费者权益保护法》所保护的对象；同时，并无证据表明，原告李某购买商品是用于再次销售，因此应当肯定其具有消费者身份，支持其针对被告H食品商行的10倍惩罚性赔偿请求。因此，请求二审判决，改判被告H食品商行向原告李某赔偿十倍价款47,940元，案件受理费由被告H食品商

① 《消费者权益保护法》第2条规定：“消费者为生活消费需要购买、使用商品或者接受服务，其权益受本法保护……”该法第3条规定：“经营者为消费者提供其生产、销售的商品或者提供服务，应当遵守本法……”

行承担。

二审法院经审理认为：依据现行法律规定，①生产不符合食品安全标准的食品或者经营明知是不符合食品安全标准的食品，消费者除要求赔偿损失外，还可以向生产者或者经营者要求支付价款10倍或者损失3倍的赔偿金；依据现行法律规定，消费者实施消费行为的目的应当在于满足生活消费需求。本案中，原告李某承认其为职业打假人，且多次向法院提起同类诉讼，因此，可以认定原告李某购买涉案茅台内供酒并非基于生活消费需求，而是以牟利为目的。原告李某有规划、持续的牟利行为与《消费者权益保护法》《食品安全法》的立法精神不符，与惩罚性赔偿规则适用要求不符，与诚实信用原则相违背，因此，本案中，原告李某不应当认定为消费者，其购买茅台内供酒的行为亦不属于消费行为，一审法院事实认定准确、适用法律正确。据此，二审法院依法判决如下：驳回上诉，维持原判。

二审判决后，李某不服判决，依法申请再审，称：一审、二审法院认定李某为知假买假者而非消费者，据此驳回其十倍价款诉讼请求无任何法律依据。

H食品商行辩称：李某承认其为职业打假人，为获取赔偿长期购买假酒，其购买行为不是为了生活需要，而是为了获取经济利益，属于知假买假、恶意诉讼，谋求惩罚性赔偿而非法获利的行为；H食品商行已经尽到了审慎注意的义务，且查看了相关证件检验标准，提供了正规进货渠道或合法的进货凭证等证据；李某只是对食品的标签说明书存在异议，其提供的相关案例不能达到其证明目的。一审、二审法院认定事实清楚，适用法律正确，程序合法，因此请求法院依法驳回李某的再审请求。

再审法院经审理认为：二审判决认定事实清楚，但适用法律不当。据此，依法判决如下：判决H食品商行于本判决发生法律效力之日起15日内向李某支付赔偿金47,940元。

三、法理分析

本案是关于知假买假行为能否适用《消费者权益保护法》规定的典型案例。

通说认为，所谓消费者，是指基于满足生活消费需要而购买商品或者接受服务的个体生活成员。但是，第八届全国人民代表大会常务委员会第四次会议于1993年10月31日通过的《消费者权益保护法》并没有完全采纳这一主张，仅汲取了“生活消费需要”

① 《食品安全法》第148条第2款规定：“生产不符合食品安全标准的食品或者经营明知是不符合食品安全标准的食品，消费者除要求赔偿损失外，还可以向生产者或者经营者要求支付价款十倍或者损失三倍的赔偿金；增加赔偿的金额不足一千元的，为一千元……”

这一要素。该法第2条明确规定："消费者为生活消费需要购买、使用商品或者接受服务，其权益受本法保护……"①其并未对消费者予以清晰界定，并由此引发了一系列问题。其中，知假买假者是否能够成为《消费者权益保护法》意义上的消费者就是典型问题之一。对于这一问题，学者存在不同认知。概言之，主要有肯定说、否定说和折中说三种观点。

持肯定说的研究者认为，即使行为人明知商品有一定的瑕疵而购买，只要其购买商品没有再次用于销售，没有再投入市场，我们就不应当否认其消费者身份。② 应飞虎教授认为政府职能部门的打假能力和打假时的公益性程度是值得考量的，打假能力和公益性程度的提升本身是一个系统工程，它会受制于职能部门能够占有的物质资源的数量和人力资源的质量、政府体制改革进度、市场经济发展状况等多种错综复杂的因素的影响，短期内大幅度提升是不可能的，综合考量政府打假能力、假冒伪劣产品泛滥程度、市场主体诚信状况、消费者受欺诈严重程度等因素，目前应当将知假买假者界定为消费者，赋予其获得惩罚性赔偿的权利，进而充分发挥其打假功能优势。③ 有研究者进一步指出，《消费者权益保护法》确立惩罚性赔偿制度的立法目的就在于，通过惩罚性赔偿所内蕴的激励机制以推动广大消费者同欺诈行为作斗争，将知假买假者界定为消费者符合《消费者权益保护法》立法精神，意味着增加了一支重要打假力量，有利于打击消费欺诈行为、减少假冒伪劣商品，进而确保消费者权益得到有效保障。④《消费者权益保护法》的起草人之一何山认为，只要购买的是生活消费品，无论是为物质文化生活而直接消耗，还是为打假并获取物质利益，都同样属于生活消费，购买者都是《消费者权益保护法》所保护的消费者，都可以获得《消费者权益保护法》所规定的惩罚性赔偿。此外，还有学者认为，将知假买假者界定为消费者，对与之对应的消费欺诈行为适用惩罚性赔偿规则，不仅有助于推动消费者积极维权，打击假冒伪劣产品，而且有助于维护自由公平的市场交易环境，践行社会正义的价值理念。⑤

持否定说的研究者认为，知假买假者的目的不在于满足生活消费需要，而是为了追

---

① 2009年8月27日第十一届全国人民代表大会常务委员会第十次会议对《消费者权益保护法》进行了第一次修正，2013年10月25日第十二届全国人民代表大会常务委员会第五次会议进行了第二次修正，这一规定得以保留。

② 参见王利明：《消费者的概念及消费者权益保护法的调整范围》，载《政治与法律》2002年第2期。

③ 参见应飞虎：《知假买假行为适用惩罚性赔偿的思考——基于法经济学和法社会学的视角》，载《中国法学》2004年第6期。

④ 参见宋征、胡明：《从王海打假案看知假买假者是否消费者——法解释学意义上的分析》，载《当代法学》2003年第1期。

⑤ 参见李剑：《论知假买假的逻辑基础、价值理念与制度建构》，载《当代法学》2016年第6期。

究高额经济赔偿,其行为不属于消费行为,将知假买假者界定为消费者不符合《消费者权益保护法》的立法宗旨;知假买假后进行索赔是为了牟利,这种行为违背了公平、正义理念和诚实信用原则,从而具有道德上的可责难性。正如有研究者所指出的那样,通过知假买假索赔而取得利益的,显然不属于通过市场交换获取利益,保护知假买假与诚信原则相悖,若公开宣扬以至鼓吹知假买假也会损害诚信这一社会基本价值观念。①

持折中观点的研究者认为,对知假买假者法律属性的界定应予以区别对待:以索赔为目的,形成组织或者以买假索赔为业的,不属于消费者;而知假买假者即便以索赔为目的,只要其没有形成组织或者并非以买假索赔为业,就仍可将其界定为消费者。②

在《消费者权益保护法实施条例》的制定过程中,曾尝试解决知假买假者身份认定这一疑难问题,例如,国务院原法制办公室于 2016 年 11 月 16 日公布的《消费者权益保护法实施条例(送审稿)》第 2 条就规定,"消费者为生活消费需要而购买、使用商品或者接受服务,其权益受本条例保护","但自然人、法人或其他组织以牟利为目的购买、使用商品或接受服务的,不适用本条例"。但是,因对相关规定存在严重认识分歧,该实施条例目前仍未出台。虽然,在立法层面迟迟没有进展,但是在司法实践中,已经在特定领域实现了突破。为正确审理食品药品纠纷案件,根据《消费者权益保护法》《食品安全法》《民事诉讼法》等法律的规定,结合审判实践,最高人民法院审判委员会第 1599 次会议于 2013 年 12 月 9 日通过了《关于审理食品药品纠纷案件适用法律若干问题的规定》,该规定第 15 条明确规定,"生产不符合安全标准的食品或者销售明知是不符合安全标准的食品,消费者除要求赔偿损失外,向生产者、销售者主张支付价款十倍赔偿金或者依照法律规定的其他赔偿标准要求赔偿的,人民法院应予支持"。这意味着,在食品消费领域,惩罚性赔偿规则的适用不考虑行为人的主观目的,通常所说的"知假买假者"在遭遇食品消费欺诈时,有权主张以惩罚性赔偿规则保护自身合法权益。这一规定十分必要,是对食品消费欺诈这一严重侵权行为的必要约束,有助于实现对消费者核心权益(人身安全)的有效保障。

本案中,再审法院在查明案件事实的基础上,未因职业打假人身份而否定原告李某的消费者属性,进而支持其惩罚性赔偿请求权,判决被告 H 食品商行支付商品价款 10 倍惩罚性赔偿金,是合乎《消费者权益保护法》立法精神的,意义重大。

---

① 参见郭明瑞:《"知假买假"受消费者权益保护法保护吗?——兼论消费者权益保护法的适用范围》,载《当代法学》2015 年第 6 期。

② 参见刘保玉、魏振华:《"知假买假"的理论阐释与法律适用》,载《法学论坛》2017 年第 3 期。

案例七:经营者对产品特殊使用方法未尽警示说明义务的责任承担

——基于陈某通与X电器有限公司产品责任纠纷案之分析

一、案情简介①

2016年1月10日,陈某通向X电器有限公司购买了3M前置反冲过滤器、3M净水器一套,后X电器有限公司派人前往陈某通位于南通市某小区的家中进行安装。2016年1月29日,因案涉净水器、水龙头、花洒等部件损坏造成漏水,致使陈某通家中家具、地板等物品损坏。在与X电器有限公司就损失赔偿问题协商无果的情况下,陈某通将X电器有限公司诉至法院,请求其赔偿各项损失共计80,972元。

二、法院裁判

在一审中,受案法院委托H资产评估有限公司对陈某通因漏水产生的损失进行评估。2016年9月20日,该机构出具损失评估报告,评估损失金额计45,772元。法院综合认定房屋漏水造成的全部损失为51,772元。X电器有限公司另申请对3M前置反冲过滤器、3M净水器的质量是否合格进行鉴定。2017年3月22日,该机构出具质量鉴定报告。鉴定意见为:发生爆裂的3M前置反冲过滤器、3M净水器的材质符合产品要求,外观无异常,断口无成型缺陷,符合净水器产品说明书的质量要求;发生漏水是由于温度过低,净水器内部的水变成冰,由于体积的增大,对净水器外壳施加了压力,导致净水器外壳破裂。

一审法院经审理认为:依据法律规定,②产品存在缺陷,造成他人损害的,经营者应

① 江苏省高级人民法院民事裁定书,(2018)苏民申6238号。

② 2009年12月26日第十一届全国人民代表大会常务委员会第十二次会议通过的《侵权责任法》对"产品责任"进行了系统规定。例如,该法第41条规定,"因产品存在缺陷造成他人损害的,生产者应当承担侵权责任";该法第42条规定,"因销售者的过错使产品存在缺陷,造成他人损害的,销售者应当承担侵权责任","销售者不能指明缺陷产品的生产者也不能指明缺陷产品的供货者的,销售者应当承担侵权责任"。2020年5月28日第十三届全国人民代表大会第三次会议通过的《民法典》废止了《侵权责任法》,其在侵权责任编第四章对"产品责任"问题进行了专门规定。例如,该法典第1203条规定,"因产品存在缺陷造成他人损害的,被侵权人可以向产品的生产者请求赔偿,也可以向产品的销售者请求赔偿","产品缺陷由生产者造成的,销售者赔偿后,有权向生产者追偿","因销售者的过错使产品存在缺陷的,生产者赔偿后,有权向销售者追偿"。

当承担侵权责任;在本案中,由于X电器有限公司销售的净水设备等产品漏水,导致陈某通家里被水淹产生损失,虽然鉴定机构出具的鉴定意见认为所涉产品符合生产商出具的产品说明书的质量要求,但鉴定机构对漏水原因分析所采信的资料与客观事实不符,现有证据材料不能排除X电器有限公司销售的净水设备漏水不是存在缺陷所致;退一步讲,即使X电器有限公司销售的产品没有缺陷瑕疵,其也应当在销售时对产品使用过程中应特别注意的使用要求尽到一定的说明义务,即案涉净水设备在温度过低时的使用规范,对此X电器有限公司亦未能举证证明,故X电器有限公司应对陈某通的损失承担相应的赔偿责任;考虑到事发时,陈某通家中多个设备损坏漏水,共同导致了损失的产生,且陈某通自身可能存在使用不当等原因,因此,陈某通对损害后果也应承担一定责任。综上,一审法院依法判决如下:(1)X电器有限公司于判决生效之日起10日内一次性赔偿陈某通15,531.6元;(2)驳回陈某通的其他诉讼请求。

一审判决后,X电器有限公司不服,上诉称:在本案中,X电器有限公司依法申请鉴定,并由一审法院选出鉴定机构,鉴定机构相关人员进行实地考察并结合专业知识出具鉴定报告,证明案涉3M净水器符合质量标准,属合格产品;3M净水器损坏的直接原因在于,极端条件下短时间受外力导致脆口断裂,陈某通没有证据证明其所遭受损失是因案涉产品质量不合格,因此,陈某通应当承担举证不能的法律后果;一审法院认定鉴定机构所出具鉴定意见存在明显瑕疵,而对其不予采纳,属于认定证据不当。综上,X电器有限公司认为,一审判决错误,请求二审法院依法改判。

陈某通辩称:鉴定机构所出具的鉴定结论对于漏水原因分析采用的资料与客观事实不符,不能排除X电器有限公司销售的3M滤水器存在缺陷的可能性;即使X电器有限公司销售的产品没有缺陷,也应当在销售时对需要特别注意的使用要求尽到说明义务,但陈某通没有收到产品使用说明书,由于X电器有限公司没有尽到充分的告知义务,其应当承担相应的赔偿责任。综上,陈某通认为,一审法院认定事实清楚,适用法律正确,请求维持一审判决。

二审法院经审理认为:依据法律规定,"使用不当,容易造成产品本身损坏或者可能危及人身、财产安全的产品",在产品或者其包装上"应当有警示标志或者中文警示说明";①

---

① 《产品质量法》第27条规定,"产品或者其包装上的标识必须真实,并符合下列要求:(一)有产品质量检验合格证明;(二)有中文标明的产品名称、生产厂厂名和厂址;(三)根据产品的特点和使用要求,需要标明产品规格、等级、所含主要成份的名称和含量的,用中文相应予以标明;需要事先让消费者知晓的,应当在外包装上标明,或者预先向消费者提供有关资料;(四)限期使用的产品,应当在显著位置清晰地标明生产日期和安全使用期或者失效日期;(五)使用不当,容易造成产品本身损坏或者可能危及人身、财产安全的产品,应当有警示标志或者中文警示说明。裸装的食品和其他根据产品的特点难以附加标识的裸装产品,可以不附加产品标识"。

在本案中,案涉3M净水器关于工作水温为4.4～38摄氏度以及当室温低于0.6摄氏度时应排干净水器的特殊使用方法,仅在3M净水器产品安装使用说明书第2页安装注意事项中予以说明,并没有在外包装或产品上设置明显的警示标志或中文警示说明,X电器有限公司对3M净水器的特殊使用方法未尽明确警示说明的附随义务,应当承担相应的赔偿责任;同时,在本案中,作为消费者,陈某通未能尽到合理的安全注意义务,对于损失的发生也有过错,应当减轻X电器有限公司的赔偿责任。综上,二审法院认为,X电器有限公司的上诉请求不能成立,一审判决认定事实不当,但适用法律正确,判决结果并无不当,遂依法判决如下:判决驳回上诉,维持原判。

三、法理分析

本案是关于经营者说明义务履行的典型案例。

在消费关系中,消费者权利往往对应着经营者义务,就消费者知情权而言,其与经营者说明义务相对应,经营者说明义务的切实履行是消费者知情权得以有效保障的重要前提。一般认为,所谓经营者说明义务,又称经营者告知义务,是指经营者对其所提供的产品的有关情况,如产品的质量、特性、功能、使用方法、注意事项等,向以消费者为代表的利益相关者予以充分介绍和确切说明的义务。经营者说明义务又可划分为以下具体类型:(1)信息告知义务。《消费者权益保护法》第20条第1款规定,“经营者向消费者提供有关商品或者服务的质量、性能、用途、有效期限等信息,应当真实、全面,不得作虚假或者引人误解的宣传”。(2)警示说明义务。《消费者权益保护法》第18条第1款规定,“……对可能危及人身、财产安全的商品和服务,应当向消费者作出真实的说明和明确的警示,并说明和标明正确使用商品或者接受服务的方法以及防止危害发生的方法”。(3)瑕疵告知义务。《消费者权益保护法》第19条规定:“经营者发现其提供的商品或者服务存在缺陷,有危及人身、财产安全危险的,应当立即向有关行政部门报告和告知消费者,并采取停止销售、警示、召回、无害化处理、销毁、停止生产或者服务等措施……”(4)询问答复义务。《消费者权益保护法》第20条第2款规定,“经营者对消费者就其提供的商品或者服务的质量和使用方法等问题提出的询问,应当作出真实、明确的答复”。

在实践中,因经营者未就产品特殊使用方法等履行警示说明义务而致消费者权益受到损害是造成消费纠纷的重要诱因之一。在本案中,案涉产品3M净水器对环境温度反应敏感,其工作水温为4.4～38摄氏度且当室温低于0.6摄氏度时须排干净水器以免造成损伤。《产品质量法》第27条第1款第5项规定,“使用不当,容易造成产品本身损坏或者可能危及人身、财产安全的产品,应当有警示标志或者中文警示说明”。据此,针对案涉产品3M净水器的特殊使用方法以及注意事项,X电器有限公司应当在产品或者包装上设警示标志或中文警示说明。在本案中,3M净水器产品安装使用说明书第2页安装注意事项中虽对产品的特殊使用方法以及注意事项进行说明,但并未在产品外包装或产品上设置明显的警示标志或中文警示说明;产品使用说明书对产品特殊使用方法以及注意事项的说明,也并未通过加粗加黑等形式予以特别提醒,而是与说明书其他部分相一致,该说明并不能成为经营者已经履行警示说明义务的佐证;同时,也没有证据证明其通过其他方式对该特殊使用方法向陈某通尽了明确的警示说明义务。可以认定,作为经营者,X电器有限公司未就案涉产品依法履行警示说明义务,当作为消费者同时也是产品使用者的陈某通因此遭受人身财产损害时,X电器有限公司应当承担赔偿责任。

需要补充说明的是,损害结果发生的主要原因虽可归结为经营者X电器有限公司未就案涉产品依法履行警示说明义务,但不能遮蔽消费者陈某通对损害结果的发生亦负有责任。《消费者权益保护法》第13条第2款规定,“消费者应当努力掌握所需商品或者服务的知识和使用技能,正确使用商品,提高自我保护意识”。在本案中,消费者陈某通在购买使用3M净水器时,应当与卖家进行沟通交流,切实了解自身所购产品;在使用产品前,还应当仔细阅读产品使用说明书,只有这样才能最大限度地保护自身在使用相关产品时的人身、财产安全。但是,陈某通在购买产品时未向卖家仔细询问所购产品的特点,也未仔细阅读产品使用说明书。由此可见,作为消费者,陈某通未尽到合理的安全注意义务,对于自身损失的发生也存在过错,因此应当减轻X电器有限公司的赔偿责任,以最大程度维护社会公平。

第二编　产品质量法

案例一：产品质量缺陷损害赔偿案件中的归责及举证责任

——基于冯某全诉D人民医院产品质量损害赔偿案之分析

一、案情简介①

2008年1月1日，冯某全因伤到被告处住院治疗，被告D人民医院对其施以“右胫骨骨折切开复位钢板内固定加植”手术。冯某全于同年2月1日出院，2008年7月，冯某全突然感觉右腿疼痛。冯某全到医院进行检查，被告知D人民医院用于内固定的金属接骨板断裂了。冯某全遂到D人民医院处理该病情，被告知仅能用石膏外固定的方法处理，但是，处理后病情一直不见明显好转。不得已，冯某全于2009年3月14日到H医院进行医治，诊断结果为：骨折线清晰，远折端向前成角，右胫骨内固定金属接骨板下份断裂；已不能再次进行手术，只能予以截肢。冯某全截肢后，经司法鉴定为七级伤残。冯某全认为，造成截肢伤残后果的根本原因在于，D人民医院所使用的金属接骨板存在缺陷，D人民医院应当依法对该损害后果承担赔偿责任。据此，冯某全将D人民医院诉至法院，请求判令被告D人民医院赔偿其残疾赔偿金35,696元，误工费、护理费各23,435.4元，被扶养人生活费24,582.4元，生活自助具费32,000元，精神抚慰金29,005.6元，鉴定费730元，医疗费42,534.2元（含再次手术的费用约40,000元），住院伙食补助费900元，共计188,883.6元。

D人民医院辩称：在诊疗过程中自身并无过错，不应对冯某全的损害后果承担侵权责任；在治疗中为冯某全使用的金属接骨板是合格产品，具备相应的合法手续，无质量问题，在植入前也对原告进行了详尽的告知；冯某全未提供证据证明所安装的金属接骨板存在质量问题，希望能对金属接骨板进行质量鉴定；作为一种骨科内固定器械，钢板出现断裂的原因有多种，除自身确实可能存在质量缺陷以外，通常还包括患者伤情过重、骨折在长时间内不能愈合导致钢板应力疲劳、患者不当地过早负重等，上述因素均可导致钢板断裂；冯某全年龄偏大，损伤时间较长，这些都可能是造成损害后果的原因所在。因此，请求受案法院依法驳回冯某全的诉讼主张。

---

① 四川省成都市龙泉驿区人民法院民事判决书，(2009)龙泉民初字第1803号。

二、法院裁判

一审法院经公开审理查明事实如下:2007 年 9 月 11 日,原告冯某全到被告 D 人民医院处住院治疗,入院后被告 D 人民医院对原告冯某全去除外固定器材,跟骨持续牵引;2007 年 9 月 24 日,原告冯某全自行要求出院;2008 年 1 月 1 日,原告冯某全再次到被告 D 人民医院处入院治疗,被诊断为右胫骨陈旧性粉碎性骨折伴不连;2008 年 1 月 3 日,被告 D 人民医院对原告冯某全施行了"右胫骨陈旧性骨折切开复位金属接骨板内固定 + 植骨术";经治疗后,原告冯某全于 2008 年 2 月 1 日出院,出院时,X 片显示骨折对位对线较好;出院医嘱及建议包括,门诊治疗、随访,休息 3 月,出院后 1 月、2 月、半年、1 年分别来院复查 X 片,1 年后骨折愈合后再次手术取金属接骨板;在手术中,被告 D 人民医院为原告冯某全植入的金属接骨板,由 X 医疗器械制造有限公司生产,型号为 ¥SQ16,规格为右 9 孔;原告冯某全出院后于 2008 年 3 月 6 日,7 月 10 日、28 日,11 月 11 日分别做 X 片检查,前两次检查意见为右胫骨断端对位对线尚可,右胫腓骨断端处金属接骨板未见断裂,螺钉未见松动、脱落,后两次的检查意见为右胫骨金属接骨板中下 1/3 处可见断裂,右腓骨金属接骨板未见异常;2009 年 3 月 14 日,原告冯某全到 H 医院进行 DR 检查,检查结果为右胫骨中上段及腓骨中段骨折线清晰,远折端向前成角,右胫骨内固定金属接骨板下份断裂;此外,原告冯某全还到其他医疗机构进行过治疗。

一审法院经审理认为,双方当事人争议的焦点在于:(1)被告 D 人民医院为原告冯某全植入的金属接骨板是否存在缺陷。依据《产品质量法》的规定,①判断产品是否存在缺陷,一是看产品是否存在危及人身、他人财产安全的不合理的危险,二是看产品是否符合有关保障人体健康和人身、财产安全的国家标准、行业标准。就本案而言,金属接骨板的设计用途是用于支持骨接合,在金属接骨板的正常使用期限内,使用者期望金属接骨板不发生断裂的情形,是对产品安全性的合理期待。被告 D 人民医院在为原告冯某全植入金属接骨板后,该金属接骨板在正常使用期限内却出现了断裂,虽然金属接骨板断裂的原因有多种,但被告 D 人民医院并未举证证明断裂的原因是原告冯某全自身使用不当,因而应当认定金属接骨板存在不合理的危险。被告 D 人民医院虽然提供了生产者的相关产品质量认证文件,但认证文件属于企业产品质量体系的认证,并不能证明具体产品的质量符合相关标准。被告 D 人民医院虽提出对金属接骨板进行质量鉴定,但因不具备鉴定条件,并且即使产品符合相关质量标准,也并不必然得出无缺陷的

---

① 《产品质量法》第 46 条规定:"本法所称缺陷,是指产品存在危及人身、他人财产安全的不合理的危险;产品有保障人体健康和人身、财产安全的国家标准、行业标准的,是指不符合该标准。"

结论。因此,法院认定被告 D 人民医院为原告冯某全植入的金属接骨板存在缺陷。(2)产品缺陷与原告冯某全的损害之间是否有因果关系。由医疗产品技术含量高的特点所决定,在受害人证明因果关系时应当适用因果关系推定理论,即受害人只要证明使用了某产品后发生了某种损害,且这种缺陷产品有造成损害的可能,即可推定因果关系成立。本案中,原告冯某全在被告 D 人民医院处进行第二次住院时,被告 D 人民医院为原告冯某全植入了金属接骨板,原告冯某全证明使用金属接骨板后发生了损害并致伤残七级,可以推定因果关系成立。被告 D 人民医院未能提供证据推翻该推定,因此,法院认定金属接骨板的缺陷与原告的伤残之间存在因果关系。

一审法院经审理认为:在产品质量纠纷诉讼中,因产品存在缺陷造成他人人身、财产损害的,受害人可以向产品的生产者要求赔偿,也可以向产品的销售者要求赔偿;产品销售者在无过错的情况下,仍有义务替代生产者先行承担赔偿责任。本案中,被告 D 人民医院在对原告冯某全实施手术过程中,使用他人生产的医疗器械的行为,属于销售行为,被告 D 人民医院作为销售者有义务替代生产者先行承担赔偿责任。依据现行法律规定,①被告 D 人民医院因使用有缺陷的金属接骨板,造成原告冯某全因金属接骨板断裂形成七级伤残,应赔偿原告冯某全的合理损失,包括医疗费、残疾赔偿金、误工费、被扶养人生活费、鉴定费等费用。

综上,一审法院依法判决如下:被告 D 人民医院在本判决生效后 3 日内赔偿原告冯某全产品责任赔偿款(含医疗费、残疾赔偿金、误工费、被扶养人生活费、鉴定费)62,287.6 元,被告 D 人民医院在本判决生效后 3 日内给付原告冯某全精神损害抚慰金 3000 元,驳回原告冯某全的其他诉讼请求。

三、法理分析

本案是关于产品质量损害赔偿归责原则适用的典型案例之一。在本案中,判断 D 人民医院是否需就原告冯某全损害后果承担赔偿责任,应主要考虑两个问题:一是被告 D 人民医院为原告冯某全植入的金属接骨板是否存在缺陷,二是产品缺陷与原告冯某全所受损害之间是否具有因果关系。

考虑作为消费者的产品实际使用人在信息占有、举证能力等方面与产品生产者、

---

① 《产品质量法》第 44 条规定,“因产品存在缺陷造成受害人人身伤害的,侵害人应当赔偿医疗费、治疗期间的护理费、因误工减少的收入等费用;造成残疾的,还应当支付残疾者生活自助具费、生活补助费、残疾赔偿金以及由其扶养的人所必需的生活费等费用;造成受害人死亡的,并应当支付丧葬费、死亡赔偿金以及由死者生前扶养的人所必需的生活费等费用。因产品存在缺陷造成受害人财产损失的,侵害人应当恢复原状或者折价赔偿。受害人因此遭受其他重大损失的,侵害人应当赔偿损失”。

销售者相比，处于绝对弱势地位，因此，在产品缺陷证明问题上，作为消费者的产品实际使用人应当承担较低的举证责任，仅要求其承担一般性、基础性举证责任。在本案中，对于植入金属接骨板是否存在质量问题，作为患者的原告冯某全只负责证明所使用的金属接骨板在正常使用期限内发生了断裂即可，该产品的生产者或者作为经营者的D人民医院应当负责证明该产品符合质量标准，若后者不能就此提供有效证明，则应当认定所涉产品存在质量缺陷。在本案中，受案法院对举证责任的分配合乎法理。

在实践中，产品质量损害纠纷中因果关系的界定往往非常困难。例如，由产品的特殊性所决定，产品存在缺陷与使用人遭受损害之间不一定存在直接或必然因果关系。换言之，使用人即使能够证明所涉产品存在质量缺陷，但也很难证明该产品缺陷是造成损害发生的直接原因所在。因此，在司法实践中，法院在举证责任分配中，往往会给予处于弱势一方的受害人以较轻的举证责任，只要受害人能够证明因使用所涉产品而遭受人身财产损害，且所涉产品确实可能存在质量缺陷并因此会造成损害结果的发生，便可推定产品缺陷与受害人所受损害之间具有因果关系。在本案中，被告D人民医院对原告冯某全施以手术并植入所涉金属接骨板，原告冯某全只需证明因接受被告D人民医院的手术治疗并使用金属接骨板而发生七级伤残损害结果，便可推定所涉产品可能存在的质量缺陷与原告冯某全所遭受的实际损害之间存在因果关系。作为所涉产品的销售者，被告D人民医院需要承担证明该产品并不存在质量缺陷，或者证明即便产品存在质量缺陷但原告冯某全所遭受损害并非由该缺陷产品所导致，二者不存在因果关系，或者证明损害是原告冯某全自身过错所致，包括在使用产品的过程中存在过错导致自身损害的发生、故意通过某种方式使产品出现缺陷进而致使自身出现损害等。在本案中，被告D人民医院既不能证明所涉产品并不存在质量缺陷或者产品质量缺陷与原告冯某全所遭受损害并无因果关系，也不能证明损害是原告冯某全自身过错所致，因此，应当认定所涉产品质量缺陷与原告冯某全所遭受损害之间存在因果关系。

案例二:关于产品缺陷的认定

——基于时某诉L食品工业公司等生命权案之分析

一、案情简介①

2010年12月27日上午,原告时某与他人在被告王某经营的小卖部打麻将,原告时某女儿想吃果冻,原告时某遂向被告王某购得L食品工业公司生产的果冻一包,并交给女儿,原告时某女儿随即拿着果冻到外面吃。时间不长,门口有人呼叫时某,称其女儿在吃果冻时被噎住了。原告时某急忙奔向门外,发现其女儿躺在地上,脸色发青,嘴角流有口水,眼睛直瞪。原告时某尝试用手指伸入女儿口中以掏出致使女儿被噎的果冻,但未能奏效。随后,在众人的帮助下,原告时某将女儿送至所在村卫生所,卫生所亦无能为力,并建议将女儿送至乡卫生院救治。原告时某及同村村民将女儿送至乡卫生院进行救治,但因窒息时间过长,原告时某女儿经抢救无效死亡。在与被告L食品工业公司沟通无果的情况下,原告时某夫妻将被告诉至法院,请求法院依法判决:(1)L食品工业公司赔偿丧葬费、死亡赔偿金、精神损害抚慰金等各项费用共计人民币23万元,并承担诉讼费用;(2)L食品工业公司支付惩罚性赔偿金30万元。

二、法院裁判

一审法院查明事实如下:原告时某女儿生于2008年11月14日,未予户籍登记;由被告L食品工业公司生产的果冻,每包重120克,8粒装,每粒重15克,直径4.6厘米;案涉果冻包装背面左下侧印制有黄底红字的警示标志,内容为"注意勿一口吞食,3岁以下儿童不宜食用,老人儿童须在监护下食用",字体高度约为3毫米。

一审法院经审理认为:本案所涉及的果冻产品存在缺陷,原告时某女儿因该产品缺陷而致死亡,作为产品生产者,被告L食品工业公司应当依法承担赔偿责任;原告时某夫妻对于其女儿负有监护义务,对女儿疏于管理,放任其独自玩耍,脱离监护人的监护范围,亦是造成女儿死亡的原因之一,因原告本身存在一定过错,对其女儿因食用果冻致死也应当承担一定责任;在责任划分上,原告时某夫妻与被告L食品工业公司应按照

① 河南省洛阳市中级人民法院民事判决书,(2012)洛民终字第1198号。

三七比例承担责任,即原告时某夫妻承担30%的责任,被告L食品工业公司承担70%的责任;原告诉求于法有据,酌情予以支持。综上,一审法院依法判决如下:(1)被告L食品工业有限公司赔偿原告时某夫妻死亡赔偿金、丧葬费共计87,938.27元。(2)被告L食品工业有限公司赔偿原告时某夫妻精神损害抚慰金50,000元。(3)被告L食品工业有限公司向原告时某夫妻支付惩罚性赔偿金50,000元。(4)上述赔付应当在判决书生效后10日内履行完毕。(5)驳回原告时某夫妻其他诉讼请求。

一审判决作出后,原告时某夫妻、被告L食品工业有限公司不服,依法提起上诉。二审法院经审理认为:本案中,L食品工业有限公司生产的果冻符合国家标准,但作为一种食品,尤其是一种以儿童为主要消费群体的食品,不仅应考虑其作为一种食品对于人体健康的影响,还应考虑这种产品对于儿童是否存在不合理危险;由于儿童身体发育不完全,吞咽反射功能弱,易发生异物卡住咽喉的情况,所以,对于儿童而言,小杯形果冻就成为一种具有危险性的产品,将消费者置于不合理的危险之中;一审法院认定本案所涉小杯形果冻存在缺陷并无不当,但认定L食品工业有限公司应支付惩罚性赔偿金的证据不充足,对惩罚性赔偿金予以判决不当。综上,二审法院依法判决如下:(1)维持一审判决中关于死亡赔偿金、丧葬费以及诉讼费承担的部分;(2)撤销一审判决中关于惩罚性赔偿金的部分。

三、法理分析

本案是关于产品缺陷界定的典型案例。

一般认为,所谓产品缺陷,是指存在于产品的设计、原材料、零部件、制造装配或说明指示等方面的,未能满足消费或使用产品合理安全要求的,危及人身、他人财产安全的不合理风险,包括明显的和潜在的风险。产品缺陷不同于产品瑕疵,后者是指产品所存在的一般性质量问题,广义上的瑕疵包括产品不符合其应具有的质量要求的所有情形,而前者则仅是指产品所存在的较严重的质量问题。《产品质量法》第46条规定:"本法所称缺陷,是指产品存在危及人身、他人财产安全的不合理的危险;产品有保障人体健康和人身、财产安全的国家标准、行业标准的,是指不符合该标准。"

本案中,判明案涉果冻是否存在缺陷是问题解决的关键所在。被告L食品工业有限公司认为,其生产的果冻产品符合食品安全标准,因此,不应对原告时某女儿的死亡承担责任。但是,受案法院则认为:原告时某女儿死亡后果的发生并非基于案涉果冻存在食品安全质量问题,而是因案涉果冻堵塞受害人呼吸道而致其窒息死亡;果冻产品的消费人群较为特殊和固定,主要为儿童,而儿童各方面身体机能尚未发育完全,生产者在产品生产与销售过程中必须要通过警示说明等方式避免危害后果的发生;在本案中,虽然案涉果冻的包装背面左下侧印制有黄底红字的警示标志,但其仅属于生产者自身应尽的警示说明义务,至于具体的食用方法,果冻外包装上并未明确,此种不作为无疑将儿童这一特殊群体置于不合理的危险境地,被告L食品工业有限公司应就产品缺陷所致损害承担法律责任。相较于被告L食品工业有限公司,受案法院对案涉产品是否存在缺陷问题的解读无疑更为合理,其原因在于,对产品缺陷的解读应当秉持系统理念和辩证思维,本案所涉果冻产品的缺陷在于"形式"而非"内容",原告时某女儿死亡的原因不是果冻产品中含有有毒有害原料,而是产品形状设计不合理并缺乏有效风险防范措施。

另外,需要予以补充说明的是,虽然《产品质量法》第46条规定,产品存在缺陷的法定依据之一在于,"产品有保障人体健康和人身、财产安全的国家标准、行业标准的,是指不符合该标准",但学界亦有观点认为,产品符合国家标准是产品不存在缺陷的必要条件而非充分条件。申言之,不符合国家标准的产品一定存在某种缺陷,而符合国家标准的产品也未必是不存在缺陷的产品。产品是否存在缺陷与产品是否符合国家标准、行业标准有着一定的联系,但二者又不能完全画等号。产品是否存在缺陷的判断与产品是否符合相应的国家标准、行业标准的判断相比,参考范围更广,因为如果产品自身存在不合理的危险,那么即使该产品符合相应的国家标准或行业标准,该产品也仍将被认定为缺陷产品。其原因在于,面对产品本身存在不合理的危险进而造成了消费者或他人的人身、财产损害的情形,仅因为案涉产品符合国家标准、行业标准就免除销售者或生产者的产品责任,作为弱势一方的消费者合法权益必将难以得到保障,这是不符合产品责任制度的立法宗旨的。在符合国家标准但存在缺陷的产品造成产品使用者人身损害的情形下,产品生产者仍应当承担相应的赔偿责任,符合国家标准并不能成为产品生产者逃脱罪责的理由。

案例三:涉外缺陷产品召回之损害赔偿问题

——基于B公司与意大利S药厂产品责任纠纷案之分析

一、案情简介①

住所地位于意大利热那亚的S药厂是细菌溶解物"兰菌净"(lantigen)的生产商,我

① 最高人民法院民事判决书,(2019)最高法商初1号。

国香港特别行政区A公司（以下简称A公司）是经S药厂指定的在中国销售“兰菌净”的独家经销商。2013年11月6日，B药业集团有限公司（以下简称B公司）与A公司签订了《独家经销协议》，约定B公司从A公司处进口“兰菌净”，在中国内地独家进行销售、分销。2013年11月28日至2015年3月15日，B公司与A公司相继签订采购合同，以10美元/瓶或7.3欧元/瓶的价格采购126个批号，共计1,566,632瓶“兰菌净”，合计支付货款折合人民币89,010,364.41元，并支付进口关税人民币3,653,666.64元，进口增值税人民币16,149,206.55元，进口检验费人民币3,311,920元，进口均价折合人民币69.46元/瓶。在此期间，B公司以人民币平均约90元/瓶的价格在中国内地分销“兰菌净”。2015年4月20日，D药业有限公司（以下简称D公司）与B公司签订《分销合同》，成为“兰菌净”在中国内地的分销商，自2015年4月至10月，D公司以人民币80元/瓶的价格共向B公司采购了599,576瓶“兰菌净”，合计支付货款人民币47,966,080元。2016年1月18日，国家食品药品监督管理总局①发布《关于停止进口脑蛋白水解物注射液等4个药品的公告》，该公告指出，因S药厂的“‘兰菌净’实际生产工艺与注册工艺不一致，实验室存在数据完整性问题，生产过程中存在交叉污染风险”，决定停止S药厂“兰菌净”的进口。B公司多次发函要求S药厂主动召回“兰菌净”，S药厂未予回应。2017年11月22日，国家食品药品监督管理总局药品化妆品监管司向S药厂发出《关于责令召回和整改的通知》，要求其彻底消除风险隐患、切实履行召回主体责任。因“兰菌净”存在安全隐患，D公司停止销售“兰菌净”并将尚未售卖的592,610瓶“兰菌净”退回B公司，同时起诉B公司，要求其赔偿D公司所遭受的损失。受案法院支持了D公司的诉讼请求，判令解除D公司与B公司的《分销合同》，B公司返还D公司已经支付的货款人民币47,408,800元及利息，并支付D公司退货时产生的运费人民币79,200元。

因S药厂未召回存在安全隐患的“兰菌净”，导致B公司库存的“兰菌净”无法处理。2018年9月29日，B公司委托广州某公证处对其库存的“兰菌净”进行清点，总数量为234,719瓶，产生公证费人民币8000元；同日，受B公司委托，广州某公证处还对D公司退回的592,456瓶“兰菌净”进行清点，又产生公证费人民币8000元。

---

① 根据2018年3月中共中央印发的《深化党和国家机构改革方案》（中发〔2018〕11号）的规定，“为完善市场监管体制，推动实施质量强国战略，营造诚实守信、公平竞争的市场环境，进一步推进市场监管综合执法、加强产品质量安全监管，让人民群众买得放心、用得放心、吃得放心，将国家工商行政管理总局的职责，国家质量监督检验检疫总局的职责，国家食品药品监督管理总局的职责，国家发展和改革委员会的价格监督检查与反垄断执法职责，商务部的经营者集中反垄断执法以及国务院反垄断委员会办公室等职责整合，组建国家市场监督管理总局，作为国务院直属机构”，“不再保留国家工商行政管理总局、国家质量监督检验检疫总局、国家食品药品监督管理总局”。

在与S药厂沟通无果的情况下，B公司遂将S药厂诉至法院，请求法院判令S药厂赔偿其库存“兰菌净”的损失(以其对外销售价格计算)及利息、因进口“兰菌净”抽检而产生的样品损耗(以其采购进口平均价格计算)、公证费、律师费、处理已过有效期的库存“兰菌净”的费用，并要求S药厂赔付其依生效判决而应向D公司承担的赔偿责任和相关案件受理费、诉讼保全费、律师费等。

S药厂辩称：在中国现行法律下，召回“兰菌净”的责任人是B公司而非S药厂，B公司索赔的损失属于商业损失而非产品责任损失，其与S药厂之间没有合同关系，无权向S药厂主张商业损失赔偿；同时，S药厂还认为，B公司未能证明“兰菌净”存在《药品召回管理办法》第4条规定的危及人体健康和生命安全情形。

二、法院裁判

本案争议焦点是，S药厂是否对“兰菌净”负有召回义务及是否应向B公司承担赔偿责任。受案法院认为，B公司虽与S药厂未成立买卖合同关系，但其请求S药厂履行产品召回义务理据充分。根据本案查明的事实，生产商S药厂指定我国香港特别行政区的A公司作为其在中国的独家经销商以销售其生产的“兰菌净”，B公司从A公司处购买“兰菌净”在中国内地销售，B公司与S药厂之间并无直接的合同关系。在主管部门发布公告指出“兰菌净”存在安全隐患而责令召回的情况下，B公司停止销售其尚未售出的产品，并依法收回了已出售给D公司的产品。从实际效果看，作为“兰菌净”在中国内地的进口商和销售者，B公司已经依法履行产品召回义务。① 本案中，因未成立合同关系，B公司不能向S药厂主张合同权利，但这并不意味着B公司不能向S药厂主张其他权利。2007年12月6日，国家食品药品监督管理局局务会审议通过了《药品召回管理办法》。该办法第3条规定，“本办法所称药品召回，是指药品生产企业(包括进口药品的境外制药厂商，下同)按照规定的程序收回已上市销售的存在安全隐患的药品”；该办法第15条第2款规定，“进口药品的境外制药厂商在境外实施药品召回的，应当及时报告国家食品药品监督管理局；在境内进行召回的，由进口单位按照本办法的规定负责具体实施”。由上述规定可知，对于进口药物，境外制药厂商系召回的责任主体，境内进口商则起到中间纽带作用。在本案中，S药厂应当是“兰菌净”召回的责任主体；

---

① 原《侵权责任法》第46条规定，“产品投入流通后发现存在缺陷的，生产者、销售者应当及时采取警示、召回等补救措施”，“未及时采取补救措施或者补救措施不力造成损害的，应当承担侵权责任”；《民法典》第1206条规定，“产品投入流通后发现存在缺陷的，生产者、销售者应当及时采取停止销售、警示、召回等补救措施；未及时采取补救措施或者补救措施不力造成损害扩大的，对扩大的损害也应当承担侵权责任”，“依据前款规定采取召回措施的，生产者、销售者应当负担被侵权人因此支出的必要费用”。

对此,作为主管部门的国家食品药品监督管理总局亦予以确认,其于 2017 年 11 月 22 日向 S 药厂作出《关于责令召回和整改的通知》,要求 S 药厂彻底消除风险隐患、切实履行召回主体责任。因此,B 公司既可以依据《独家经销协议》向作为 S 药厂独家经销商的 A 公司主张权利,也可以依据药品召回法律法规规定直接向作为生产商的 S 药厂主张权利,以弥补其因召回而造成的损失。总之,作为“兰菌净”的进口单位,B 公司在境内履行产品召回责任之后,有权选择依法维护其合法权益,请求作为产品生产商的 S 药厂履行产品召回义务,收回经主管部门认定存在安全隐患的“兰菌净”产品,法律依据充分。S 药厂抗辩认为,在中国现行法律下,召回“兰菌净”的责任主体是 B 公司而非 S 药厂,是对现行法律规定的误读;而认为 B 公司未能证明“兰菌净”存在危及人体健康和生命安全情形,则是对 B 公司举证责任的过度要求,主管部门的公告及 B 公司对“兰菌净”依法召回的事实已能够起到充分证明的作用。在本案中,B 公司多次发函要求 S 药厂召回“兰菌净”,S 药厂却迟迟未采取召回措施,造成 B 公司无法处理其库存的以及从下游经销商处收回的“兰菌净”,导致损失产生并日渐扩大。S 药厂怠于履行法定召回义务的行为,系不作为侵权行为,应当依法对 B 公司的损失承担赔偿责任。综上,受案法院依法判决如下:判令 S 药厂向 B 公司赔偿库存“兰菌净”损失人民币 16,303,581.74 元并支付相应利息,赔偿 D 公司退回 B 公司的“兰菌净”损失人民币 41,241,890.60 元并支付相应利息,赔偿公证费人民币 16,000 元、律师费人民币 80,000 元,向 B 公司支付库存“兰菌净”的处理费用人民币 160 万元。

三、法理分析

本案是关于涉外缺陷产品召回的典型案例。

作为产品质量法律制度体系的重要构成之一,一般认为,所谓缺陷产品召回,是指因设计、制造等原因引起某个型号或批次的产品出现普遍存在的具有同一性的危及人身财产安全的缺陷时,经营者将投入流通市场的产品收回并采取更换、销毁等处置措施以消除该产品缺陷所可能引致危害的产品质量监管法律制度。依据现行法律规定,所谓产品缺陷,是指产品存在危及人身、他人财产安全的不合理的危险。2004 年 10 月 1 日,《缺陷汽车产品召回管理规定》(已失效)的正式实施,标志着我国缺陷产品召回制度正式确立。缺陷产品召回有主动召回和被动召回之分。所谓主动召回,是指经营者在发现产品存在同一性缺陷须依法召回时,主动向主管部门报告并召回缺陷产品,或者在主管部门建议下召回缺陷产品的方式;[①]所谓被动召回,又称责令召回,是指在产品同一性缺陷被发现且须依法召回时,经营者未实施主动召回行为而在主管部门强制下召回缺陷产品的方式。[②] 理论和实践均证明,缺陷产品召回制度的实行,可以有效消除缺陷产品所带来的经济社会危害,有利于保护消费者合法权益,有助于规范市场交易秩序。

本案所反映的涉外缺陷产品召回则是一个比较特殊的问题。其原因在于,依据缺陷产品召回的基本法理,一般情况下,生产者应当是缺陷产品召回的责任主体,即"最终责任人",但是,在涉外产品召回的适用中,进口商则是缺陷产品召回的实施者,即"直接责任人"。因此,涉外产品召回在适用上较为复杂。在将缺陷产品召回后,作为进口商的销售者是否可以直接向作为"最终责任人"的生产者主张权利?如在本案中,作为经销商的B公司在依法履行缺陷产品召回责任后,是否有权越过存有直接合同关系的A公司而直接向S药厂这一"最终责任人"主张权利?在涉外缺陷产品召回制度设计中,作为进口商的销售者处于至关重要的地位,是落实缺陷产品召回责任的直接主体。之所以做如此制度安排,主要考虑在于,通过赋予作为进口商的销售者以缺陷产品召回直接责任,有助于提高召回制度实施效率,充分发挥召回制度实际功效,进而有效保护消费者的合法权益。在涉外缺陷产品召回制度设计中,作为进口商的销售者,其责任地位被强化,在面对消费者时,接近于生产者身份,类似于"拟制"生产者角色,便于消费者依法主张权利、维护权益。但是,在涉外缺陷产品召回中,仅着眼于销售者与生产者之间的"内部关系",销售者就是销售者,是不同于生产者的独立主体,并非承担缺陷产品召回责任的真正责任主体。正如有研究者所指出的那样,在涉外产品所引致的法律关系中,产品销售者并非产品生产者,无论是进口商、批发商还是零售商,都不应当承担产品责任。[③] 基于此,在涉外缺陷产品召回中,当作为进口商的销售者依法履行缺陷产品召回直接责任后,其有权向作为产品召回真正责任人的生产商主张权利,以维护自身合法权益。

在本案中,原国家食品药品监督管理总局认定S药厂所生产的"兰菌净"存在安全

---

① 例如,2019年11月8日国家市场监督管理总局局务会议审议通过的《消费品召回管理暂行规定》第9条第1款和第3款规定,"生产者发现消费品可能存在缺陷的,应当立即组织调查分析","经调查分析认为消费品存在缺陷的,生产者应当立即实施召回,不得隐瞒缺陷"。

② 《消费品召回管理暂行规定》第14条规定,"生产者既不按照市场监督管理部门通知要求实施召回又未在规定期限内提出异议,或者经缺陷认定确认消费品存在缺陷但仍未实施召回的,由国家市场监督管理总局责令其实施召回","生产者应当立即实施召回"。

③ 参见[德]布吕格迈耶尔、朱岩:《中国侵权责任法:学者建议稿及其立法理由》,北京大学出版社2009年版,第103页。

隐患,决定终止进口并责令召回,作为进口商的B公司依法履行召回义务,但如前文所述,"兰菌净"召回的真正责任主体是作为制造商的S药厂,而非B公司。因此,作为进口商的B公司有权向S药厂主张权利,由后者承担缺陷产品召回的最终责任,以维护B公司自身合法权益。此外,需要补充说明的是,B公司诉求的法理依据是缺陷产品召回制度安排而非产品销售合同,因此,B公司可以直接向S药厂主张权利。

在本案中,S药厂应当承担因"兰菌净"召回而给B公司造成的全部损失。具体来说,包括以下部分:(1)分销商D公司退回缺陷产品的运费。因产品被认定为存在缺陷而终止销售、实施召回,故D公司需要将已经购买的"兰菌净"退回给B公司,在这一过程中,因退货而产生的运费就属于因召回"兰菌净"而应当支付的必要费用,应当由S药厂承担。(2)B公司因聘请公证机构清点库存及退回的"兰菌净"而支付的公证费是必要支出,属于直接损失,应当由S药厂承担。(3)B公司因向S药厂追偿损失而支出的合理律师费。在本案中,S药厂怠于履行召回责任,经催告后仍不履行,B公司只得采取诉讼的方式来维护权利,由此发生的费用同样属于必要支出,应当由S药厂承担。(4)B公司处理过期药品的费用。因本案所涉产品为药品,基于药品的特殊性,在处理时必须经过特殊流程,B公司对过期药品进行处理而发生的费用属于直接损失,应当由S药厂承担。

案例四:精神损害赔偿在产品责任纠纷中的适用

——基于D汽车有限公司与刘某等人产品质量人身损害赔偿纠纷上诉案之分析

一、案情简介①

2005年12月15日22时30分,原告刘某驾驶P牌轿车由东向西行至309省道44km+877.4m处时,与一面包车追尾相撞,发生交通事故,致使两车损坏,乘坐在副驾驶位上的温某霞因颅脑损伤当场死亡。交警部门认定原告刘某负事故的全部责任。在此次事故中,两车发生追尾碰撞当时和之后,P牌轿车配置的安全气囊均未弹出打开。P牌轿车系被告D汽车有限公司生产,2004年11月1日由原告刘某与王某洲合伙购

① 河南省焦作市中级人民法院民事判决书,(2009)焦民终字第1145号。

买,购车发票上由王某洲作为购货人,之后约定由原告刘某使用。P牌轿车使用维护说明书中对安全气囊系统的作用记载说明如下:安全气囊的设计使得安全气囊在发生严重的正面碰撞时被激活而起作用;如果系统被激活起作用,膨胀气体将充满气袋,在驾驶员或者副驾驶员前展开;通过安全吹起的气袋,前排乘员的向前运动会被吸收并且会降低头部和上部的伤害危险;气囊在几十毫秒内以很高的速度膨胀开来,以便在发生事故时能起保护作用。另附图标注侧面30度以内起作用。同时,对注意事项说明如下:只有在座位位置正确时,安全带和安全气囊系统才能发挥最大的保护作用。原告刘某向被告D汽车有限公司反映有关情况后,被告D汽车有限公司回复如下:经公司派员赴现场勘查,安全气囊未打开与交通事故的发生无关;从现场检查情况看,车辆气囊系统工作正常,车辆在事故中发生追尾相撞后倾翻,还未达到气囊控制器打开正面气囊的条件,因此,该车辆的正面安全气囊未触发。在与被告D汽车有限公司及作为涉案车辆销售者的S汽贸公司沟通无果的情况下,原告刘某等人将D汽车有限公司、S汽贸公司诉至法院,请求2被告依法承担损害赔偿责任。

被告D汽车有限公司辩称:涉案车辆出厂时已经检验合格,虽有倾覆的痕迹,但因碰撞主要来自右侧,正面碰撞较轻,导致安全气囊没有打开,请求驳回原告的全部请求。

被告S汽贸公司辩称:依据法律规定,不应承担责任。

二、法院裁判

一审法院认为:在本案中,原告刘某等人起诉案由为产品质量人身损害赔偿,其所提供的证据可以证明,所受损害是因乘坐由被告D汽车有限公司生产、由被告S汽贸公司销售的车辆发生交通事故所致,原告刘某等人有权提起本案赔偿诉讼;依据现行法律规定,商品的经营者应当保证其提供的商品符合保障人身、财产安全的要求,应当保证其提供的商品应当具有的质量、性能、用途和有效期限,因商品存在缺陷造成人身、财产损害的,经营者应当承担赔偿责任;在本案中,应当确认安全气囊没有发挥应有的保护作用,导致乘坐人缺少应有保护,安全气囊未打开与损害后果发生具有一定的因果关系;损害后果发生的直接原因是交通事故,安全气囊未打开只是没有发挥应有的保护作用以降低伤害危险,即使安全气囊打开,事故造成的损害后果也不一定能够完全避免;由鉴定结论可知,受害人并未依法系安全带也是造成损害后果发生的原因之一。综上,涉案汽车安全气囊未打开与死亡后果之间存在一定因果关系,2被告对本案所涉赔偿依法应互负连带责任,被告S汽贸公司承担连带责任后可以向被告D汽车有限公司追偿。据此,一审法院依法判决如下:(1)被告D汽车有限公司赔偿原告刘某等人死亡赔偿金68,862.3元,赔偿原告刘某生活费1605.8元,赔偿原告刘某1生活费2007.3元,赔偿原告温某生活费4014.6元,赔偿原告王某生活费2408.8元,赔偿精神损害抚慰金15,000元,支付丧葬费3140.3元、停车费支出损失27,000元,于判决生效后10日内履行完毕;(2)被告S汽贸公司负连带赔偿责任;(3)驳回原告其他诉讼请求。

被告D汽车有限公司不服一审判决,依法提起上诉称:(1)一审法院按照法定程序委托的司法鉴定应当采纳,根据该鉴定结论,涉案车辆的安全气囊不存在质量缺陷,D汽车有限公司不应承担任何产品质量责任;(2)产品质量案件没有精神损害抚慰金的赔偿项目,一审法院在精神损害抚慰金的认定上与事实和法律不符。据此,请求撤销原判,依法驳回被上诉人一审的诉讼请求,并由被上诉人承担一审、二审的诉讼费。

二审法院经审理认为:安全气囊设计的作用是在发生严重的正面碰撞时,安全气囊被激活打开,对正副驾驶位置上的乘坐人起到保护作用,降低伤害危险;本次事故是因车辆追尾,正面发生了严重碰撞,并造成了副驾驶乘坐人死亡的严重交通事故,而该车的安全气囊并没有发挥应有的作用;原审法院根据事故的具体情况,判决被告D汽车有限公司承担部分赔偿责任,并无不妥;因本次事故造成乘坐人温某霞死亡,给死者家属造成了精神上的伤害,原审判决被告D汽车有限公司承担精神损害抚慰金符合法律规定。综上,原审认定事实清楚,判决结果适当,上诉人的上诉理由不能成立,依法判决如下:驳回上诉,维持原判。

三、法理分析

本案是关于精神损害赔偿在产品责任纠纷中适用的典型案例。

不同于普通侵权责任所导致的精神损害,所谓产品责任精神损害,是指因产品存在质量问题而造成受害者人身伤亡,并导致受害者产生一定的精神伤害和肉体痛苦,责任方对此应当承担侵权责任的精神损害。精神损害赔偿在产品责任纠纷中的适用具有极其重要的意义。一方面,能够使受害人得到应有救济。与其他人身损害相比,精神损害对受害人的伤害可能更大,其深深地进入人的意识之中,持久地存在于人的记忆当中。对因产品质量缺陷所致损害而对受害人进行精神损害赔偿,可使受害人在精神上得到抚慰,其内心创伤得到平复。另一方面,能够促进经营者自觉履行法定义务。精神损害赔偿具有威慑和惩戒作用,生产者在生产产品时会基于这种威慑而更加自觉地履行自身应尽的提供合格产品的义务。鉴于上述重要意义,加之近年来此类案件的大量出现,产品责任精神损害赔偿在理论界和实务界已引起广泛讨论。

精神损害赔偿在产品责任纠纷案件中的适用是有前提的,主要包括以下几方面:第一,在责任发生的时间上,产品责任精神损害的发生必须处于产品流通阶段。如果缺陷产品未出厂或者在运输阶段就发生了伤害事故并对受害者的精神造成了严重损害,那么受害者是无权以产品存在缺陷导致自身精神遭到严重损害为由,主张精神损害赔偿的。第二,仅仅造成程度较轻的人身伤害,经过短时间治疗即可恢复之前的健康状态的受害者,在产品责任纠纷中主张精神损害赔偿时,一般不予支持。第三,在产品责任纠纷案件中主张精神损害赔偿的最重要前提是产品存在缺陷或其他严重质量问题,并且这种缺陷与受害人自身出现人身伤亡之间存在一定的因果关系。若产品本身属于合格产品,受害人在使用产品过程中由于自身的不当操作而出现安全事故,抑或产品自身虽存在缺陷,但与受害人自身所遭受的人身伤害二者间不存在明显的因果关系,那么受害者本人主张产品生产者承担产品责任精神损害赔偿,不会得到支持。

在本案中,原告刘某所驾驶的 P 牌轿车属于被告 D 汽车有限公司所生产的产品,并且其已经处于产品流通阶段。虽然被告 D 汽车有限公司辩称涉事车辆正面副驾驶安全气囊不存在质量问题,但结合事故具体情况以及车辆使用维护说明书中对安全气囊系统的作用记载说明可以发现,碰撞方位在说明书中图示 30 度范围之内,可以认定为严重的正面碰撞,该状态下的安全气囊仍未打开已足以说明被告 D 汽车有限公司生产的 P 牌轿车在安全性能的保障上存在明显缺陷,并且也正是基于这样的产品缺陷而导致人身伤亡结果的发生,应当确认因安全气囊没有发挥应有的保护作用而致乘坐人缺少应有保护,可以确认安全气囊未打开与损害结果的发生具有一定的因果关系。温某霞的死亡给亲人造成了无比的伤痛,使亲属精神上承受了巨大痛苦。综上所述,原告刘某等人基于上述事实在产品责任纠纷中主张精神损害赔偿是符合法律规定的。在本案中,受案法院判决被告 D 汽车有限公司承担部分赔偿责任,其处理思路值得赞扬,既考虑了侵害人的主观动机和过错程度,又考虑了受害人自身过错的大小,体现了社会公平正义理念,值得学习与借鉴。

第三编　食品安全法

案例一：食品标签瑕疵的具体认定

——基于Y超市有限公司与张某华买卖合同纠纷案之分析

一、案情简介①

2016年12月1日，张某华在被告Y超市有限公司处购买了价值19,936元的调和油。该产品瓶盖及包装容器颜色均为深绿色，标签底色亦为深绿色；标签中部3排分别以黄色小字印有非转基因物理压榨、以黄色中号字体印有茶籽橄榄、以黄色中号字体印有食用调和油字样，标签底部为深绿色景致的农作物坡地图案，并以白色小号字体标注净含量（5L）；标签左侧标注了营养成分表以及配料表，配料包括菜籽油、油茶籽油、橄榄油、玉米油；左侧标签下方注明图片仅供参考，实际内容参见相关标识。原告张某华认为，被告Y超市有限公司所销售的调和油在食品标签中未对橄榄油的含量予以标注，属于不符合食品安全标准的食品，应当依法承担赔偿责任，在与被告Y超市有限公司沟通无果的情况下，将其诉至法院，要求被告Y超市有限公司对所涉食用油进行退货并支付10倍货款赔偿金。

被告Y超市有限公司辩称：产品的瓶盖、瓶身均为绿色包装是为了遮光，并非突出橄榄油的成分；为了证明其销售的产品为合格产品，其向法院提交了涉案调和油生产厂家的全国工业产品生产许可证、商标注册证、检验报告。

二、法院裁判

一审法院经审理认为：案件争议的焦点在于，涉案调和油产品标签是否对橄榄油进行了刻意强调，是否应当对橄榄油的含量进行标示；已查明的事实显示，涉案调和油标签关于橄榄油的内容并未超出使用真实属性名称或图示对食品风味、口味、来源进行说明的范畴，并未暗示其产品中的橄榄油有益的程度超过该食品一般情况下所应达到的程度，亦不符合对产品中的橄榄油成分进行特别强调及突出的情形。一审法院认为，涉案调和油未违反食品安全相关标准，原告张某华对涉案调和油本身的质量并无异议，仅以涉案调和油未标示橄榄油的含量为由认定涉案调和油不符合食品安全标准的主张不

① 北京市高级人民法院民事判决书，（2019）京民再265号。

能成立，对于原告张某华要求被告 Y 超市有限公司支付货款 10 倍赔偿的诉讼请求不予支持。据此，一审法院依法判决如下：驳回原告张某华的诉讼请求。

一审判决后，原告张某华不服判决，依法提起上诉。在二审审理中，原告张某华向法庭提交了一张视频光盘，视频内容为：浙江省 N 市工商局查处的一起涉及橄榄油造假的新闻事件，用以证明橄榄食用调和油的产品突出橄榄油时，应当标注其含量。被告 Y 超市有限公司认为，原告张某华所提供资料中报道的产品与涉案调和油情况不一样，二者不存在关联性。被告 Y 超市有限公司向法庭提交系列产品的彩色图片若干，用以证明其生产的其他系列产品标签上的标注模式与涉案调和油类同，不存在凸显哪一类配料的问题；被告 Y 超市有限公司亦提交产品检验报告一份，用以证明系列产品系合格产品。原告张某华认为上述两份证据与本案无关，不认可其关联性。被告 Y 超市有限公司表示涉案调和油配料表中的油品顺序是依含量由高到低排列的，认为涉案调和油配料表四类油品中，橄榄油在市场价中价格最贵，其次是油茶籽油，再次是玉米油和菜籽油。

二审法院经审理认为：依据法律规定，生产不符合食品安全标准的食品或者经营明知是不符合食品安全标准的食品，消费者除要求赔偿损失外，还可以向生产者或者经营者要求支付惩罚性赔偿金，[①]如果食品的标签内容不符合相关的食品安全标准，该食品应当被认定为不符合食品安全标准的食品；[②]依据国家食品安全风险评估中心和中国食品工业协会编著的《食品安全国家标准　预包装食品标签通则》（GB 7718—2011）［以下简称《预包装食品标签通则》（GB 7718—2011）系食品安全国家强制标准，其第 4.1.4.1 条的规定，如果在食品标签或食品说明书上特别强调[③]添加了或含有一种或多

① 第十二届全国人民代表大会常务委员会第十四次会议于 2015 年 4 月 24 日修订通过的《食品安全法》第 148 条第 2 款规定，“生产不符合食品安全标准的食品或者经营明知是不符合食品安全标准的食品，消费者除要求赔偿损失外，还可以向生产者或者经营者要求支付价款十倍或者损失三倍的赔偿金；增加赔偿的金额不足一千元的，为一千元”，“但是，食品的标签、说明书存在不影响食品安全且不会对消费者造成误导的瑕疵的除外”。第十三届全国人民代表大会常务委员会第七次会议于 2018 年 12 月 29 日修正通过的《食品安全法》保留了这一规定。

② 第十二届全国人民代表大会常务委员会第十四次会议于 2015 年 4 月 24 日修订通过的《食品安全法》第 26 条第 4 项规定，食品安全标准应当包括“对与卫生、营养等食品安全要求有关的标签、标志、说明书的要求”等内容。第十三届全国人民代表大会常务委员会第七次会议于 2018 年 12 月 29 日修正通过的《食品安全法》保留了这一规定。

③ 最高人民法院相关指导案例裁判要点揭示，所谓强调，是指通过名称、色差、字体、字号、图形、排列顺序、文字说明、同一内容反复出现或多个内容都指向同一事物等形式进行着重标识；《预包装食品标签通则》（GB 7718—2011）规定，特别强调，即食品生产者通过对配料或成分的宣传引起消费者对该产品、配料或成分的重视，以文字的形式在配料表内容以外的标签上突出或暗示添加或含有一种或多种配料成分。

种有价值、有特性的配料或成分,[①]应标示所强调配料或成分的添加量或在成品中的含量,即在满足特别强调的前提下,只要具备有价值或有特性中的一点就应当进行定量标示;本案中,涉案调和油的配料依次为菜籽油、油茶籽油、橄榄油、玉米油;从涉案产品外包装上粘贴的标签来看,标签底色为深绿色;标签中部三排分别以黄色小字印有非转基因物理压榨、以黄色中号字体印有茶籽橄榄、以黄色中号字体印有食用调和油字样;标签整体的视觉效果上,茶籽橄榄字样醒目,消费者对此标示一目了然,符合通过色差、字号、排列顺序等形式进行着重标识,引起消费者对该产品配料或成分的重视,构成在配料表内容以外的标签上突出了茶籽橄榄的情形;但是,对于着重标示或突出的茶籽油和橄榄油的成分,标签上并未标明具体含量或添加量,不符合《预包装食品标签通则》(GB 7718—2011)]的定量标示规定。据此,应认定涉案调和油标签内容违反了食品安全标准。同时,经营者销售符合法律规定的合格产品是其最基本的法律义务,也是商家所负有的最基本的社会责任,被告 Y 超市有限公司销售不符合食品安全标准调和油的行为说明其疏于履行自身法定义务,已构成法律上的明知。据此,二审法院依法判决如下:被告 Y 超市有限公司退还原告张某华涉案产品货款,并依法支付给原告张某华涉案产品价款 10 倍的赔偿金。

二审判决后,被告 Y 超市有限公司不服判决,依法申请再审称:二审法院认定事实和适用法律错误,请求依法撤销,判决驳回张某华全部诉讼请求。

再审法院再审认为:本案争议焦点是涉案调和油的标签是否符合食品安全标准,是否应按照《预包装食品标签通则》(GB 7718—2011)的规定对橄榄油含量作出标示。根据《预包装食品标签通则》(GB 7718—2011)第 4.1.4.1 条和第 4.1.4.3 条的规定,需要进行定量标示的配料应当满足如下条件:在食品标签或食品说明书上存在对某种配料或成分进行特别强调的情形,且该配料或成分是有价值、有特性的。在本案中,涉案调和油只在标签正面名称茶籽橄榄食用调和油及配料中出现了橄榄,除此之外,没有在其他地方明显或反复出现,并未对橄榄进行着重标识,不构成对橄榄油成分进行特别强调;原告张某华对涉案调和油本身的质量亦无异议,仅以标签未标示橄榄油的含量为由主张涉案调和油不符合食品安全标准的主张欠妥。综上所述,再审法院依法判决如下:撤销二审判决。

---

① 最高人民法院相关指导案例裁判要点揭示,所谓有价值、有特性的配料,是指不同于一般配料的特殊配料,对人体有较高的营养作用,其市场价格、营养成分往往高于其他配料。《预包装食品标签通则》(GB 7718—2011)规定,有价值、有特性,即暗示所强调的配料或成分对人体有益的程度超出该食品一般情况下所应当达到的程度,并且配料或成分具有不同于该食品的一般配料或成分的属性,是相对特殊的配料。

三、法理分析

本案是关于食品标签瑕疵认定的典型案例。

一般认为,所谓食品标签,是指在食品包装容器上或附着于食品包装容器上的文字、图形、符号以及一切说明物。食品标签的功能主要体现在以下两个方面:一是保障消费者的知情权,便于消费者挑选出合格的且符合自身使用需求的产品。二是便于相关监管部门的监管,一旦产品出现质量安全问题,凭借标签上的内容可以迅速查找出相关企业以及问题产生的原因。[①] 食品标签制度是食品安全管理制度体系的重要构成之一,《食品安全法》以专节形式对"标签、说明书和广告"进行了系统性规定,包括食品标签的适用范围、法定内容、禁止性行为等。此外,《食品安全法》还在食品安全标准管理上对食品标签问题进行了规定。例如,《食品安全法》第 26 条第 4 项规定,"对与卫生、营养等食品安全要求有关的标签、标志、说明书的要求"是食品安全标准的法定内容之一。

在本案中,一审法院和二审法院对案件作出了截然不同的裁判,最终再审法院支持了一审法院的判决。案件之所以一波三折,其关键就在于受案法院对理解与适用《预包装食品标签通则》(GB 7718—2011)的相关规定存在不同认识。《预包装食品标签通则》(GB 7718—2011)第 4.1.4.1 条规定,"如果在食品标签或食品说明书上特别强调添加了或含有一种或多种有价值、有特性的配料或成分,应标示所强调配料或成分的添加量或在成品中的含量";同时,该通则第 4.1.4.3 条则规定,"食品名称中提及的某种配料或成分而未在标签上特别强调,不需要标示该种配料或成分的添加量或在成品中的含量"。一审法院审理认为,在本案中,涉案调和油标签上关于橄榄油的内容并无不当,不符合对产品中的橄榄油成分进行特别强调的情形,未违反食品安全相关标准;二审法院则认为,涉案调和油在配料表内容以外的标签上突出了茶籽橄榄,而对于着重标示或突出的茶籽油和橄榄油的成分,标签上并未标明具体含量或添加量,违反了食品安全标准,对消费者造成了误导,应适用关于惩罚性赔偿的规定。再审法院认为,涉案调和油只在标签正面名称茶籽橄榄食用调和油及配料中出现了橄榄,除此之外,没有在其他地方明显或反复出现,并未对橄榄进行着重标识,不构成对橄榄油成分进行特别强调,未违反食品安全相关规定,不能适用惩罚性赔偿规则。不同认识和判决结果的出现,一方面,说明食品标签瑕疵认定这一问题的复杂性;另一方面,也揭示在食品标签瑕疵认定上,相关法律规定还较为欠缺,由此给司法实践带来障碍、困惑,并造成结果的不

① 参见巩孟悦:《食品营养标签中的常见问题分析及其应对策略》,载《现代食品》2020 年第 17 期。

确定。对该问题的解决,应当秉持如下基本原则:坚持以形式审查为主,辅之以必要的实质性审查。判断标签瑕疵有没有对消费者造成误导,应当看食品标签上所记载的内容是否真实、准确、完整,消费者对食品本身有无产生错误认识,是否基于错误认识而产生了购买产品的意愿。如果确实发生了产品本身符合质量安全要求但产品标签瑕疵对消费者造成了误导的情形,不应排除惩罚性赔偿规则适用之可能。

案例二:食品销售者适用惩罚性赔偿的主观要件认定

——基于G贸易有限公司与薛某迪买卖合同纠纷案之分析

一、案情简介①

2016年10月4日,薛某迪在G贸易有限公司处购买了14瓶某品牌进口葡萄酒,共计消费101,272元。薛某迪在购买后发现该葡萄酒均无中文标签,G贸易有限公司的销售人员告知该葡萄酒是从国外直接进口的。在与G贸易有限公司协商无果的情况下,薛某迪将其诉至法院,认为G贸易有限公司所销售某品牌进口葡萄酒无中文标签,违反了《食品安全法》相关规定,因此,请求法院判令G贸易有限公司承担退还货款并进行10倍赔偿的责任。

G贸易有限公司辩称:其所销售的某品牌进口葡萄酒相关手续齐全,在采购涉案商品时亦履行了严格审查义务,对薛某迪不存在销售欺诈故意;薛某迪购买涉案葡萄酒的目的在于索赔,而非用于生活消费,因此,薛某迪不属于普通消费者。综上,G贸易有限公司仅同意退还货款,但不同意10倍赔偿的诉讼请求。

二、法院裁判

一审法院经审理认为:依据法律规定,②进口的预包装食品、食品添加剂应当有中

① 北京市高级人民法院民事判决书,(2019)京民再134号。

② 第十二届全国人民代表大会常务委员会第十四次会议于2015年4月24日修订通过的《食品安全法》第97条规定:"进口的预包装食品、食品添加剂应当有中文标签;依法应当有说明书的,还应当有中文说明书。标签、说明书应当符合本法以及我国其他有关法律、行政法规的规定和食品安全国家标准的要求,并载明食品的原产地以及境内代理商的名称、地址、联系方式。预包装食品没有中文标签、中文说明书或者标签、说明书不符合本条规定的,不得进口。"2018年12月29日第十三届全国人民代表大会常务委员会第七次会议修正通过的《食品安全法》保留了这一立法例。

文标签,依法应当有说明书的,还应当有中文说明书;预包装食品没有中文标签、中文说明书或者标签、说明书不符合法律规定的,不得进口。在本案中,被告G贸易有限公司将没有中文标签的涉案进口葡萄酒进行销售,其行为违反了《食品安全法》相关规定,应认定为销售明知不符合食品安全标准的食品;依据法律规定,[①]被告G贸易有限公司应当依法对原告薛某迪承担惩罚性赔偿责任。被告G贸易有限公司认为原告薛某迪并非普通消费者的主张并无依据,且不符合有关规定。[②] 据此,一审法院依法判决如下:被告G贸易有限公司应当在10日内退还原告薛某迪所涉葡萄酒货款,并支付给原告薛某迪货款10倍的赔偿金。

一审判决后,G贸易有限公司不服判决依法提起上诉,请求依法撤销一审判决,所主张理由与佐证事实如下:

1. 原告薛某迪所购买的葡萄酒符合食品安全标准,G贸易有限公司已尽到了必要的审查义务。首先,G贸易有限公司已按照规定核实了所涉葡萄酒上游销售商Y商贸有限公司的相关证照,包括营业执照、《酒类商品批发许可证》和《酒类商品零售许可证》等,核实结果显示,所涉葡萄酒上游销售商Y商贸有限公司具有涉案食品批发及零售的经营资质。其次,所提交的《海关进口货物报关单》(以下简称《报关单》)和《出入境检验检疫卫生证书》(以下简称《卫生证书》),能够证明所涉葡萄酒已由出入境检验检疫机构检验合格并获得合法通关证明,符合我国食品安全标准。最后,相关证据显示,作为销售者,G贸易有限公司已尽到了必要的审查义务,足以保证进货渠道正规合法。

2. 一审法院判决认定的事实错误。(1)一审法院判决中没有采纳G贸易有限公司提供的证据及答辩意见,并以《卫生证书》系国家机关的行政许可行为,不能证明涉案食品符合我国食品安全标准为理由,直接认定涉案食品为不符合食品安全标准的食品,显然错误。(2)一审法院判决中没有采纳G贸易有限公司提供的证据及答辩意见,直接认定销售者在销售过程中存在明知的故意,显然错误。(3)一审法院在未考虑到进

---

① 第十二届全国人民代表大会常务委员会第十四次会议于2015年4月24日修订通过的《食品安全法》第148条第2款规定:"生产不符合食品安全标准的食品或者经营明知是不符合食品安全标准的食品,消费者除要求赔偿损失外,还可以向生产者或者经营者要求支付价款十倍或者损失三倍的赔偿金;增加赔偿的金额不足一千元的,为一千元。但是,食品的标签、说明书存在不影响食品安全且不会对消费者造成误导的瑕疵的除外。"2018年12月29日第十三届全国人民代表大会常务委员会第七次会议修正通过的《食品安全法》保留了这一立法例。

② 2013年12月9日由最高人民法院审判委员会第1599次会议通过的《关于审理食品药品纠纷案件适用法律若干问题的规定》第3条规定:"因食品、药品质量问题发生纠纷,购买者向生产者、销售者主张权利,生产者、销售者以购买者明知食品、药品存在质量问题而仍然购买为由进行抗辩的,人民法院不予支持。"

口原装涉案食品产品特性的情况下,遗漏了对关键事实的核查,显然错误。涉案食品为法国进口原装红酒,依照正常的生活经验法则,该类红酒不存在超过保质期及酒类成分中含有过敏物质的情形,即使涉案食品没有中文标签,也不会影响该类食品的食品安全,亦不会对消费者造成误导。

3. 一审法院判决法律适用错误。《食品安全法》第148条第2款规定:"生产不符合食品安全标准的食品或者经营明知是不符合食品安全标准的食品,消费者除要求赔偿损失外,还可以向生产者或者经营者要求支付价款10倍或者损失3倍的赔偿金;增加赔偿的金额不足1000元的,为1000元。但是,食品的标签、说明书存在不影响食品安全且不会对消费者造成误导的瑕疵的除外。"由此可见,对销售者进行惩罚性的赔偿应当满足以下三个条件:食品不符合食品安全标准,销售者明知是不符合食品安全标准的食品而进行销售,食品的标签、说明书存在影响食品安全且会对消费者造成误导的瑕疵。一审法院判决认定G贸易有限公司应向薛某迪支付10倍的赔偿金,并不满足上述法定条件。例如,G贸易有限公司在销售涉案食品过程中已经尽了销售者的最大核查义务,并能够保证涉案食品符合食品安全标准,且在销售过程中不存在主观明知的故意,只存在疏忽性的过失,不存在明知的主观认识状态。

二审法院经审理认为:G贸易有限公司销售的涉案食品并无中文标签,违反了食品安全标准,故涉案食品系不符合食品安全标准的食品;涉案食品违反食品安全标准,并无中文标签,显然不属于但书中规定的食品标签瑕疵的情况。据此,二审法院依法判决如下:驳回G贸易有限公司上诉请求。

二审判决后,G贸易有限公司不服判决依法申请再审称:原判以无中文标签为由认定涉案食品系不符合食品安全标准的食品,属于基本事实认定错误;被申请人系职业打假人,其利用惩罚性赔偿规则为自身牟利或借机对商家进行敲诈勒索,这一严重违背诚信原则、无视司法权威、浪费司法资源的行为,给社会造成了极大的负面影响。据此,请求依法改判。

再审法院经审理认为:G贸易有限公司所销售的涉案葡萄酒没有中文标签,违反了《食品安全法》的有关规定,确属不符合食品安全标准的食品;薛某迪请求退还货款的诉讼请求,于法有据,应予以支持;在本案中,薛某迪购买涉案葡萄酒时进行了拍摄录像,对涉案葡萄酒的标签、标识十分关注,其明知涉案葡萄酒没有中文标签而进行购买,并不存在因商品标签缺失而对其造成误导的情形;同时,薛某迪亦未能举证证明涉案葡萄酒的标签缺失对食品安全造成了实质影响,且G贸易有限公司亦提交证据证明涉案葡萄酒经过了检验检疫部门检验,进货渠道合法。据此,再审法院判定,薛某迪请求G贸易有限公司支付涉案葡萄酒价款10倍赔偿金的诉讼请求于法无据,不予以支持,再审请求成立。

三、法理分析

本案是关于适用惩罚性赔偿主观要件认定的典型案例。

自《食品安全法》明确惩罚性赔偿责任以来,对“明知”这一主观认知的界定就存在不同见解,至今仍未达成一致,由此导致“同(近)案不同判”的情况时有发生。经归纳梳理,食品销售者适用惩罚性赔偿规则在主观要件认定上或存在以下问题:(1)司法实践对于明知是否包括“应知而不知”认识不一、标准不一。(2)相当数量裁判文书并未就销售者承担惩罚性赔偿责任的主观要件——明知进行说理,而是以不履行法定义务为由直接认定其构成销售明知。强调销售者责任的确可以更好地保护消费者合法权益,但若超出合理限度,盲目加重销售者责任则又会导致社会公平性缺失。因此必须准确把握惩罚性赔偿主观构成要件——明知的含义,并规定一套详细且有体系的认定规则。

针对第一个问题,必须掌握明知的认识因素和意志因素。明知的认识因素为“确定知道”,意志因素为“故意而非过失”。据此可将明知分为两种情况:一是明确知道,即指销售者承认其知道或有证据证明其确实知道;二是推定知道,即指销售者对自身明知的状态予以否认,同时缺乏证据证明其明知,但通过销售者实施的客观行为,结合法律规定与实务经验,可推定其主观上为故意。因此,当出现销售者本应知道而实际上并不知道的情况时,不应认定销售者为明知,此时销售者的主观心态为过失,其并不符合明知的意志因素。

针对第二个问题,必须要明确销售者违反法定义务在明知推定中的作用,以及销售者违反何种法定义务即可作为推定明知的常态联系。销售者违反法定义务能否直接推定销售者属于明知,学界存在不同看法。否定说的支持者认为,违反法定义务只能表明行为人存在过错,不能据此单纯认为其主观认知状态为故意,二者之间并不具有高度盖然性;肯定说的支持者则认为,法定义务系行为人最低的履行义务标准,违反法定义务与明知之间存在大概率关系。综合评判,肯定说的观点更为合理,其不仅符合法律宗旨、政策精神,更是可以减少明知这一主观要件认定的难度与负担。需要予以清楚认知的是,若认定违反法定义务即可产生推定销售者主观认知状态为明知的效果,关于经营者法定义务的范围界定问题则随之而来。对此,学界亦存在不同认识。例如,有研究者认为,食品销售者的法定义务应限制在食品生产流通环节,能产生推定效果的法定义务应仅包括法律明确规定的审慎形式审查义务,如进货查验义务和按要求贮存食品、定期检查库存、及时清理变质食品等义务,法官应根据销售者的经营规模、专业程度、在流通中的角色等因素进行综合考量,既不能过于加重经营者之义务,又不可使救济受害者的目的落空。①

需要予以补充说明的是,在惩罚性赔偿主观要件认定上,除销售者承认或有直接证据证明其明知外,应当运用推定的方式。但是,在此过程中需要注意以下两个问题:(1)必须保障销售者的反驳权利。由于推定存在例外,所以必须允许销售者进行反证和反驳,法官在适用推定时应告知受不利推定的销售者有反驳的权利,为销售者提供充分参与、充分论证的权利与机会。(2)要加强推定论证的文书说理,切实履行法官的裁判说理义务。法官在裁判文书中应就做出明知推定的经验法则的盖然性程度以及推定适用过程做出详细论证说明,既能够对裁判者适用推定明知的认定进行规范,而且还可使明知推定接受全社会的监督。

本案中,对食品销售者的主观认知状态认定十分重要。虽然再审法院作出了与一审、二审法院截然相反的裁判,但在销售者主观认知状态的判断上与一审、二审法院保持一致。再审法院依据《食品安全法》第 148 条第 2 款除外之规定,判定销售者无须承担惩罚性赔偿责任,这意味着再审法院间接承认了销售者在销售不符合食品安全标准食品时的主观状态为明知。一审法院经审理认为,G 贸易有限公司提出其在采购涉案商品时已经履行了严格的审查义务,不存在主观上的明知,缺乏事实和法律依据,不予采纳;二审法院认为,明知包括知道和应当知道,G 贸易有限公司主张其已经对涉案食品的进口商资质、《卫生证书》、《报关单》等进行了审查,但涉案食品并无中文标签,明显不符合食品安全标准,G 贸易有限公司作为销售者显然应当知道涉案食品不符合食品安全标准,因此判定其主观状态为明知。

就本案而言,受案法院就销售者明知的认定说理过于简单化。例如,一审法院并未就销售者的主观状态属于明知进行详细说理,而是单纯以缺乏法律事实和依据为由予以反驳,不易使人信服。因此,G 贸易有限公司不服判决提出上诉,并认为一审法院判决未尽核查义务,直接认定其在销售过程中存在明知的故意的事实错误,认为自身在销售过程中不存在主观明知的故意,只存在个别工作人员的疏忽性过失。再如,二审法院也并未就故意的认定进行详细说理,而是简单以 G 贸易有限公司作为销售者显然应当知道其销售的食品不符合食品安全标准为由,判定其主观状态为故意。

① 参见张红:《侵权责任之惩罚性赔偿》,载《武汉大学学报(哲学社会科学版)》2020 年第 1 期。

案例三：食品营养强化剂使用合法与否的具体认定

——基于张某辉与J贸易有限公司、Z电子商务有限公司买卖合同纠纷案之分析

一、案情简介①

2015年6月5日，张某辉在J贸易有限公司处购买了由Z电子商务有限公司总代理的某品牌扇贝提取物营养胶囊10瓶，共计1130元。该产品外包装英文标示每粒含锌(zinc)50毫克，适宜人群为成人及青少年，原产国为美国。完成交易后，张某辉提出，J贸易有限公司在销售的扇贝提取物营养胶囊中添加锌属于超范围使用营养强化剂，不符合食品安全管理相关规定。在与J贸易有限公司、Z电子商务有限公司交涉无果的情况下，张某辉将其诉至法院，请求判令J贸易有限公司、Z电子商务有限公司共同承担货款10倍的惩罚性赔偿责任。

J贸易有限公司辩称：张某辉主张锌含量过高无事实和法律依据，案涉商品外包装上无锌含量的标志。

Z电子商务有限公司提供了由天津市出入境检验检疫局出具的案涉产品《卫生证书》，该卫生证书显示：所检项目符合我国食品安全要求。

二、法院裁判

一审法院经审理认为：根据《食品安全法》的规定，食品安全标准是强制执行的标准，②禁止生产经营“用非食品原料生产的食品或者添加食品添加剂以外的化学物质和其他可能危害人体健康物质的食品，或者用回收食品作为原料生产的食品”③，进口的

---

① 广东省广州市中级人民法院民事判决书，(2016)粤01民终9448号。

② 2015年4月24日第十二届全国人民代表大会常务委员会第十四次会议修订通过的《食品安全法》第25条规定：“食品安全标准是强制执行的标准。除食品安全标准外，不得制定其他食品强制性标准。”

③ 2015年4月24日第十二届全国人民代表大会常务委员会第十四次会议修订通过的《食品安全法》第34条第1项规定，禁止生产经营“用非食品原料生产的食品或者添加食品添加剂以外的化学物质和其他可能危害人体健康物质的食品，或者用回收食品作为原料生产的食品”。

食品、食品添加剂、食品相关产品应当符合我国食品安全国家标准;[①]在本案中,案涉产品未标明特殊用途,应认定为普通食品;依据相关规定,锌作为食品营养强化剂的使用范围不包括案涉产品,案涉产品添加锌属于超范围使用营养强化剂;被告J贸易有限公司提供的《卫生证书》只是表明案涉产品所检项目符合我国食品安全要求,但该卫生证书并没有明确所检的具体项目,不能证明案涉产品添加锌符合我国食品安全标准;作为销售者,被告J贸易有限公司未能尽到谨慎的审查义务,销售不符合食品安全标准的案涉产品,损害了原告张某辉的合法权益。据此,一审法院依法判决如下:(1)被告J贸易有限公司于10日内退还原告张某辉所涉产品货款1130元;(2)被告J贸易有限公司于10日内支付给原告张某辉所涉产品货款10倍的赔偿金,共计11,300元,被告Z电子商务有限公司承担连带赔偿责任。

一审判决后,被告J贸易有限公司、Z电子商务有限公司不服判决依法提起上诉称:(1)原审判决认定在所涉产品中添加锌是超范围使用营养强化剂,属于不符合我国食品安全标准的食品,系适用标准错误,对事实认定不清。(2)原审判决认定被告经营的涉案产品属于不符合食品安全标准的食品,属于适用法律条文错误。

二审法院经审理认为:依据法律规定,案涉争议产品必须符合我国相关食品安全标准;查明事实显示,案涉争议产品未标注为保健品或药品,属于普通食品;案涉争议产品注明,每份(1粒,0.436克)含扇贝提取物50毫克,外包装英文标示每粒含锌50毫克,故可以认定案涉产品配料所标示的扇贝提取物即为锌;依据现行规定,原审法院以案涉产品超范围使用营养强化剂为由认定案涉产品不符合我国的食品安全标准,并无不当;依据法律规定,案涉产品除须经过出入境检验检疫机构检验合格、由海关签发通行证明之外,还必须符合我国卫生行政部门制定的食品安全国家标准,仅凭已查验案涉产品的《卫生证书》的事实,不足以作为认定J贸易有限公司销售案涉产品的行为不具有明知过错的依据。据此,二审法院依法判决如下:驳回上诉,维持原判。

三、法理分析

本案是关于食品营养强化剂使用合法与否具体认定的典型案例。

一般认为,所谓食品营养强化剂,是指为了增强营养成分而加入食品中的天然的或者人工合成的属于天然营养素范围的食品添加剂。使用食品营养强化剂的目的在于,

---

① 2015年4月24日第十二届全国人民代表大会常务委员会第十四次会议修订通过的《食品安全法》第92条规定:"进口的食品、食品添加剂、食品相关产品应当符合我国食品安全国家标准。进口的食品、食品添加剂应当经出入境检验检疫机构依照进出口商品检验相关法律、行政法规的规定检验合格。进口的食品、食品添加剂应当按照国家出入境检验检疫部门的要求随附合格证明材料。"

保证人们在各生长发育阶段及各种劳动条件下获得全面的合理的营养,满足人体生理、生活和劳动的正常需要,以维持和提高人类的健康水平。食品营养强化剂不仅可以提高食品的营养质量,还可以减少和预防很多营养缺乏症及由营养缺乏引起的其他并发症,有些营养强化剂还兼有提高食品的感官质量和保藏性能的作用。但是,需要予以清楚认知的是,食品营养强化剂在使用上必须遵循适度原则,坚持使用范围和剂量适当,保证其使用不致破坏机体营养平衡,更不致因摄食过量引起中毒。但是,在业绩、利润等因素的激励下,部分经营者会罔顾使用要求而超范围、超剂量使用食品营养强化剂,营养强化剂违规使用问题一度成为职业打假人所关注的重点之一。在司法实践中,认定食品营养强化剂使用是否合法应当重点把握以下几个问题:(1)涉案产品是否使用了营养强化剂;(2)营养强化剂的品种、范围、使用量是否符合规定;(3)是否属于既是营养强化剂又是食品添加剂的物质。

案涉争议产品是否符合我国食品安全标准是本案的关键所在,对此,一审、二审法院作出了相同的裁判。一审法院经审理认为:该产品虽属于进口食品,但仍然应当符合我国食品安全国家标准的相关规定;本案涉案产品未标明特殊用途,应认定为普通食品。因此,判断营养强化剂使用合法与否依据的是原卫生部于 2012 年 3 月 15 日发布的《食品安全国家标准　食品营养强化剂使用标准》(GB 14880—2012);通过查阅该标准可知,锌作为营养强化剂的使用范围并不包括涉案产品,涉案产品添加锌属于超范围使用营养强化剂的行为;虽然被告 J 贸易有限公司提供了产品《卫生证书》,但这只能表明案涉产品所检项目符合食品安全要求,而本案中的锌含量及安全性并未经过《卫生证书》的检验,该证书并不能证明案涉产品添加锌符合我国食品安全标准,故被告 J 贸易有限公司关于涉案产品符合我国食品安全标准的主张是不被采纳的。二审法院同样认为:涉案产品并没有注明其性质为保健品或药品,因此,属于普通食品;涉案产品的配料包含扇贝提取物,每份(1 粒,0.436 克)含扇贝提取物 50 毫克,外包装英文标示每粒含锌 50 毫克,可以据此认定案涉产品配料标示的扇贝提取物即为锌;涉案产品添加锌明显违反了相关规定,是超范围使用营养强化剂的行为,属于不符合我国食品安全标准的食品。在本案中,一审、二审法院的裁判是合法合理的。需要强调的是,法官在审核此类案件时应当对食品原材料中自带的营养素和营养强化剂加以严格区分,前者并不属于营养强化剂的范畴,而后者往往在食品配料中以独立的营养素或其他营养成分的形式注明于配料表当中,配料表中的内容是法官裁判此类案件最有力的武器。

案例四：食品安全标准与卫生标准适用优先顺位之界定

——基于 G 贸易有限公司等非法经营案之分析

一、案情简介①

G 贸易有限公司、R 贸易有限公司经营范围分别为销售饲料、饲料原料等和化工原料及产品等，两单位的实际经营人均为被告人倪某钢。S 油脂有限公司成立于 2003 年，经营范围为食用动物油脂（牛油），生产产品是食用精炼牛油，公司法定代表人为顾某章（已另案处理）。倪某钢在经营 G 贸易有限公司、R 贸易有限公司期间，从澳大利亚、新西兰购入工业用牛羊油进行销售。自 2009 年开始，被告人倪某钢将进口的工业用牛羊油在 S 油脂有限公司进行储存、中转。此后，倪某钢与顾某章进行了业务洽谈，双方就 S 油脂有限公司购入涉案进口工业用牛羊油用于食用牛油生产的情况进行了沟通、交流，倪某钢也参观了 S 油脂有限公司的生产车间、生产设施等。倪某钢在明知 S 油脂有限公司是一家专门生产食用牛羊油的食用油脂经营企业，且购入进口工业用牛羊油是用于生产食用牛羊油的情况下，为牟利仍与顾某章达成购销协议，将 G 贸易有限公司、R 贸易有限公司购入的工业用牛羊油销售给 S 油脂有限公司用于食用牛羊油生产。2010 年 2 月至 2012 年 1 月，G 贸易有限公司、R 贸易有限公司分别向 S 油脂有限公司销售工业用牛羊油 2,833,680 公斤、2,706,940 公斤，销售金额分别为人民币 17,940,893.96 元、19,151,136.65 元，合计人民币 37,092,030.61 元。S 油脂有限公司利用上述工业用牛羊油生产食用精炼牛油，并对外销售给相关食品企业。对于生产食用精炼牛油过程中分解出来的少量杂质、废料，由顾某章自行销售给相关化工企业。2012 年 3 月 22 日，顾某章因涉嫌生产、销售有毒、有害食品罪被公安机关抓获归案；同日，倪某钢主动向公安机关投案，并如实供述了上述事实。

对于涉案进口工业用牛羊油产品性质，上海市食品生产监督所与上海市食品药品监督所均出具了相应报告，但所持意见截然相反。上海市食品生产监督所认为，欧美、澳大利亚等国家对牛油不区分食用与非食用，只有等级区分，任何等级的牛油均可通过提炼达到食用牛油的标准，国内对进口牛油区分食用与非食用是因为进口商申报和检

① 上海市金山区人民法院刑事判决书，(2013)金刑初字第 74 号。

验检疫程序和内容不同,但不能改变进口牛油原料的本质属性;另外,本案中食用油生产企业利用涉案产品生产的食用牛羊油,经检测有关数据符合相关国家食品卫生标准。而上海市食品药品监督所则认为,涉案产品系使用非食品原料加工而成,该产品在出口国及进口国均按工业用途进行管理,未进行食品方面检验检疫,可能含有对人体有毒有害物质,因此该产品不可以直接用于食用,也不可以加工提炼后用于食用。

公诉机关上海市J区人民检察院认为,G贸易有限公司、R贸易有限公司在销售产品中以不合格产品冒充合格产品,均应当以销售伪劣产品罪追究刑事责任;倪某钢作为二被告单位直接负责的主管人员,也应当以销售伪劣产品罪追究刑事责任。

G贸易有限公司、R贸易有限公司及倪某钢对上述销售事实无异议,但是认为:所销售的工业用牛羊油在本质上与食用牛羊油相同,只是因检验检疫程序不同而作区分;向S油脂有限公司销售原料油的行为未违反国家禁止性规定,亦未共谋将进口工业用牛羊油提炼后对外销售,且S油脂有限公司生产、销售的产品也包括工业用脂肪酸。因此,其行为不构成销售伪劣产品罪,也不构成非法经营罪。

二、法院裁判

一审法院经审理认为:相关证据显示,G贸易有限公司、R贸易有限公司从澳大利亚、新西兰等国家所购入产品的中文标签为进口工业级牛羊油,系境外工厂用牛羊内脏、骨头加工而成,专门用于工业生产之需;该产品在入境货物通关单及检验检疫证明等相关材料中注明为已炼制的工业用牛羊油,非食用牛羊油,且检疫要求中注明所涉产品仅限用于工业生产之需;我国对该产品是按照一般化工产品进行进口管理的,口岸仅检测游离脂肪酸等一般理化指标,并未按照我国食品安全标准进行农药残留等有害指标检测;依据法律规定,进口的食品应当经出入境检验检疫机构检验合格后,海关凭出入境检验检疫机构签发的通关证明放行;①在本案中,所涉进口产品不属于食品,也未经我国出入境检验检疫机构进行食品方面的检验,对此应认为其不能用于食用,包括不能直接用于食用,也不能经提炼后用于食用。G贸易有限公司、R贸易有限公司将不能用于食用的进口工业用牛羊油销售给S油脂有限公司用于食用牛油生产,S油脂有限

① 2009年2月28日第十一届全国人民代表大会常务委员会第七次会议通过的《食品安全法》第62条规定:“进口的食品、食品添加剂以及食品相关产品应当符合我国食品安全国家标准。进口的食品应当经出入境检验检疫机构检验合格后,海关凭出入境检验检疫机构签发的通关证明放行。”2021年4月29日第十三届全国人民代表大会常务委员会第二十八次会议修正通过的《食品安全法》第92条规定:“进口的食品、食品添加剂、食品相关产品应当符合我国食品安全国家标准。进口的食品、食品添加剂应当经出入境检验检疫机构依照进出口商品检验相关法律、行政法规的规定检验合格。进口的食品、食品添加剂应当按照国家出入境检验检疫部门的要求随附合格证明材料。”

公司也实际使用上述产品进行食用牛油生产，并销售给食品企业，属于违反《食品安全法》关于禁止生产经营"用非食品原料生产的食品"的规定。[①] 据此，一审法院认为，被告G贸易有限公司、R贸易有限公司及倪某钢的行为属于严重扰乱市场秩序的非法经营行为，应当以非法经营罪定罪处罚，并依法作出判决。

一审判决后，G贸易有限公司、R贸易有限公司及倪某钢不服判决，依法提起上诉。二审法院经审理后，裁定：驳回上诉，维持原判。

三、法理分析

本案是关于食品安全标准与卫生标准适用优先顺位界定的典型案例。

依据《食品安全法》的相关规定，禁止生产经营"用非食品原料生产的食品或者添加食品添加剂以外的化学物质和其他可能危害人体健康物质的食品，或者用回收食品作为原料生产的食品"。其原因在于，利用非食品原料生产出来的食品不符合国家食品安全标准要求。但是，这并不一定意味着该食品也不符合国家食品卫生标准。当出现类似本案情况时，即对某一使用非食品原料生产出来的食品的可食用性进行判断时，出现食品安全标准与卫生标准发生冲突的情况，法官应当综合考量有关因素，本着安全标准优先于卫生标准的原则对所涉行为予以定罪处罚。[②] 主要理由如下：(1)这是由两类标准的性质差异所决定的。安全属于人类生存的范畴，卫生属于人类发展的范畴，前者具有基础性，后者具有发展性。如果出现特殊情况，必须在生存与发展之间作出抉择的话，那么生存标准应当成为我们的首选，因为生存标准是我们人类发展的基础。(2)这是由两类标准的稳定程度差异所决定的。从标准存在的稳定程度看，安全标准是我们人类长久发展以来所累积而成的基本生活经验，稳定性较高。相比较而言，卫生标准在稳定性上则略显逊色，其在不同的时空条件以及科学水平下会呈现不同的标准，具有易变性。因此，应当选择稳定性更高的安全标准。(3)这是由两类标准的风险差异所决定的。从标准的风险系数来看，安全标准是一种综合性的标准，是人类千百年来生活总结出来的经验，结果的正确与否经得住时间的考验。而卫生标准是一种分析性标准，是利用现有技术探测得出的科学数据。前者带来的风险必然小于后者，因为面对错综复杂的世界，科学技术并不能解决所有问题。在安全标准和卫生标准中择其一的话，风险更

---

① 2009年2月28日第十一届全国人民代表大会常务委员会第七次会议通过的《食品安全法》第28条第1项规定，禁止生产经营"用非食品原料生产的食品或者添加食品添加剂以外的化学物质和其他可能危害人体健康物质的食品，或者用回收食品作为原料生产的食品"。2021年4月29日第十三届全国人民代表大会常务委员会第二十八次会议修正通过的《食品安全法》第34条第1项作出了相同规定。

② 参见王庆廷：《食品安全标准高于卫生标准》，载《人民司法》2015年第2期。

小的安全标准无疑是最优选择。

本案是关于食品安全标准与卫生标准优先顺位界定的典型案例,也是全国首例因向食用油生产企业销售进口工业用牛羊油而获刑的案件,具有较大的新颖性、典型性和参考性。本案中,所涉进口工业用牛羊油产品能否食用系本案的焦点所在。为解决这一问题,上海市食品生产监督所与上海市食品药品监督所均出具了相关报告。前者认为,部分国家对牛油是不作食用与非食用的区分的,存在的只有等级区分,任何等级的牛油通过提炼均可达到食用牛油的标准;国内对进口牛油区分食用与非食用,并在进口商申报、检验检疫程序设计、检验检疫内容要求等方面予以区别对待;通过检测发现,所涉产品的相关数据符合国家食品卫生标准。而上海市食品药品监督所则认为,涉案产品系使用非食品原料加工而成,未进行食品方面的检验检疫,可能含有对人体有毒有害物质,不可以直接食用,也不可以通过提炼间接食用。针对利用非食品原料生产出来的食品能否食用这一问题,不同的权威机构依据自身领域专业知识向法院出具了两份定性截然相反的专业报告,为该案件的审判带来了困难。如果可以食用,那么被告便不存在犯罪事实;如果不能食用,那么被告就应承担相应责任。因此,法官选择何种标准直接决定了案件的走向。一个基本原则就是,审理相关案件时,法官要综合考量各方面因素,尤其是要贯彻安全标准优先于卫生标准适用的基本准则,选择依据食品安全标准对所涉行为进行定性,因为只有这样才能最大限度地维护消费者的生命财产安全。

案例五:跨境电子商务中进口食品的法律风险识别

——基于张某琴与J贸易有限公司产品责任纠纷案之分析

一、案情简介①

2014年10月19日,张某琴在J贸易有限公司开设的网上商城购买了10瓶某品牌大豆异黄酮营养胶囊,共计支付1290元。该营养胶囊外包装显示:每份(1粒,0.864克)含大豆胚芽提取物750毫克(2%大豆异黄酮);配料包括大豆胚芽提取物、微晶纤维素、硬脂酸镁等;食用方法为每日3~4次,每次1粒;原产国为美国。交易完成后,张某琴认为,J贸易有限公司所销售的大豆异黄酮营养胶囊不符合食品安全标准,其销售行

① 广东省广州市中级人民法院民事判决书,(2015)穗中法民二终字第1759号。

为涉嫌违法。在与J贸易有限公司沟通无果的情况下，张某琴将其诉至法院，请求法院判令：J贸易有限公司退还货款1290元，并支付货款10倍惩罚性赔偿金12,900元。

二、法院裁判

一审法院查明事实如下：为规范含大豆异黄酮保健食品产品申报与审评工作，根据《保健食品注册管理办法（试行）》，原国家食品药品监督管理局于2009年9月2日发布了《关于含大豆异黄酮保健食品产品注册申报与审评有关规定的通知》（国食药监许〔2009〕567号），该通知就含大豆异黄酮保健食品产品注册申报与审评有关问题规定如下：大豆异黄酮应当来源于大豆；申请人应当提供大豆异黄酮推荐食用量的食用安全依据；大豆异黄酮测定的成分包括大豆苷、大豆苷元、染料木素和染料木苷四种，应当标明每一种成分的具体含量和大豆异黄酮的总量；产品适宜人群为成年女性，不适宜人群为少年儿童、孕妇和哺乳期妇女、妇科肿瘤患者及有妇科肿瘤家族病史者；注意事项中应当注明"不宜与含大豆异黄酮成分的产品同时食用，长期食用注意妇科检查"。原卫生部办公厅信访处于2013年5月23日出具的《国家卫生和计划生育委员会人民群众信访回复单》指出，大豆异黄酮不是普通食品，我委也未批准过大豆异黄酮为新食品原料；根据相关规定，将大豆异黄酮用作食品原料，需要按照新的食品原料有关规定进行报批。

一审法院经审理认为：依据法律规定，禁止生产经营"用非食品原料生产的食品"；①大豆异黄酮不是普通食品原料，若将其用于食品生产加工需要按照规定进行报批，但相关部门未批准过大豆异黄酮为新食品原料；在本案中，将大豆异黄酮作为原料添加到食品中的行为，是对《食品安全法》有关规定的违反；依据法律规定，生产不符合食品安全标准的食品或者销售明知是不符合食品安全标准的食品，消费者除要求赔偿损失外，还可以向生产者或者销售者要求支付价款10倍的赔偿金。② 据此，一审法院

---

① 2009年2月28日第十一届全国人民代表大会常务委员会第七次会议通过的《食品安全法》第28条第1项规定，禁止生产经营"用非食品原料生产的食品或者添加食品添加剂以外的化学物质和其他可能危害人体健康物质的食品，或者用回收食品作为原料生产的食品"。2021年4月29日第十三届全国人民代表大会常务委员会第二十八次会议修正通过的《食品安全法》第34条第1项作出了相同规定。

② 2009年2月28日第十一届全国人民代表大会常务委员会第七次会议通过的《食品安全法》第96条第2款规定："生产不符合食品安全标准的食品或者销售明知是不符合食品安全标准的食品，消费者除要求赔偿损失外，还可以向生产者或者销售者要求支付价款十倍的赔偿金。"2021年4月29日第十三届全国人民代表大会常务委员会第二十八次会议修正通过的《食品安全法》第148条第2款规定："生产不符合食品安全标准的食品或者经营明知是不符合食品安全标准的食品，消费者除要求赔偿损失外，还可以向生产者或者经营者要求支付价款十倍或者损失三倍的赔偿金；增加赔偿的金额不足一千元的，为一千元。但是，食品的标签、说明书存在不影响食品安全且不会对消费者造成误导的瑕疵的除外。"

依法判决如下:被告J贸易有限公司退还货款1290元并赔偿12,900元给原告张某琴。

一审判决后,被告J贸易有限公司不服判决依法提起上诉称:(1)原审判决认定事实不清,J贸易有限公司的销售行为合法,不应承担赔偿责任;(2)原审判决适用法律错误;(3)原审判决存在漏判事项。据此,请求判令:撤销原审判决,判决驳回张某琴的全部诉讼请求。

二审法院经审理认为:依据法律规定,J贸易有限公司所销售的进口食品,除需要经过出入境检验检疫机构检验合格、由海关依法放行之外,还需要符合我国卫生行政部门制定的食品安全国家标准;依据有关规定,大豆异黄酮不是普通食品原料,若将其用于食品生产加工需要按照规定进行报批;J贸易有限公司未能提供证据证明,涉案产品所采用大豆异黄酮已经按照规定成功报批,其提供的证据不足以证实涉案产品符合食品安全国家标准;J贸易有限公司主张所涉产品来源合法、质量合格且经过检验,均不足以推翻所涉产品不符合食品安全国家标准的事实;依据法律规定,生产不符合食品安全标准的食品或者销售明知是不符合食品安全标准的食品,消费者除要求赔偿损失外,还可以向生产者或者销售者要求支付价款十倍的赔偿金;J贸易有限公司主张张某琴长期从事食品安全投诉及诉讼索赔行为,购买行为是为了获得高额经济利益,但并未提供充分证据予以证实。据此,二审法院依法判决如下:驳回上诉,维持原判。

三、法理分析

本案是关于跨境电子商务中进口食品法律风险识别的典型案例。

近年来,随着互联网经济的发展以及相关利好政策的出台,跨境电商规模不断创新高。2021年1月14日,海关总署新闻发言人、统计分析司司长李魁文披露,2020年全年跨境电商进出口1.69万亿元,增长了31.1%。[①] 其中,进口食品规模更是增长迅速。某研究机构发布的研究数据显示,2009～2018年,我国进口食品规模以17.7%的复合增长率高速增长,并在2018年首次超过700亿美元;同时,1997～2017年20年间,中国进口食品来源国家和地区从108个增加到170个,覆盖了全球73.9%的国家和地区。[②] 而随着跨境电商这一新型外贸模式的快速发展,相关法律问题也逐渐显现,如跨境电商

① 参见《2020年进出口超32万亿元　跨境电商等新业态加速发展》,载中国经济网,http://www.ce.cn/cysc/newmain/yc/jsxw/202101/15/t20210115_36225500.shtml。

② 参见《中国进口食品年消费规模达700多亿美元》,载亿邦动力网,https://www.ebrun.com/20190521/334697.shtml。

企业在国内售卖进口食品时,经常因产品质量问题而与消费者产生纠纷。① 本案就是代表性案例之一。

在本案中,跨境电商企业J贸易有限公司所销售的某品牌进口大豆异黄酮营养胶囊中含有大豆异黄酮,此类保健食品本质上属于女性补充营养素。在我国,原卫生部公布的《新资源食品目录》以及原卫生部政务公开办公室发布的《关于普通食品、保健食品和新资源食品原料有关问题的说明》等文件中,均未将大豆异黄酮作为食品或者食品原料进行规定。2015年3月9日,原国家卫生计生委政务公开办所发布的《关于薰衣草、大豆异黄酮不宜作为普通食品原料问题的说明》更是强调,大豆异黄酮有类似雌激素样作用,不宜作为普通食品食用。在本案中,一审、二审法院均认为,所涉产品中添加的大豆异黄酮并不属于普通食品原料,若想合法售卖含有此类物质的产品,需将其按照新的食品原料进行报批,否则就是对《食品安全法》相关规定的违反。被告J贸易有限公司认为,所涉产品只要经进出口检验检疫机构检验并出具了卫生证书就必然符合我国法律法规与各项标准要求,这种主张是错误的。原因在于,跨境电商企业在国内销售进口食品,除需要经过出入境检验检疫机构的检验外,还需要符合食品安全国家标准,二者缺一不可。在本案中,所涉产品虽经过了出入境检验检疫机构的检验,但因含有未经国家批准的食品原料——大豆异黄酮而有违食品安全法律及相关标准要求。依据《食品安全法》相关规定,被告J贸易有限公司应就其违规销售进口食品行为向消费者承担相应法律责任,包括惩罚性赔偿责任。由本案可知,跨境电商企业在经营进口食品的过程中,要保证自身售卖的进口食品既能经过出入境检验检疫机构的检验,又能符合我国食品安全标准,切不可以该产品在境外市场合法销售且国内市场有需求为由就径行在国内销售。

案例六:食品安全行政处罚合法性界定

——基于G幼儿园与宜昌市X区食品药品监督管理局行政诉讼案之分析

一、案情简介②

2016年3月,S食品药品检验检测中心受托对G幼儿园自制的馒头进行抽样检验,

---

① 参见费威:《我国跨境电商进口食品安全的监管应对》,载《学习与实践》2019年第12期。

② 湖北省宜昌市中级人民法院行政判决书,(2017)鄂05行终107号。

该检测中心出具的《检验报告》显示:送检食品中甜蜜素(以环己基氨基磺酸计)项目不符合《食品安全国家标准　食品添加剂使用标准》(GB 2760—2014)要求,检验结论为不合格。2016年4月8日,宜昌市X区食品药品监督管理局(以下简称X食品药品监督管理局)将抽检结果通知书送达G幼儿园,G幼儿园对检验结果无异议并予以签收。同日,X食品药品监督管理局执法人员杨某、张某对G幼儿园进行了现场检查、拍照。2016年4月20日,X食品药品监督管理局执法人员杜某君、张某对G幼儿园后勤负责人进行了询问,并调查收集了G幼儿园生产该批次不合格食品的相关证据。后G幼儿园向X食品药品监督管理局递交了《自查报告》和《从轻处罚申请书》,表示承担责任并承诺积极整改。2016年6月16日,X食品药品监督管理局向G幼儿园送达了《听证告知书》,告知将对其违法行为进行行政处罚,G幼儿园有要求听证的权利。G幼儿园未申请听证,但再次向X食品药品监督管理局递交了《减轻处罚申请书》。X食品药品监督管理局对陈述申辩进行复核后经过集体讨论依法作出了X食药监食罚〔2016〕26号行政处罚决定(以下简称26号处罚决定),并于同日送达G幼儿园。

26号处罚决定认定:你单位食堂内制作的发酵面制品馒头,经S食品药品检验检测中心检测认定为不合格食品,我局工作人员于2016年4月8日向你单位送达了《检验报告》,你单位在规定时间内未提出复检要求;截至2016年3月9日,你单位使用带甜蜜素的干酵母制作并销售馒头398个(其中用于幼儿园食用的有340个),按照16元/天的价格计算收取幼儿伙食费,货值金额总计不足10,000元;因你单位未单独建立馒头核算账目,无法计算违法所得,故视你单位无违法所得;你单位经营不符合国家食品安全标准食品的行为违反了《食品安全法》相关规定,属于一般违法行为,且符合应当依法从轻处罚的情形。据此,依据相关法律规定,责令你单位立即改正违法行为,并决定对你单位给予以下行政处罚:罚款50,000元人民币。

G幼儿园不服该处罚决定,于2016年9月23日依法提交了行政复议申请书。宜昌市食品药品监督管理局受理复议申请后依法于2016年9月27日向X食品药品监督管理局送达了行政复议申请书副本和答复通知书。X食品药品监督管理局于2016年10月8日对此提出书面答复并提交了相关证据资料。2016年11月16日,宜昌市食品药品监督管理局作出了Y食药行复决字〔2016〕5号行政复议决定(以下简称5号复议决定),依法维持了X食品药品监督管理局作出的处罚决定。G幼儿园仍然不服,向法院提起行政诉讼,请求依法撤销X食品药品监督管理局作出的26号处罚决定和宜昌市食品药品监督管理局作出的5号复议决定。

二、法院裁判

一审法院查明事实如下:X 食品药品监督管理局执法期间,执法人员杨某的配偶熊某华在 G 幼儿园工作。2016 年 4 月 5 日,杨某以此为由申请回避,X 食品药品监督管理局部门负责人经审查认为,杨某与该园无直接利害关系,未准予回避。2016 年 6 月 15 日,熊某华向 G 幼儿园递交《辞职申请》。

一审法院经审理认为:(1)被告 X 食品药品监督管理局作出的 26 号处罚决定程序合法。针对 26 号处罚决定程序是否合法问题,各方当事人对被告 X 食品药品监督管理局作出行政处罚的基本程序并无异议,主要争议在于两点:一是抽检的程序,二是执法人员的回避。关于抽检程序,S 食品药品检验检测中心受托对原告 G 幼儿园生产的食品进行抽样检验,并未收取费用,符合法律规定;①被告 X 食品药品监督管理局提交的证据亦显示,S 食品药品检验检测中心具有相应的检测资质;原告 G 幼儿园在行政处罚前,对《检验报告》的结果也明确表示无异议。据此,对原告 G 幼儿园认为《检验报告》不合法且有明显错误的意见,因未提交有效证据进行证明而不予采纳。关于执法人员的回避问题,②被告 X 食品药品监督管理局在处理本案的过程中,共有 3 名执法人员参与,而执法人员杨某之妻熊某华在 G 幼儿园系普通工作人员,杨某与本案无直接利害关系;在执法过程中,杨某已经主动申请回避,但在未准予回避后,杨某未因其妻在该园工作而徇私包庇,仍然对相关证据进行了收集;原告 G 幼儿园生产不合格食品的情形客观存在,被告 X 食品药品监督管理局亦最终对原告生产不合格食品的行为依法进行了查处。据此,对原告 G 幼儿园认为执法人员杨某之妻与原告存在劳资纠纷,行政处罚系报复行为的意见,因未提交相关证据,不予采信。(2)被告 X 食品药品监督管理局作出的 26 号处罚决定证据充分、适用法律正确。在检测结论送达后,因原告 G 幼儿园存在超范围使用添加剂的违法事实,被告 X 食品药品监督管理局依法进行了调查取证;《检验报告》、照片、询问笔录等证据足以证明原告 G 幼儿园存在生产不合格食品的违法事实;依据法律规定,原告 G 幼儿园认为应适用《食品安全法》相关规定予以减轻处罚的理由不成立。据此,被告 X 食品药品监督管理局依据相关法律规定,结合 G 幼儿园违

---

① 《食品安全法》第 87 条规定:“县级以上人民政府食品安全监督管理部门应当对食品进行定期或者不定期的抽样检验,并依据有关规定公布检验结果,不得免检。进行抽样检验,应当购买抽取的样品,委托符合本法规定的食品检验机构进行检验,并支付相关费用;不得向食品生产经营者收取检验费和其他费用。”

② 《行政处罚法》第 43 条规定:“执法人员与案件有直接利害关系或者有其他关系可能影响公正执法的,应当回避。当事人认为执法人员与案件有直接利害关系或者有其他关系可能影响公正执法的,有权申请回避。当事人提出回避申请的,行政机关应当依法审查,由行政机关负责人决定。决定作出之前,不停止调查。”

法事实,给予其责令改正、罚款5万元的行政处罚,适用法律正确适当。(3)被告宜昌市食品药品监督管理局作出的5号复议决定程序合法。从本案已经查明的事实可以看出,被告宜昌市食品药品监督管理局在受理复议申请后,依法履行了受理申请、通知被申请人举证、审查相关证据材料、呈请复议审批等程序,后作出了复议决定,并依法进行了送达。因此,宜昌市食品药品监督管理局所作出的5号复议决定程序合法。综上,一审法院依法判决如下:驳回原告G幼儿园的诉讼请求。

一审判决后,原告G幼儿园不服判决,依法提起上诉称:一审法院认定事实错误,适用法律错误,请求撤销一审判决,改判支持上诉人一审诉讼请求。

被上诉人X食品药品监督管理局、宜昌市食品药品监督管理局辩称:一审法院认定事实清楚,适用法律正确,程序合法;请求二审法院驳回上诉,维持原判。

二审法院经审理认为:(1)被上诉人X食品药品监督管理局作出的处罚决定认定事实清楚,处罚决定所依据的《检验报告》不存在错误。依据法律规定,食品检验应由取得国家认证认可资质的食品检验机构进行检验,行政管理相对人对检验结论有异议的,可以自收到检验结论之日起7个工作日内向实施抽样检验的食品药品监督管理部门或者上一级食品药品监督管理部门提出复检申请;①在本案中,所涉《检验报告》由S食品药品检验检测中心作出,该单位取得了行政主管部门颁发的《食品检验机构资质认定证书》,具备食品检验的资质条件;《检验报告》作出后,被上诉人X食品药品监督管理局直接送达给了上诉人G幼儿园的法定代表人何某艳,何某艳本人在检验结果确认回执上签字,并在该回执备注的"我单位对检验结果无异议选项"上打钩予以认可;被上诉人X食品药品监督管理局随《检验报告》送达的《食品安全监督抽检结果通知书》明确告知:对检验结果若有异议,请在接到本通知书5个工作日内向我单位提出书面(传真或寄送文本)意见和相关证明材料,逾期无书面反馈的,视为认可检验结果;上诉人G幼儿园在通知规定的期限内未提出复检申请。据此,被上诉人X食品药品监督管理局履行的检验程序符合法律规定,在上诉人G幼儿园对《检验报告》明确表示无异议,又未提出复检申请的情况下,该局以《检验报告》为主要依据作出被诉处罚决定,其认定事实清楚。上诉人称本案《检验报告》错误导致被诉处罚决定错误的主张不能成立。(2)被上诉人X食品药品监督管理局作出的处罚决定程序合法。在本案中,杨某

---

① 《食品安全法》第88条第1款规定:"对依照本法规定实施的检验结论有异议的,食品生产经营者可以自收到检验结论之日起七个工作日内向实施抽样检验的食品安全监督管理部门或者其上一级食品安全监督管理部门提出复检申请,由受理复检申请的食品安全监督管理部门在公布的复检机构名录中随机确定复检机构进行复检。复检机构出具的复检结论为最终检验结论。复检机构与初检机构不得为同一机构。复检机构名录由国务院认证认可监督管理、食品安全监督管理、卫生行政、农业行政等部门共同公布。"

是被上诉人X食品药品监督管理局3名执法人员之一，其妻熊某华在办案期间系上诉人G幼儿园的幼儿教师，熊某华在《G幼儿园应聘登记表》上已注明杨某的工作单位是X食品药品监督管理局；2016年4月5日，杨某主动向被上诉人X食品药品监督管理局提交了回避申请，其部门负责人审查认为杨某与当事人无直接利害关系，不用回避；2016年4月8日的现场检查笔录显示，杨某及其同事张某向陪同现场检查的上诉人G幼儿园的后勤园长李某告知了申请回避的权利，李某表示不申请回避。总之，杨某考虑到其自身的特殊情况，已主动向单位申请回避，且在执法过程中向上诉人分管后勤的负责人告知了申请回避的权利，但该负责人未申请回避，至此被上诉人X食品药品监督管理局已依法履行了回避程序，杨某继续参与本案的办理工作符合规定。因此，上诉人G幼儿园认为杨某与本案有直接利害关系，因被上诉人X食品药品监督管理局未让杨某回避而致行政处罚程序违法的主张，不能成立。(3)被上诉人X食品药品监督管理局作出的处罚决定适用法律正确。根据《食品安全国家标准　食品添加剂使用标准》(GB 2760—2014)的规定，甜蜜素(以环己基氨基磺酸计)适用的食品范围不包含馒头制品。被上诉人X食品药品监督管理局从上诉人G幼儿园处抽取的馒头样品经检验发现含有甜蜜素，根据该检验结果，可以认定上诉人G幼儿园的行为已违反《食品安全法》的禁止性规定，构成超范围、超限量使用食品添加剂。被上诉人X食品药品监督管理局根据该违法事实，在进一步调查的基础上，结合上诉人系初犯等情节，依法对上诉人处以罚款5万元，其适用法律正确，且充分考虑了本案的具体情况。综上，二审法院依法判决如下：驳回上诉，维持原判。

三、法理分析

本案是关于食品安全行政处罚合法性界定的典型案例。

在司法实践中，涉及食品安全的行政诉讼案件，法官需要着重审查被处罚事实的认定和行政程序的合法性。具体来说，一方面，要审理查明被处罚人在生产问题食品过程中所存在的违法问题，对其违法事实予以确认；另一方面，要综合考量违法事实的过错程度、影响范围、被处罚人的整改态度等因素，斟酌全案情节，对行政机关的量罚标准和查处的程序予以审查，确认处罚过程及结果的合法性。当涉及未成年人、集中用餐等食品安全突出问题时，更应当保证裁判结果的公平、公正，有效发挥法律的惩戒功能，依法维持行政机关合法恰当的处罚决定，向民众展现严格查处食品安全问题、保障民心民生的决心。

在本案中，一审、二审法院作出了相同的裁判，对X食品药品监督管理局处罚G幼儿园食品安全问题的合法性均予以了确认。受案法院对该案件进行审核认定时，主要按照以下思路进行：首先对被处罚人G幼儿园在生产食品过程中是否存在客观违法事实进行查明，待被处罚人G幼儿园违法事实确认后，着重分析X食品药品监督管理局对G幼儿园进行行政处罚时是否符合法律的规定。该思路可以分解为三个具体问题：一是X食品药品监督管理局对G幼儿园作出的处罚决定认定事实是否清楚，二是X食品药品监督管理局对G幼儿园作出的处罚决定程序是否合法，三是X食品药品监督管理局对G幼儿园作出的处罚决定适用法律是否正确。

对于第一个问题，即处罚决定认定事实是否清楚，分析与判断如下：首先，根据《食品安全国家标准　食品添加剂使用标准》(GB 2760—2014)的规定，甜蜜素(以环己基氨基磺酸计)适用的食品范围不包含馒头制品，即馒头制品中不得检出甜蜜素，而在G幼儿园给幼儿制作的馒头当中经检验发现甜蜜素，可以认定G幼儿园违反了《食品安全法》的禁止性规定，存在超范围、超限量使用食品添加剂的违法事实。其次，关于检验机关的资质问题，根据《食品安全法》的相关规定，食品检验应由取得国家认证认可资质的食品检验机构进行检验，行政管理相对人对检验结论有异议的，可以自收到检验结论之日起7个工作日内向实施抽样检验的食品药品监督管理部门或者上一级食品药品监督管理部门提出复检申请。在本案中，《检验报告》是由S食品药品检验检测中心作出的，该单位取得了行政主管部门颁发的《食品检验机构资质认定证书》，具备食品检验的资质条件，其作出的《检验报告》真实性及合法性可以确认。最后，在《检验报告》作出后，G幼儿园相关负责人并未提出异议。综上，G幼儿园确实存在食品安全问题。

对于第二个问题，即处罚决定程序是否合法，分析与判断如下：首先，根据法律规定，S食品药品检验检测中心对G幼儿园生产的馒头进行抽样检验时并未收取相关费用，符合法律规定。其次，根据法律规定，行政机关在调查或者进行检查时，执法人员不得少于两人；执法人员与当事人有直接利害关系的，应当回避，即只有当执法人员与案件有直接利害关系时才应当回避。在本案中，虽然X食品药品监督管理局办理本案的执法人员杨某之妻熊某华在办案期间是G幼儿园的教师，但杨某与当事人并无直接利害关系；X食品药品监督管理局部门负责人亦认为，杨某与当事人无关，并拒绝了当时杨某提出的回避申请。此外，办案现场检查笔录显示，杨某及其同事张某向G幼儿园相关负责人李某告知了申请回避的权利，李某表示不申请回避。综上，X食品药品监督管理局在本案中并不存在程序违法的行为。

对于第三个问题，即处罚决定适用法律是否正确，分析与判断如下：根据《食品安全国家标准　食品添加剂使用标准》(GB 2760—2014)的规定，甜蜜素(以环己基氨基磺酸计)适用的食品范围不包含馒头制品，X食品药品监督管理局从G幼儿园售卖的馒头中检验出了甜蜜素，这足以认定G幼儿园已违反《食品安全法》的禁止性规定，属于超范围、超限量使用食品添加剂的情形。依据法律规定，对于生产经营超范围、超限量使用食品添加剂的食品的单位，由县级以上人民政府食品药品监督管理部门没收违法所得和违法生产经营的食品、食品添加剂，并可以没收用于违法生产经营的工具、设备、原料等物品；违法生产经营的食品、食品添加剂货值金额不足 1 万元的，并处 5 万元以上 10 万元以下的罚款。X 食品药品监督管理局根据违法事实，充分考虑了案件中的具体情况，结合幼儿园系初犯，且使用甜蜜素系带入行为等案件情节，对 G 幼儿园作出责令改正、罚款 5 万元的行政处罚并无不当。

在实践中存在这样的认识，即食品安全监管的精力应主要集中在工业化食品生产和商业化的经营性餐馆上，学校、幼儿园、大型单位等机构生产的自用食品安全问题并不是监管的重点所在，显然这种认识是错误的。本案较好地展现了食品安全监管部门对所有可能具有食品卫生安全隐患的场所实现全覆盖的监管态势，展现了国家职能机关严格查处食品卫生问题的决心，有助于消除公众对食品安全监管的认知误区。在本案中，受案法院对所涉行政处罚行为进行全面审查后支持了食品安全监管部门的行政决定，认为监管部门正确履行了行政职权，做到了行政程序合法、认定事实准确、适用法律正确，这体现了司法机关对行政机关积极履职的应有支持。“民以食为天，食以安为先”，食品安全是民生工程、民心工程，对未成年人的健康成长更是尤为重要。监管部门对食品安全进行定期或者不定期的抽样检验，对生产、销售不合格食品的单位进行依法查处，是其应尽之职。学校、托幼机构等未成年人集中用餐单位更应当严格遵守法律、法规和食品安全标准要求，为未成年人的健康成长保驾护航。

第四编　反垄断法

案例一：互联网行业滥用市场支配地位的判定

——基于奇虎诉腾讯垄断案之分析

一、案情简介①

北京奇虎科技有限公司（以下简称奇虎公司）诉称：腾讯科技（深圳）有限公司（以下简称腾讯公司）、深圳市腾讯计算机系统有限公司（以下简称腾讯计算机公司）在相关地域市场（中国大陆的即时通信软件及服务市场）具有市场支配地位，相关市场份额达76.2%，QQ软件的渗透率高达97%；2010年11月3日，腾讯公司、腾讯计算机公司发布《致广大QQ用户的一封信》，明确禁止其用户使用奇虎公司的360软件，要求用户删除360软件，否则将停止QQ软件服务；腾讯公司、腾讯计算机公司还采取技术手段，阻止安装了360软件的用户访问QQ空间；腾讯公司、腾讯计算机公司还将QQ软件管家与即时通信软件相捆绑，以升级QQ软件管家的名义安装QQ医生。奇虎公司指出，腾讯公司、腾讯计算机公司的行为构成限制交易和捆绑销售，属于滥用市场支配地位的行为，并导致大量用户删除了奇虎公司的相关软件，使奇虎公司受到严重损害。奇虎公司认为，腾讯公司、腾讯计算机公司滥用市场支配地位，排除、妨碍竞争，侵害自身合法权益，遂将其诉至法院，请求判令：（1）腾讯公司、腾讯计算机公司立即停止滥用市场支配地位的垄断行为；（2）腾讯公司、腾讯计算机公司连带赔偿奇虎公司经济损失1.5亿元；（3）腾讯公司、腾讯计算机公司向奇虎公司赔礼道歉，具体形式包括腾讯公司、腾讯计算机公司在其网站上连续10日刊登经奇虎公司认可的道歉声明，以及在《人民日报》《电脑报》等平面媒体上连续3日刊登经奇虎公司认可的道歉声明；（4）腾讯公司、腾讯计算机公司承担奇虎公司为维权而支付的合理开支，包括调查费、公证费、律师费等共计100万元；（5）腾讯公司、腾讯计算机公司承担本案所有诉讼费用。

被告腾讯公司、腾讯计算机公司辩称：奇虎公司对相关市场界定错误，腾讯公司、腾讯计算机公司在即时通信服务市场内不具有市场支配地位，所涉行为不构成滥用市场支配地位的行为，也未产生排除、限制竞争的效果。据此，请求法院驳回奇虎公司的全

① 最高人民法院民事判决书，（2013）民三终字第4号。

部诉讼请求。

二、法院裁判

一审法院经审理认为,案件争议焦点主要包括:(1)关于即时通信领域相关市场的界定;(2)腾讯公司、腾讯计算机公司在相关市场是否具有支配地位;(3)腾讯公司、腾讯计算机公司是否实施排除、限制竞争行为。

对于第一个问题,一审法院认为,奇虎公司关于综合性的即时通信产品及服务构成一个独立的相关商品市场的主张不能成立,不予支持。其主要理由在于:(1)对即时通信领域相关产品市场应作广义理解。即时通信软件及服务可细分为综合性即时通信服务、跨平台即时通信服务、跨网络即时通信服务三类产品,三者彼此之间联系紧密,技术上、服务上可彼此替代。综合考虑需求替代和供给替代,不应当根据功能来区分文字即时通信、语音和视频通话,它们之间具有可替代性,应当把它们作为更广阔市场的一部分,应当将相关产品归类到同一相关市场的商品合集中。(2)对即时通信领域相关地域市场应作周延界定。首先,即时通信服务的经营者及用户并不局限于中国大陆。由于互联网的开放性和互通性,经营者和用户均无国界,本案证据显示境外经营者可向中国大陆用户提供即时通信服务,腾讯公司、腾讯计算机公司也同时向世界各地的用户提供服务。其次,用户的语言偏好和产品使用习惯不能作为划分地域市场的唯一依据。经营者通常都会提供多个语言版本的即时通信软件来满足不同语言需求的使用者。最后,即时通信产品和服务的市场参与者在全球范围内提供和获得即时通信服务时,并无额外运输成本、价格成本或者其他成本。目前也尚未出现法律或技术上的标准来限制这些服务在全球范围内的提供和使用。综上,一审法院认为本案相关地域市场应为全球市场。

对于第二个问题,一审法院认为,腾讯公司、腾讯计算机公司在即时通信领域并不具有市场支配地位。主要理由如下:(1)奇虎公司对本案相关商品市场和相关地域市场的界定过于狭窄,据此计算的腾讯公司、腾讯计算机公司的市场份额不能客观、真实地反映该两公司在相关市场的占有份额和实际地位。尤其是奇虎公司所提供的产品统计范围与实际情况存在差距,即奇虎公司对即时通信软件装载监测的对象仅限于个人电脑终端,未包含作为移动终端的手机、平板电脑;奇虎公司未将微博、SNS 社交网站等以网页形式提供的即时通信产品计入相关市场商品合集;奇虎公司所提交的统计数据仅限于中国大陆,不包括我国港澳台地区及世界范围内其他使用 QQ 产品的国家和地区。因此,奇虎公司所提供的关于腾讯公司、腾讯计算机公司在即时通信领域占有 76.2% 市场份额的统计数据,并非腾讯公司、腾讯计算机公司在即时通信领域中真正市场地位，以此推定腾讯公司、腾讯计算机公司在即时通信领域具有市场垄断地位的主张有失偏颇，不予认可。(2)市场份额并非认定市场支配地位的唯一依据，不能仅据此推定腾讯公司、腾讯计算机公司在即时通信领域具有市场垄断地位。同时，腾讯公司、腾讯计算机公司不具有控制商品价格、数量或其他交易条件的能力，腾讯公司、腾讯计算机公司也不具备阻碍、影响其他经营者进入相关市场的能力。

对于第三个问题，一审法院认为，对腾讯公司、腾讯计算机公司所实施的争议行为宜作区别评价。(1)腾讯公司、腾讯计算机公司所实施的"产品不兼容"行为(逼迫用户进行"二选一")属于限制交易行为，缺乏正当性。在本案中，腾讯公司、腾讯计算机公司强迫其用户"二选一"，要么卸载 QQ 软件，要么卸载 360 软件，表面上是赋予了用户以选择权，但是实际上因 360 软件的替代性要远强于 QQ 软件，由此导致的后果就是用户大概率放弃 360 软件而选择 QQ 软件，其用意不在于拒绝向用户提供 QQ 软件服务，而在于逼迫用户只能与其交易而不再选择与 360 软件的提供商进行交易，在实质上属于限制交易的行为。在本案中，腾讯公司、腾讯计算机公司提出其实施"产品不兼容"行为的直接原因在于奇虎公司对其实施了不正当竞争行为，但是依据相关法理，腾讯公司、腾讯计算机公司所实施的行为不仅对奇虎公司产生损害，更是伤及作为用户的普通公众，其明显超出了"自力救济"的合理范畴，缺乏正当性，超出必要限度。(2)腾讯公司、腾讯计算机公司所实施的行为不属于反垄断法所禁止的搭售行为。腾讯公司、腾讯计算机公司在即时通信服务市场不具有市场支配地位，其所实施的行为也不构成反垄断法意义上的搭售行为。

综上所述，一审法院认为，奇虎公司对本案所涉相关市场界定错误，其所提供的证据不足以证明腾讯公司、腾讯计算机公司在相关市场上具有市场支配地位，亦无法证明腾讯公司、腾讯计算机公司凭借其优势地位而实施滥用市场地位之垄断行为。据此，一审法院依法判决如下：驳回奇虎公司的全部诉讼请求；一审案件受理费 796，800 元，由奇虎公司负担。

一审判决后，奇虎公司不服判决，依法提起上诉称：一审法院认定事实不清，适用法律错误，程序违法，请求撤销一审判决，将本案发回重审或者改判支持其诉讼请求。

二审法院经审理认为：一审法院虽在相关市场界定上有瑕疵，但认定事实基本属实，适用法律正确，裁判结果适当。据此，依法判决如下：驳回上诉，维持原判。

三、法理分析

本案是关于互联网行业滥用市场支配地位判定的典型案例。

(一)互联网相关市场的界定

互联网市场在近十几年间突飞猛进,在此期间逐步形成自身独特的特性,服务与定价的双边性、行业的创新性与服务性等均应是在界定互联网相关市场时所必须予以考量的关键因素。首先,互联网行业与传统的市场不同,互联网所提供的产品和服务常常具有双边性特点,而传统市场往往是单边性。① 对产品或服务的提供者而言,其获利的来源不仅在于产品或服务的直接收益,而且还包括产品或服务所提供的增值服务收益。因此,在互联网双边市场中,相关产品或服务之间具有紧密的支撑关系、突出的交互属性。其次,与传统领域存在显著不同,在互联网中,产品或服务价格往往并不是市场经营者所关注的主要因素,其更加倾向于通过创新满足用户的需求,以获得更多用户资源,并以此影响另一组或几组其他市场参与者,进而获得收益。这也是目前很多互联网产品或者服务实行免费使用模式的原因所在。无论是即时通信软件,还是搜索引擎服务,经营者的关注点都不在于其所直接提供的产品或服务价格,其多致力于产品或服务更新以吸引用户参股、满足用户需求,使得规模用户对其产品或服务产生依赖,进而尽可能扩大使用基数。最后,互联网产品或服务突破了传统产品或服务的地域性限制,基本上可以忽略运输价格限制等因素,产品或服务成功与否多在于用户的体验度,并在一定程度上受使用习惯等其他因素影响。

综上所述,由互联网产品或服务的特殊属性所决定,互联网相关市场的界定不能机械地使用固有的认定方法,应当基于互联网发展的趋势不断完善认定模式与方式,逐步总结出行之有效的互联网相关市场的界定标准。

1. 互联网相关产品市场界定

在互联网发展的过程中,逐步形成了诸多特性,不同于传统市场。因此,在互联网相关产品市场界定问题上应当具体分析,不能直接沿用传统市场、普通市场对于相关产品市场的界定标准与方式。例如,经常使用的假定垄断者测试方式就不能很好地适应互联网的特殊属性,不能做到准确合理,其原因在于,作为双边市场,互联网市场较少依靠价格竞争方式而多通过提高产品(服务)的满意度、应用性等以吸引更多用户、扩大用户市场。在互联网相关产品市场界定中,应当重点关注产品(服务)的特殊属性及其

① 一般认为,所谓双边市场,是指两组或多组市场参与者需要通过中间层或平台进行交易,而且一组市场参与者加入平台所获收益取决于加入该平台的另一组或另几组市场参与者数量的市场构成。双边市场所具有的鲜明特点包括:(1)存在两组参与者之间的网络外部性,即市场间的网络外部性。(2)采用多产品定价方式,中间层或平台必须为它提供的两种产品或服务同时进行定价。一般认为,报纸、无线电视、广播等只由三类参与者组成,属于简单的双边市场;而信用卡系统、电信、互联网等则需要由更多的参与者组成,属于复杂的双边市场。而传统的单边市场则只由交易双方构成,交易的发生不需要中间层或平台参与。

在特定市场环境中的竞争力。在互联网领域,相关产品(服务)多实行免费供给模式,因此,价格的浮动不应再成为相关产品市场界定的核心标准,应更关注产品(服务)自身的特殊属性,如产品(服务)自身能够对用户需求所达到的满足度,并分析其在特定市场环境中的具体竞争能力。当特定产品(服务)不能满足客户现实需求时,用户可以自发选择与现有产品(服务)具有紧密联系的产品(服务),所涉产品(服务)集合应当被界定为相关产品市场。

2. 互联网相关地域市场界定

因互联网具有广泛的交流性、普遍的适用性,经营者更容易扩展和延伸其产品(服务)供给范围,可以使产品(服务)短时间内到达世界各个地区,且拓展和延伸成本极低。当然,这并不意味着互联网地域市场是无限制的。并且,必须予以清楚认知的是,在实践中,在互联网领域中,某项产品(服务)的地域市场虽从理论或可能上讲,可以拓展和延伸至全球范围,但是,其往往仅被特定物理区域内的用户群所接受,并保持相对稳定的状态。原因在于,文化习俗、语言习惯、地域偏好等均是影响互联网相关地域市场的重要因素。就本案而言,作为即时通信产品,QQ 虽面向世界推广并致力于不断开拓海外市场,但受文化差异、使用习惯等因素所限,其实际使用主体无疑是中国人,且以中国大陆的用户为主。总之,对于互联网相关地域市场界定这一重要议题,不能简单套用针对普通相关市场界定的需求替代分析法、供给替代分析法、假定垄断者测试法等传统方法,而应当在充分考虑互联网产品(服务)提供的免费性、互联网市场的广泛性等特殊因素的基础上,予以综合考量,而不宜采取固化的、单一的方法。

综上,由互联网的特殊性所决定,目前还缺乏对互联网相关市场界定的统一、规范、完善的标准体系,由此导致在法律适用上存在这样或那样的问题。对此,要秉持包容性理念,这是由互联网产业发展的阶段性特征所决定的,互联网产业正处于发展、完善之中,相关市场界定的标准体系构建也需要一个过程;但是,综合考量应当是互联网相关市场界定所应遵循的一个基本原则,所谓综合考量,就是要对关涉互联网市场竞争的“全要素”予以系统分析。

(二)互联网市场支配地位的认定

从各国的反垄断立法来看,在互联网市场支配地位认定上,存在市场结果标准、市场结果标准和市场行为标准等模式。所谓市场结构标准,是指根据经营者的市场占有率来判定其是否处于市场支配地位;所谓市场结果标准,是指根据经营者左右市场竞争结果的状况来判定其是否处于市场支配地位;所谓市场行为标准,是指根据经营者在相关市场中所实施的竞争行为及其影响力来判定其是否处于市场支配地位。现行《反垄断法》第 18 条规定,经营者市场支配地位的认定,需要依据以下因素:该经营者在相关市场的市场份额,以及相关市场的竞争状况;该经营者控制销售市场或者原材料采购市场的能力;该经营者的财力和技术条件;其他经营者对该经营者在交易上的依赖程度;其他经营者进入相关市场的难易程度;与认定该经营者市场支配地位有关的其他因素。《反垄断法》第19条还规定了推定经营者具有市场支配地位的法定情形,包括一个经营者在相关市场的市场份额达到1/2的、两个经营者在相关市场的市场份额合计达到2/3的、三个经营者在相关市场的市场份额合计达到3/4的等,符合法定情形之一的,即可推定该经营者具有市场支配地位。[①] 由此可见,对于经营者市场支配地位的认定,我国采取了以市场结构标准为基础的复合模式。在本案中,受案法院对两被告市场支配地位的认定主要是采取了市场结构标准,即通过判断其产品QQ的市场占有率(份额)来推定两被告在即时通信领域是否具有市场支配地位。若所涉产品QQ的市场占有率(份额)达到1/2及以上的,两被告极有可能被认定为在即时通讯领域具有市场支配地位。同时,需要注意的是,在复合模式下,除要重点考虑市场占有率(份额)这一"硬性"标准外,还应当综合考量经营者的财力、技术条件、控制市场能力、其他经营者的依赖度和进入相关市场的难易度等其他因素。

需要补充的是,2020年1月2日,国家市场监督管理总局就《〈反垄断法〉修订草案》向社会公开征求意见,该修订草案在第21条增加1款,对互联网领域市场支配地位认定问题作出明确规定,即"认定互联网领域经营者具有市场支配地位还应当考虑网络效应、规模经济、锁定效应、掌握和处理相关数据的能力等因素"。这进一步印证,互联网领域市场支配地位的认定不同于传统市场,其更为复杂,因此,需要予以综合考量,不能仅通过市场占有率(份额)加以判定。其原因在于,在传统市场中,经营者的市场占有率与其所提供的产品(服务)的价格直接相关,因为,对于用户而言,超高"性价比"是左右其选择何种产品(服务)的核心要素;但是,在互联网市场中,影响用户选择的因素不限于产品(服务)的价格,还包括交易规模、市场影响力等因素,其他因素的作用甚至大于价格因素。

(三)互联网经营者滥用支配地位行为的判定

一般认为,互联网经营者滥用市场支配地位的构成要件有三:一是互联网经营者通过前期积累已经在相关市场具有较大优势地位,这是互联网经营者滥用市场支配地位的前提条件;二是互联网经营者具有滥用市场支配地位的"故意",即其知晓其行为的

---

① 需要补充说明的是,对"两个经营者在相关市场的市场份额合计达到三分之二的""三个经营者在相关市场的市场份额合计达到四分之三的"这两种情形,法律明确规定,若"有的经营者市场份额不足十分之一的",则"不应当推定该经营者具有市场支配地位"。此外,《反垄断法》第19条第3款规定,"被推定具有市场支配地位的经营者,有证据证明不具有市场支配地位的,不应当认定其具有市场支配地位"。

后果，并多以获取高额垄断利润为重要目的；[①]三是互联网经营者实施了以不正当倾销、捆绑销售、虚假宣传、拒绝交易等为代表的不正当竞争行为，并造成了危害后果或因此而获得高额利润。需要补充的是，在互联网滥用市场支配地位的认定上，以后两要件为关键，即互联网经营者在主观上具有滥用支配地位的故意，在客观上又实施了滥用市场地位的行为，且二者之间具有直接因果关系，即可认定经营者实施了滥用市场支配地位的行为；滥用市场支配地位的行为后果，如实施者因此而获得高额利润、同行业其他经营者因此而利益受损等，不是认定经营者滥用市场支配地位的关键要件所在。

本案被最高人民法院列为“反垄断民事诉讼十大案件”之一，是我国反垄断民事诉讼中里程碑式的案件，所涉问题引发热烈讨论，至今仍有重要研究意义。对所涉三大核心问题，即相关市场的界定、市场支配地位的认定和滥用市场支配地位行为的判定，仍有不同认识。需要予以强调的是，因互联网相关行业仍处于快速发展时期，对互联网行业滥用市场支配地位行为的判定及其规制也处于不断探索阶段，本案裁判的价值或不在于借鉴与适用，而在于反思与廓清。

案例二：纵向垄断协议的司法认定

——基于北京 R 科贸有限公司诉上海 Q 医疗器材有限公司固定转售价格案之分析

一、案情简介[②]

北京 R 科贸有限公司（以下简称 R 有限公司）是上海 Q 医疗器材有限公司（以下简称 Q 有限公司）的经销商，二者之间的合作关系长达 15 年。根据双方所签订的经销合同的约定，R 有限公司在北京市指定经销区域内销售 Q 有限公司所生产经营的产品，但销售价格不得低于合同规定的最低价格。在合作过程中，Q 有限公司发现，R 有限公司存在以低于合同规定的最低价格进行授权产品销售的行为，并存在在指定经销区域内进行授权产品销售的行为。因此，Q 有限公司对 R 有限公司采取了扣除保证金等处罚措施，并最终取消了 R 有限公司的经销权，终止向其供货。在沟通无果的情况下，R 有限公司将 Q 有限公司诉至法院，主张 Q 有限公司的行为违反了《反垄断法》的相关规

---

① 参见李小明：《对反垄断法规制的垄断行为的分析与比较》，载《河北法学》2008 年第 3 期。

② 上海市第一中级人民法院民事判决书，(2014)沪一中民四(商)终字第 1073 号。

定,请求法院判令Q有限公司赔偿其所受经济损失近1440万元人民币。

二、法院裁判

一审法院经审理认为:现行法律规定,所谓垄断协议,“是指排除、限制竞争的协议、决定或者其他协同行为”①;同时,法律规定,禁止经营者与交易相对人达成固定向第三人转售商品的价格或限定向第三人转售商品的最低价格的垄断协议;②据此,垄断协议行为的认定,不能仅依据经营者与交易相对人是否达成了固定或者限定转售价格协议,还需要进一步考察此等协议是否具有排除、限制竞争效果;在本案中,原告R有限公司所提交的证据仅为被告Q有限公司在网络上所发布的对所涉产品的简短介绍,其并不能确切地反映出涉案产品在相关市场所占份额,不能说明相关市场的竞争水平、产品供应和价格的变化等情况,认定被告Q有限公司实施垄断行为的事实依据不足;同时,依据现行法律规定,垄断行为所造成的损害以排除、限制竞争为主要表现形式,原告R有限公司在本案中所主张的损失赔偿,属于经销合同纠纷所涉损害,与涉嫌构成垄断协议行为的价格限制条款并无直接关联。综上,一审法院依法判决如下:驳回原告R有限公司的全部诉讼请求。

一审判决作出后,R有限公司不服判决依法提起上诉。

在二审中,上诉人R有限公司就本案相关市场是否应细分为可吸收缝线与不可吸收缝线市场、Q有限公司所生产经营的缝线产品在相关市场所占份额、R有限公司参与某医院招标具体过程、涉案产品价格变化情况、R有限公司对经销商的管理方式5个方面情况提交9组证据,被上诉人Q有限公司就其所生产经营的缝线产品在相关市场的占有率估算提供2组证据。经双方当事人质证,二审法院认定,上诉人R有限公司所提交的关于涉案产品价格变化情况、Q有限公司对经销商的管理方式的证据予以采纳,对被上诉人Q有限公司所提交的《2009年中国卫生统计年鉴》刊载数据予以采纳,对双方当事人其他证据不予采纳。

二审法院另查明事实如下:(1)关于限制最低转售价格约定。被上诉人Q有限公司在2009年以前一直采用最低转售价格限制,2009年以后修改经销协议,放弃了长期以来采取的最低转售价格限制。(2)关于医用缝线产品。医院在决定选用何种品牌的缝线产品时,主要决定因素是价格因素,医院倾向于选择能够提供更低价格的经销商。

① 《反垄断法》第13条第2款规定:“本法所称垄断协议,是指排除、限制竞争的协议、决定或者其他协同行为。”

② 《反垄断法》第14条规定:“禁止经营者与交易相对人达成下列垄断协议:(一)固定向第三人转售商品的价格;(二)限定向第三人转售商品的最低价格;(三)国务院反垄断执法机构认定的其他垄断协议。”

(3)关于涉案产品的价格。至2008年,被上诉人Q有限公司缝线产品在15年间维持价格基本不变;上诉人R有限公司在某医院低价竞标以后,涉案产品在该医院的销售价格一直维持在上诉人的报价水平。(4)关于被上诉人Q有限公司停止供货问题。2008年8月15日,上诉人R有限公司向被上诉人Q有限公司发出缝线产品订货要求,被上诉人Q有限公司在上诉人R有限公司并不拖欠货款的情况下拒绝供货,并在2008年9月11日后,彻底停止吻合器产品供货,但此时上诉人R有限公司有多笔货款超过30天账期,已构成《经销合同》所约定的停止供货条件。

二审法院经审理认为:本案《经销合同》虽然在2008年1月2日签订,但其有效期一直延续到2008年12月31日,2008年8月1日《反垄断法》实施后,该合同未予终止,被上诉人Q有限公司与上诉人R有限公司继续履行《经销合同》,并实施本案所控垄断行为,故本案应当适用《反垄断法》的相关规定;判定限定最低转售价格协议是否构成垄断协议行为,应当从相关市场竞争是否充分、被告市场地位是否强大、被告实施限制最低转售价格的动机、限制最低转售价格的竞争效果等方面进行综合分析;在本案中,所诉争的限制最低转售价格协议条款在促进竞争方面,效果不明显或者说非常有限,远远抵不上其排除、限制竞争的效果,属于《反垄断法》所禁止的垄断协议,被上诉人Q有限公司制定该协议并按照该协议处罚上诉人R有限公司的行为属于违法行为。综上,二审法院依法判决如下:撤销一审判决,被上诉人Q有限公司赔偿上诉人R有限公司经济损失人民币53万元。

三、法理分析

本案是关于纵向垄断协议司法认定的典型案例,同时也是我国第一起纵向垄断协议民事诉讼案件。

纵向垄断协议系垄断协议的重要类型之一,对垄断协议的界定,从世界范围来看,还存在不同立法模式。我国《反垄断法》第13条第2款明确规定:“本法所称垄断协议,是指排除、限制竞争的协议、决定或者其他协同行为。”据此,可以明确垄断协议的两个基本属性:一是限制竞争性,即垄断协议的目的是排除、限制竞争或者实际上达到排除、限制竞争的效果;二是方式多样性,即“协议、决定或者其他协同行为”都可以构成垄断协议行为。垄断协议可以分为横向垄断协议和纵向垄断协议两大类型。一般认为,所谓横向垄断协议,是指两个或两个以上因生产或销售同一类型产品或提供同一类服务而处于相互直接竞争中的主体,通过共谋实施的限制竞争的行为;而纵向垄断协议则是指处于不同生产经营阶段或者不同层次上的主体之间限制正常竞争的行为。① 纵向垄断协议又可以进一步划分为纵向价格垄断协议和纵向非价格垄断协议。本案所涉垄断协议为纵向价格垄断协议。

纵向价格垄断协议形成的原因复杂,但根本原因在于,协议一方或双方当事人对超额利润的不当追求。纵向价格垄断协议对价格限制的方式主要有三:(1)纵向最低价格协议。所谓纵向最低价格协议,是指处于上游的经营者以协议的方式固定处于下游的交易相对人的转售价格,或者限定最低转售价格的垄断协议行为。其中,固定转售价格是指处于上游的经营者(如制造商、生产商)在签订销售合同时,要求处于下游的交易相对人按照协议要求对所涉商品的转售价格进行固定,处于下游的交易相对人不得擅自改变所涉商品的转售价格;限定最低转售价格则是指处于上游的经营者与处于下游的交易相对人签订协议明确规定,处于下游的交易相对人在转售所涉商品时不能低于协议所约定的最低价格。纵向最低价格协议是上游经营者利用其优势地位对下游交易相对人经营行为的限制,对市场中处于不同层次的销售商之间存在的正常竞争关系起到了破坏性的限制作用,直接结果就是限制、排除了处于下游的交易相对人之间的竞争;但是,纵向最低价格协议最终损害的是消费者合法权益,导致消费者无法获得下游交易相对人间正常竞争所带来的应有利益,无法以合理价格获得相应商品。世界各国反垄断立法对纵向最低价格协议多予以直接禁止。(2)纵向最高价格协议。所谓纵向最高价格协议,是指处于上游的经营者以协议的方式限定所涉商品最高转售价格的垄断协议行为,即处于下游的交易相对人只能在协议所约定的最高转售价格范围内销售相应商品。纵向最高价格协议产生的原因较多,既可能是上游经营者以此限制、阻碍同行业具有竞争关系的其他市场主体影响其市场份额,也可能是借此操纵相关商品市场以获取相应利益。纵向最高价格协议是上游经营者对下游交易相对人经营行为的限制,在一定程度上剥夺了后者的自主定价权。但是,与纵向最低价格协议不同的是,纵向最高价格协议一般并不会直接损害消费者的合法权益。也正是基于此,世界各国反垄断立法对纵向最高价格协议的态度不一。(3)纵向价格推荐协议。所谓纵向价格推荐协议,是指处于上游的经营者向处于下游的交易相对人推荐所涉商品转售价格的垄断协议行为。在日常生活中,部分商品包装上会标有“建议零售价”的字样,此类情况多属于纵向价格推荐协议。就正效应而言,纵向价格推荐协议在一定程度上提高了商品销售价格的透明度,能够给消费者一个直观的价格建议与参考,也有利于推动下游交易相对人之间开展有效的价格竞争。纵向价格推荐协议是处于上游的经营者通过综合

---

① 参见孙晋:《反垄断法——制度与原理》,武汉大学出版社 2010 年版,第 34 页。

考量，自主决定其生产经营商品的推荐价格，此价格对下游交易相对人不存在绝对的约束力，相对人可以选择参照上游经营者建议的价格销售商品，也同样可以选择低于或高于其建议的价格销售商品，这种推荐的销售价格不会影响正常的市场价格竞争，没有起到限制竞争的效果。因此，世界各国反垄断立法对纵向价格推荐协议的合法性予以确认。但是，需要补充的是，在实践中，不排除处于上游的经营者基于规避法律制裁的考虑，以价格推荐为名而实际强迫处于下游的交易相对人严格遵循其确定的价格进行销售，否则将以停止供货、延迟供货等方式相威逼。这时，纵向价格推荐协议实际上已转化成为纵向最低价格协议等其他行为方式，属于对反垄断法律规定的违反，进而构成纵向价格垄断协议行为。

本案的争议焦点为排除、限制竞争的效果是否属于纵向价格垄断协议的构成要件。二审法院认为，排除、限制竞争的效果属于纵向价格垄断协议的构成要件，其依据在于，相较于纵向价格垄断协议，横向价格垄断协议对市场竞争的危害性更大，其以排除、限制竞争作为先决条件，"举重以明轻"，纵向价格垄断协议也应当以排除、限制竞争作为先决条件。同时，由纵向价格垄断协议的复杂性所决定，对其进行认定时，应当坚持系统分析方法，不能仅以单一法律条文为依据。二审法院在全面分析上诉人 R 有限公司与被上诉人 Q 有限公司的市场地位关系、行为动机以及对市场的竞争影响等关键事实的基础上，最终认定本案所涉合同条款属于纵向价格垄断协议性质，且造成了排除、限制竞争的实际后果。

案例三：自然垄断行为豁免与规制

——基于宋某诉中国国家铁路集团有限公司滥用市场支配地位案之分析

一、案情简介①

宋某，家住道州，以往均从道州站乘坐 T290 次列车前往长沙。后中国国家铁路集团有限公司（以下简称中铁总公司）调整列车运行图，自 2016 年 5 月 15 日起 T290 次列车不停经道州站。因列车运行图调整，宋某为去长沙，花费 132 元购买了 K1780 次列车硬卧（中铺）火车票 1 张，该趟列车从道州到长沙运行时间为 7 小时 44 分钟，比之前运

① 湖南省高级人民法院民事判决书，(2019) 湘知民终 79 号。

行的T290次多出2小时49分钟，票价则高出13.5元。宋某认为，中铁总公司利用其在铁路旅客运输市场的垄断地位，故意将T290次列车调整为不经停道州站，导致其付出了更高的时间成本和经济成本，中铁总公司的行为构成滥用市场支配地位行为，遂将中铁总公司诉至法院，请求判令其赔偿经济损失13.5元，并承担本案诉讼费用。

二、法院裁判

一审法院经审理认为：被告中铁总公司调整列车运行图并因此给原告宋某带来出行成本提高的诉争行为，不构成《反垄断法》意义上的滥用市场支配地位行为，不属于《反垄断法》所规定的拒绝交易行为、限定交易行为；[①]依据现行法律规定，铁路旅客运输属于"国有经济占控制地位的关系国民经济命脉和国家安全的行业以及依法实行专营专卖的行业"，国家对该行业经营者的合法经营活动予以保护，并对经营者的经营行为及其商品和服务的价格依法实施监管和调控，维护消费者利益，促进技术进步；该行业经营者应当依法经营，诚实守信，严格自律，接受社会公众的监督，不得利用其控制地位或者专营专卖地位损害消费者利益。[②] 综上，一审法院认为，因所涉行业特殊，中铁总公司的行为不属于滥用市场支配地位行为，宋某的诉讼请求均无事实和法律依据。一审法院依法判决如下：驳回宋某的全部诉讼请求；一审案件受理费50元，由宋某负担。

一审判决作出后，宋某不服判决依法提起上诉。

在二审中，宋某和中铁总公司均没有提交新证据。二审法院经审理认为：上诉人宋某的上诉理由不成立，一审判决认定事实清楚，适用法律正确，二审法院依法判决如下：驳回上诉，维持原判；二审案件受理费50元，由宋某负担。

三、法理分析

本案是关于自然垄断行为豁免与规制的典型案例。

---

① 《反垄断法》第17条第1款规定："禁止具有市场支配地位的经营者从事下列滥用市场支配地位的行为：（一）以不公平的高价销售商品或者以不公平的低价购买商品；（二）没有正当理由，以低于成本的价格销售商品；（三）没有正当理由，拒绝与交易相对人进行交易；（四）没有正当理由，限定交易相对人只能与其进行交易或者只能与其指定的经营者进行交易；（五）没有正当理由搭售商品，或者在交易时附加其他不合理的交易条件；（六）没有正当理由，对条件相同的交易相对人在交易价格等交易条件上实行差别待遇；（七）国务院反垄断执法机构认定的其他滥用市场支配地位的行为。"

② 《反垄断法》第7条规定："国有经济占控制地位的关系国民经济命脉和国家安全的行业以及依法实行专营专卖的行业，国家对其经营者的合法经营活动予以保护，并对经营者的经营行为及其商品和服务的价格依法实施监管和调控，维护消费者利益，促进技术进步。前款规定行业的经营者应当依法经营，诚实守信，严格自律，接受社会公众的监督，不得利用其控制地位或者专营专卖地位损害消费者利益。"

一般认为,所谓自然垄断,又称自然寡头垄断,是指某些产品和服务由单个企业大规模生产经营比多个企业同时生产经营更有效率的市场现象或状态。在现实中,自然垄断多存在于公共事业领域,如供水、供电、燃气供应等以及其他特殊行业。在这些行业,初始投资往往巨大,若仅依靠市场机制发挥作用而政府不加以适时介入和适当规制,多会产生不利于社会福利改进和资源优化配置的反向效应,如社会秩序的混乱、社会资源的浪费等。自然垄断行业具有以下显著特征:(1)规模性。自然垄断行业一般都是规模经济较为明显的行业,所涉领域多为资金密集型,前期建设投入大、行业"沉淀成"本高、投资回报周期长,规模资金一旦投入难以在短期内收回,也难以改为其他用途。(2)公益性。自然垄断所存在的领域多为向社会提供公共服务的行业,与人们的日常生活息息相关,关系到整个社会的正常运转,具有相当的社会效益,关乎千家万户正常生活秩序的稳定与有序。(3)低选择性。在自然垄断领域,若有多个企业进行竞争,将造成重复建设、资源浪费,因此,多由一家或数家企业进行"垄断"经营。对于消费者而言,其只能在有限范围内选择经营者,甚至不具有选择性,只能和唯一的经营者进行交易。

自然垄断在形式上与行政性垄断有"些许"相似,但二者存在本质性差别,主要体现在以下方面:(1)产生原因不同。自然垄断是对经济效率提高、社会效益提升的追求的结果,行政性垄断则是行政权力滥用所引致的不良后果。(2)社会影响不同。自然垄断的正向效应突出,有助于促进经济社会发展,行政性垄断则极易滋生权力寻租、行政腐败等负面问题。(3)法律评价不同。自然垄断的存在有其社会必要性,大多数国家在反垄断立法中都确认其合法地位,行政性垄断与依法行政原则和市场经济本质要求相背离,为反垄断立法所否定和禁止。

一般认为,自然垄断产生的理论基础主要有三:一是规模经济原理。对于经营者而言,经营成本这一核心指标的作用较多。其中,在其他要素恒定的情况下,经营成本会随着经营规模的扩大而趋于下降,此即为规模经济原理。自然垄断之所以产生,重要原因就在于,其与规模经济原理相契合,有助于降低单位经营成本。规模经济原理很好地解释了产品单一领域行业的自然垄断。二是范围经济原理。在现代市场经济中,经营者多实行多元化经营模式,若某一经营者生产多种商品(服务)低于几个经营者分别生产这些商品(服务)的成本,此为范围经济现象,存在范围经济现象的产业可产生自然垄断状态。范围经济原理能够很好地解释产品综合性领域行业存在的自然垄断。三是成本次可加性原理。该原理揭示,平均成本下降是自然垄断的充分条件,而不是必要条件;平均成本下降一定造成自然垄断,但自然垄断不一定就是平均成本下降;只要存在成本弱增性,即只要单一经营者供应整个市场的成本小于多个经营者分别生产的成本之和,由单个经营者垄断市场的社会成本最小,就必然存在自然垄断。该原理进一步解释了自然垄断存在的根源。

在本案中,铁路旅客运输属于自然垄断行业,中铁总公司调整列车运行图的行为并非滥用市场支配地位行为,不属于《反垄断法》所禁止的行为范畴,一审、二审判决认定事实清楚,适用法律正确。

如上文所述,因存在深刻经济根源,且有助于促进社会整体效率的提升,各国反垄断法多对自然垄断的合法地位予以确认;但是,需要予以强调的是,对自然垄断亦应予以必要法律规制,以消除其负面效应。我国《反垄断法》对自然垄断进行规制的制度主要有二:一是明确自然垄断行业经营者的法定义务,即"依法经营,诚实守信,严格自律,接受社会公众的监督,不得利用其控制地位或者专营专卖地位损害消费者利益";二是建立自然垄断价格管制机制,即对自然垄断行业"经营者的经营行为及其商品和服务的价格依法实施监管和调控",以"维护消费者利益,促进技术进步"。[①] 此外,依据现行《价格法》的规定,对于"自然垄断经营的商品价格","政府在必要时可以实行政府指导价或者政府定价"。[②]

① 《反垄断法》第7条规定:"国有经济占控制地位的关系国民经济命脉和国家安全的行业以及依法实行专营专卖的行业,国家对其经营者的合法经营活动予以保护,并对经营者的经营行为及其商品和服务的价格依法实施监管和调控,维护消费者利益,促进技术进步。前款规定行业的经营者应当依法经营,诚实守信,严格自律,接受社会公众的监督,不得利用其控制地位或者专营专卖地位损害消费者利益。"

② 《价格法》第18条规定:"下列商品和服务价格,政府在必要时可以实行政府指导价或者政府定价:(一)与国民经济发展和人民生活关系重大的极少数商品价格;(二)资源稀缺的少数商品价格;(三)自然垄断经营的商品价格;(四)重要的公用事业价格;(五)重要的公益性服务价格。"

第五编　反不正当竞争法

案例一:关于网络不正当竞争行为的认定

——基于上海E网络科技有限公司与北京L移动科技有限公司、北京J安全软件有限公司不正当竞争纠纷案之分析

一、案情简介①

上海E网络科技有限公司(以下简称E有限公司)成立于2012年,经营范围为计算机软硬件及辅助设备的开发、销售、设计等业务。E有限公司发现,自2014年开始,北京L移动科技有限公司(以下简称L有限公司)、北京J安全软件有限公司(以下简称J有限公司)通过其开发和运营的Q软件,利用技术手段在未经用户同意的情况下,擅自将用户在浏览器中设定的由E有限公司设计运营的网址导航主页篡改为由J有限公司设计运营的D网址大全。同时,L有限公司、J有限公司还针对不同的导航主页实施区别对待行为。在与L有限公司、J有限公司沟通无果的情况下,E有限公司将2家公司诉至法院,诉请如下:(1)判令L有限公司、J有限公司立即停止对E有限公司实施的不正当竞争行为;(2)判令L有限公司、J有限公司在其官网首页上公开澄清事实、消除影响,并连续刊登不少于30天的致歉声明;(3)判令L有限公司、J有限公司共同赔偿E有限公司经济损失人民币500万元;(4)判令L有限公司、J有限公司共同赔偿E有限公司合理开支的公证费12,000元。

L有限公司、J有限公司辩称:(1)Q软件由L有限公司独立经营,D网址大全由J有限公司设计运营,两公司各自独立经营,不存在共同侵权行为;(2)Q软件并未擅自修改用户浏览器主页,而是在软件上设置了可选项,可以由用户自主选择;同时,修改浏览器主页是大量主流软件的惯常做法,是行业普遍行为,也是公众能够接受的行为,包括原告E有限公司设计经营的浏览器、安全软件等产品;(3)两公司不存在区别对待的行为,Q软件修改用户浏览器主页没有区分不同浏览器或不同的网页,而是在用户许可的情况下统一进行修改,未对原告E有限公司设计经营产品予以区别对待;(4)原告E有限公司所诉称的行为具有偶发性,是在特殊情况下,因特殊操作造成的特殊状况,不可再现,因此不能作为评判是否侵权的依据;(5)原告E有限公司所主张的损失与其起诉

① 上海市浦东新区人民法院民事裁定书,(2018)沪0115民初28611号。

的涉案行为不具有因果关系,原告E有限公司主张的损失的计算方式也不具有科学性和参考价值,要求在官网上消除影响的方式也超出了必要的限度。综上,不同意原告的全部诉讼请求。

二、法院裁判

受案法院经审理认为:在本案中,Q软件虽为L有限公司设计,但J有限公司实际参与了该软件的运营推广,因此,可以认定两被告为该软件的经营者;现行法律规定,经营者不得利用技术手段,通过影响用户选择或者其他方式,实施妨碍、破坏其他经营者合法提供的网络产品或者服务正常运行的行为;①L有限公司、J有限公司通过Q软件修改网址导航主页的行为,属于利用技术手段误导、欺骗、强迫用户修改、关闭原告E有限公司合法提供网络产品的不正当竞争行为;该行为违背了自愿、平等、公平、诚信等基本原则,违反了法律规定和商业道德要求,扰乱了市场竞争秩序,损害了原告E有限公司及消费者的合法权益(如知情权、选择权等)。据此,受案法院依法判决如下:(1)被告L有限公司、J有限公司于本判决生效之日起立即停止实施本案所涉不正当竞争行为;(2)被告L有限公司、J有限公司在其网站首页刊登声明,消除因对原告E有限公司实施本案所涉不正当竞争行为所造成的不良影响;(3)被告L有限公司、J有限公司连带赔偿原告E有限公司经济损失人民币250万元及合理开支人民币11,500元,合计人民币2,511,500元。

三、法理分析

本案是关于网络不正当竞争行为认定的典型案例。

自20世纪40年代计算机问世以来,信息技术和信息产业取得了突飞猛进的发展。互联网逐渐成为人们生产生活的重要工具和经济社会发展的主要驱动力,成为人类文明迄今为止所见证的发展最快、竞争最激烈、创新最活跃、参与最普遍、渗透最广泛、影响最深远的技术产业领域,对人们生活、经济发展和社会进步产生了巨大的影响。与传统行业的经营者一样,为了实现利益最大化,互联网经营者也可能实施扰乱市场竞争秩

---

① 《反不正当竞争法》第12条规定:"经营者利用网络从事生产经营活动,应当遵守本法的各项规定。经营者不得利用技术手段,通过影响用户选择或者其他方式,实施下列妨碍、破坏其他经营者合法提供的网络产品或者服务正常运行的行为:(一)未经其他经营者同意,在其合法提供的网络产品或者服务中,插入链接、强制进行目标跳转;(二)误导、欺骗、强迫用户修改、关闭、卸载其他经营者合法提供的网络产品或者服务;(三)恶意对其他经营者合法提供的网络产品或者服务实施不兼容;(四)其他妨碍、破坏其他经营者合法提供的网络产品或者服务正常运行的行为。"

序的不法行为，在损害其他经营者或者消费者的合法权益的基础上，为自己争取到最优交易、获得较大市场份额进而赢得超额利润，互联网不正当竞争行为由此产生。一般认为，互联网不正当竞争行为，又称网络不正当竞争行为，是指互联网经营者不当利用技术手段，通过影响用户选择或者其他方式，所实施的妨碍、破坏其他经营者合法提供的网络产品或者服务正常运行的违法行为。从行为模式来看，广义的互联网不正当竞争既包括传统类型不正当竞争延伸至互联网领域的行为模式，也包括互联网领域所特有的利用技术手段所实施的不正当竞争行为模式。相较于传统行业，互联网领域所存在的不正当竞争行为，在方式、手段等方面更为隐蔽，且具有传播快、影响大、易复制、多样化的显著特点，"眼球经济""关注经济"等更是直接推动了互联网不正当竞争行为的多发、频发。

有序竞争才能实现经营者的共赢，才能使广大消费者获益，才能促进经济的持续健康快速发展。互联网不是法外之域，互联网市场竞争亦应纳入法治轨道，遵循公平竞争法律法规规定，杜绝不正当竞争行为。2017 年 11 月 4 日第十二届全国人民代表大会常务委员会第三十次会议修订通过了《反不正当竞争法》，这是《反不正当竞争法》自 1993 年实施以来的第一次修订，涉及内容颇多，包括民事赔偿责任优先原则的明确、行政处罚力度的加大、违法行为人信用惩戒的增加等。其中，"互联网专条"的确立是此次修法的亮点之一。所谓"互联网专条"，是指《反不正当竞争法》对互联网不正当竞争行为的规制予以了明确规定。《反不正当竞争法》第 12 条第 1 款对互联网行业经营者的公平竞争义务进行了明确，即经营者利用网络从事生产经营活动，应当遵守《反不正当竞争法》的各项规定；该法第 12 条第 2 款更是以列举的方式对互联网不正当竞争行为进行了明确禁止，经营者不得利用技术手段，通过影响用户选择或者其他方式，实施下列妨碍、破坏其他经营者合法提供的网络产品或者服务正常运行的行为：未经其他经营者同意，在其合法提供的网络产品或者服务中，插入链接、强制进行目标跳转；误导、欺骗、强迫用户修改、关闭、卸载其他经营者合法提供的网络产品或者服务；恶意对其他经营者合法提供的网络产品或者服务实施不兼容；其他妨碍、破坏其他经营者合法提供的网络产品或者服务正常运行的行为。这一立法尝试既是对以往发生在互联网的不正当竞争行为进行的类型化总结，也有助于法官避免在裁判时单纯依靠《反不正当竞争法》的一般原则进行裁决可能造成的偏差。① 2019 年 4 月 23 日第十三届全国人民代表大会常务委员会第十次会议修正通过的《反不正当竞争法》保留了 2017 年修法关于"互联网

① 参见陈兵、徐文：《优化〈反不正当竞争法〉一般条款与互联网专条的司法适用》，载《天津法学》2019 年第 3 期。

专条”的规定,未作任何调整。

在本案中,L 有限公司、J 有限公司通过其开发和运营的 Q 软件,利用技术手段在未经用户同意的情况下,擅自将用户在浏览器中设定的 E 有限公司设计运营的网址导航主页篡改为由 J 有限公司设计运营的 D 网址大全。虽然两被告主张,用户下载、安装以及使用 Q 软件时,会提示用户选择实施导航网址修改,但是事实上,无论用户是否勾选,待 Q 软件安装完毕并运行后,用户在浏览器中设定的 E 有限公司设计运营的网址导航主页都会修改为由 J 有限公司设计运营的 D 网址大全。L 有限公司、J 有限公司所实施的行为构成“误导、欺骗、强迫用户修改、关闭、卸载其他经营者合法提供的网络产品或者服务”这一违法行为方式,属于典型的互联网不正当竞争行为。同时,L 有限公司、J 有限公司所实施的行为不仅是对 E 有限公司合法权益的侵害,也给作为用户的消费者带来了不便与损失,涉嫌构成“流量劫持”。所谓流量劫持,是指行为人利用恶意软件或其他手段以修改用户浏览器、锁定主页或不停弹出新窗口等方式,强制作为用户的消费者访问既定网站,造成用户流量损失及其他损害后果的情形。例如,用户原本想访问 A 网站,但因违法行为人利用技术手段实施流量劫持,而导致用户实际打开的是 B 网站。L 有限公司、J 有限公司所实施的行为是对用户知情权和选择权的直接侵犯。受案法院裁判认定事实清楚,适用法律正确。

本案给我们带来最大的启示在于,“互联网专条”对互联网不正当竞争行为的规制具有重要作用,其既确立了原则性的一般规定,又以列举方式规定了为法律所禁止的互联网不正当竞争具体行为;同时,为防止挂一漏万,还以兜底条款的方式为其他互联网不正当竞争行为的认定提供了法律依据。因此,有研究者认为,“互联网专条”的确立,既可以解决移动平台干扰行为所涉基本问题,也为法官应对多变的互联网创新预留了自由裁量空间。[①] 实践亦证明,在“互联网 + ”、人工智能、大数据等信息技术快速发展的数字时代,“互联网专条”在规制互联网不正当竞争行为、维护互联网市场秩序、保障互联网经营者和用户合法权益等方面发挥至关重要的作用。

但是,需要予以着重指出的是,“互联网专条”的确立并不意味着关于不正当竞争行为认定的一般条款就失去了其存在意义。[②] 其原因在于,作为创新之域,随着科技的发展,互联网领域中的新经济、新业态会不断涌现,列举式的“互联网专条”并不能涵盖所有类型的互联网不正当竞争行为。

---

① 参见余杰:《移动平台软件干扰的反不正当竞争法规制——兼评“互联网专条”》,载《竞争政策研究》2018 年第 5 期。

② 《反不正当竞争法》第 2 条第 2 款规定:“本法所称的不正当竞争行为,是指经营者在生产经营活动中,违反本法规定,扰乱市场竞争秩序,损害其他经营者或者消费者的合法权益的行为。”

案例二：侵犯商业秘密行为的认定

——基于青岛H办公科技集团股份有限公司诉徐某、青岛W贸易有限公司侵害商业秘密纠纷案之分析

一、案情简介①

1999年6月1日，青岛H办公科技集团股份有限公司（以下简称H股份有限公司）经青岛市工商行政管理局核准成立，公司经营范围包括：(1)设计、制造、加工：装订器材，包装材料（不含印刷）；(2)批发、零售：五金交电、化工产品（不含危险品）、办公用品、仪器仪表、钟表、工艺品、自动化设备、建筑材料、日用百货、文体用品、针纺织品等。2015年3月30日，H股份有限公司与员工徐某签订《劳动合同》，该合同约定：劳动合同期限自2015年4月1日至2025年3月31日；H股份有限公司根据生产工作需要，安排徐某从事业务员岗位工作。同日，H股份有限公司与员工徐某签订《竞业限制（保密）协议》一份，该协议约定：解除或终止劳动合同后，徐某不得向第三方公开H股份有限公司所拥有的未被公众知悉的商业秘密；解除或终止劳动合同后，在竞业限制期内徐某不得到经营同类业务且有竞争关系的其他用人单位任职，也不得自行或托他人名义经营与H股份有限公司有竞争关系的同类业务；徐某必须严格遵守H股份有限公司的保密制度，禁止泄露H股份有限公司的商业秘密。2016年9月14日，青岛W贸易有限公司（以下简称W有限公司）经青岛市城阳区工商行政管理局核准成立，公司股东为：秦某、徐某。W有限公司的经营范围包括：(1)批发：机械设备及配件、五金机电、电子产品、通信器材、计算机及配件、汽摩配件、针纺织品服装鞋帽、日用百货、工艺品、木材及制品、化工产品及原料（不含危险化学品）；(2)货物进出口、技术进出口。H股份有限公司认为徐某违反了双方所签订的《竞业限制（保密）协议》的规定，徐某、W有限公司侵犯了其商业秘密，在沟通无果的情况下，遂将徐某、W有限公司诉至法院，请求判令徐某、W有限公司：(1)立即停止侵权行为；(2)共同赔偿H股份有限公司经济损失119,525.98元；(3)共同承担H股份有限公司所委托律师的代理费20,000元；(4)承担本案诉讼费用。

---

① 山东省青岛市中级人民法院民事判决书，(2017)鲁02民初826号；山东省高级人民法院民事判决书，(2018)鲁民终958号。

徐某辩称：自己已经离职，没有违反《竞业限制（保密）协议》的规定，并未侵犯 H 股份有限公司的商业秘密。

W 有限公司辩称：自己并未侵犯 H 股份有限公司的商业秘密。

二、法院裁判

一审法院经审理认为：原告 H 股份有限公司未能举证证明其保持有长期稳定合作关系的特定客户信息，因此，无法认定其主张的客户名单、产品价格构成法律规定的商业秘密；原告 H 股份有限公司与被告 W 有限公司的营业范围虽均涉及五金、工艺品、日用百货等项目，但原告 H 股份有限公司未能举证证明被告 W 有限公司开展了原告 H 股份有限公司所称的与其相同的营业项目的经营活动；原告 H 股份有限公司虽提交了包括微信记录、电子邮件（英文）、货物订单（英文）、产品说明书（英文）等在内的相关证据，但徐某对此不予认可，且相关证据在形式上存在瑕疵，无法印证其合法来源，故不能据此认定徐某实施了侵犯 H 股份有限公司商业秘密的行为；原告 H 股份有限公司提交的"北京展会"录像、"通话"录像，徐某亦不予认可，且该录像不能与其他有效证据形成完整的证据链，无法直接证实徐某、W 有限公司实施了侵犯 H 股份有限公司商业秘密的行为。综上，原告 H 股份有限公司在本案中提交的证据不能够确实、有效地证明其主张的客户名单、产品价格构成法律规定的商业秘密，H 股份有限公司据此要求徐某、W 有限公司停止侵权、赔偿损失的诉讼请求因此缺乏事实依据。据此，一审法院依法判决如下：驳回 H 股份有限公司的诉讼请求；案件受理费 3091 元，由 H 股份有限公司负担。

一审判决作出后，H 股份有限公司不服判决依法提起上诉，并向二审法院提交了新的证据。

二审法院经审理认为：上诉人 H 股份有限公司在二审中所提交新的证据，包括客户名单、产品价格等，可以证明其与菲律宾等国家的公司保持有长期稳定的合作关系；这些信息，特别是产品价格、货运方式等方面的信息，能够为上诉人 H 股份有限公司带来持续、稳定的交易机会；上诉人 H 股份有限公司对上述信息均采取了相关保密措施，如设置查看权限，仅拥有权限者方能查看相关信息；上诉人 H 股份有限公司要求被授予查看权限的员工与公司签署保密协议，以避免相关信息外泄；因此，所涉信息构成《反不正当竞争法》所规定的商业秘密，应当受到法律保护。

二审法院另查明事实如下：被上诉人徐某在上诉人 H 股份有限公司处任职长达 13 年，作为业务部门员工，其被赋予查看、利用上述信息的权限，并具体负责联系菲律宾等国的相关合作公司；被上诉人徐某与上诉人 H 股份有限公司签订有带保密协议条款内容的《竞业限制（保密）协议》，协议明确规定，徐某对 H 股份有限公司包括客户信息在内的商业秘密负有保密义务；在离职前，徐某代表W有限公司向H股份有限公司的客户发送低于H股份有限公司的产品报价，并获得与相关客户的交易机会。

综上，二审法院认为，本案所诉争的客户信息属于法律规定的商业秘密，徐某及W有限公司所实施的行为属于侵犯商业秘密行为性质，给H股份有限公司造成了实际损害，构成不正当竞争。据此，二审法院依法判决如下：(1)撤销一审判决；(2)徐某、W有限公司立即停止侵害H股份有限公司商业秘密的不正当竞争行为；(3)徐某、W有限公司共同赔偿H股份有限公司经济损失人民币80,000元；(4)徐某、W有限公司共同赔偿H股份有限公司维权合理支出人民币20,000元。

三、法理分析

本案是关于侵犯商业秘密行为认定的典型案例。

依据现行法律规定，所谓商业秘密，是指不为公众所知悉，能为权利人带来经济利益，具有实用性并经过权利人采取保密措施的技术信息和经营信息。[①] 在实践中，设计资料、程序、产品配方、制作工艺、制作方法、管理诀窍、客户名单、货源情报、产销策略等信息均可能成为商业秘密。一般认为，商业秘密具有以下显著特征：(1)非公知性。作为商业秘密的核心特征，非公知性，又称秘密性，是指该信息不为公众所普遍知悉，处于保密状态，并且一般人不易通过正当途径获得或探明。非公知性是商业秘密维系其经济价值、受到法律保护的重要前提。一项已经公开的秘密，会使其拥有人失去在竞争中的优势，也就不再需要法律保护；一项为公众所知悉、能够轻易取得的信息，无法借此享有优势，法律亦无须给予其保护。判断某项信息是否具有非公知性的核心标准在于，其他主体能否从公开渠道直接获得该信息。(2)管理性。所谓管理性，或称保密性，是指权利人采取保密管理措施以维护商业秘密的秘密性。管理性所强调的是，权利人对商业秘密的保密行为，而非保密结果。保密的基本要求是权利人采取了一定的保密措施，保密的直接效果是其他主体不易从公开渠道直接获取采取保密措施的商业秘密。如果权利人对一项信息没有采取保护措施，对该项信息采取放任其公开的态度，则说明他自己就不认为这是一项商业秘密，或者其并不要求保护。(3)经济性。所谓经济性，或称价值性，是指商业秘密的使用可以为权利人带来经济利益和实用价值，使权利人拥有比不知晓或不使用该商业秘密的同行业竞争者更有利的地位和竞争优势。经济性是商业秘密的本质特征所在，能够为权利人带来经济利益是

---

① 《反不正当竞争法》第9条第4款规定："本法所称的商业秘密，是指不为公众所知悉、具有商业价值并经权利人采取相应保密措施的技术信息、经营信息等商业信息。"

法律保护商业秘密的直接目的所在。需要补充说明的是,该经济利益不但包括应用商业秘密已带来的经济利益,而且包括虽未应用但一旦应用必然取得的良好成果;或言之,该经济利益既包括现实的经济利益或竞争优势,也包括潜在的经济利益或竞争优势。

作为重要财产性权利,商业秘密对于经营者具有重要意义,其关乎经营者的竞争力、关乎经营者的发展前景,甚至直接影响到经营者的生存。鉴于其重要性,商业秘密保护问题很早就被法律规定。我国《反不正当竞争法》建立了较为完善的商业秘密保护制度体系,除对商业秘密的概念予以明确界定外,①以列举方式对侵犯商业秘密的具体行为进行了明确,②还对监管部门及其工作人员的保密义务、③侵犯商业秘密行为人的范围、④侵犯商业秘密的举证责任分配、⑤侵犯商业秘密的法律责任⑥等问题进行了

① 2019年4月23日第十三届全国人民代表大会常务委员会第十次会议修正通过的《反不正当竞争法》第9条第4款规定:"本法所称的商业秘密,是指不为公众所知悉、具有商业价值并经权利人采取相应保密措施的技术信息、经营信息等商业信息。"

② 2019年4月23日第十三届全国人民代表大会常务委员会第十次会议修正通过的《反不正当竞争法》第9条第1款规定:"经营者不得实施下列侵犯商业秘密的行为:(一)以盗窃、贿赂、欺诈、胁迫、电子侵入或者其他不正当手段获取权利人的商业秘密;(二)披露、使用或者允许他人使用以前项手段获取的权利人的商业秘密;(三)违反保密义务或者违反权利人有关保守商业秘密的要求,披露、使用或者允许他人使用其所掌握的商业秘密;(四)教唆、引诱、帮助他人违反保密义务或者违反权利人有关保守商业秘密的要求,获取、披露、使用或者允许他人使用权利人的商业秘密。"

③ 2019年4月23日第十三届全国人民代表大会常务委员会第十次会议修正通过的《反不正当竞争法》第15条规定:"监督检查部门及其工作人员对调查过程中知悉的商业秘密负有保密义务。"

④ 2019年4月23日第十三届全国人民代表大会常务委员会第十次会议修正通过的《反不正当竞争法》第9条第2款规定:"经营者以外的其他自然人、法人和非法人组织实施前款所列违法行为的,视为侵犯商业秘密。"

⑤ 2019年4月23日第十三届全国人民代表大会常务委员会第十次会议修正通过的《反不正当竞争法》第32条规定:"在侵犯商业秘密的民事审判程序中,商业秘密权利人提供初步证据,证明其已经对所主张的商业秘密采取保密措施,且合理表明商业秘密被侵犯,涉嫌侵权人应当证明权利人所主张的商业秘密不属于本法规定的商业秘密。商业秘密权利人提供初步证据合理表明商业秘密被侵犯,且提供以下证据之一的,涉嫌侵权人应当证明其不存在侵犯商业秘密的行为:(一)有证据表明涉嫌侵权人有渠道或者机会获取商业秘密,且其使用的信息与该商业秘密实质上相同;(二)有证据表明商业秘密已经被涉嫌侵权人披露、使用或者有被披露、使用的风险;(三)有其他证据表明商业秘密被涉嫌侵权人侵犯。"

⑥ 2019年4月23日第十三届全国人民代表大会常务委员会第十次会议修正通过的《反不正当竞争法》第17条第1款、第3款分别规定:"经营者违反本法规定,给他人造成损害的,应当依法承担民事责任";"因不正当竞争行为受到损害的经营者的赔偿数额,按照其因被侵权所受到的实际损失确定;实际损失难以计算的,按照侵权人因侵权所获得的利益确定。经营者恶意实施侵犯商业秘密行为,情节严重的,可以在按照上述方法确定数额的一倍以上五倍以下确定赔偿数额。赔偿数额还应当包括经营者为制止侵权行为所支付的合理开支。"该法第21条规定:"经营者以及其他自然人、法人和非法人组织违反本法第九条规定侵犯商业秘密的,由监督检查部门责令停止违法行为,没收违法所得,处十万元以上一百万元以下的罚款;情节严重的,处五十万元以上五百万元以下的罚款。"该法第30条规定:"监督检查部门的工作人员滥用职权、玩忽职守、徇私舞弊或者泄露调查过程中知悉的商业秘密的,依法给予处分。"

明确。

在本案中,所涉相关信息对H股份有限公司至关重要,H股份有限公司也采取了相应保密措施,如设置查看权限等;徐某在与H股份有限公司签订保密协议的前提下,被授权查看并利用所涉相关信息,且作为业务人员被授权与相关客户进行联系;徐某在离职之前就将自己掌握的客户信息告知了W有限公司,后者以低于H股份有限公司报价的方式获得与后者客户进行交易的机会。据此,本案所涉相关信息无疑属于商业秘密范畴,而徐某、W有限公司则显然构成侵犯商业秘密行为。二审法院认定事实清楚,适用法律准确,裁判合法合理。一审法院之所以作出不同裁判,根本原因在于,在一审过程中,原告H股份有限公司因未能提供有效证据而导致无法对所涉相关信息的性质作出准确界定。

案例三:对知名商品特有包装装潢的保护

——基于广东J饮料食品有限公司与广州W产业有限公司擅自使用知名商品特有包装装潢纠纷案之分析

一、案情简介①

广州W产业有限公司(以下简称W有限公司)系G有限公司的全资子公司。东莞某H集团有限公司(以下简称H有限公司)分别在1997年、2000年与G有限公司签订了关于WLJ商标的许可使用协议,约定H有限公司使用该商标及红罐产品包装。为此,H有限公司投资设立广州J饮料食品有限公司(以下简称J有限公司)生产销售红罐WLJ凉茶产品。2012年某W有限公司举行新品上市庆典,公开销售其生产的红罐WLJ凉茶,产品包装与J有限公司生产的红罐WLJ凉茶非常类似。J有限公司认为,W有限公司的行为构成对J有限公司知名商品红罐凉茶特有包装装潢的仿冒,在双方沟通无果的情况下,将W有限公司诉至法院,请求法院判令:(1)W有限公司立即停止使用J有限公司所拥有的知名商品红罐WLJ凉茶特有的包装装潢;(2)W有限公司立即停止使用"红罐WLJ"知名商品特有名称;(3)立即停止生产红罐凉茶;(4)赔偿J有限公司经济损失50万元。

---

① 最高人民法院民事判决书,(2015)民三终字第3号。

被告W有限公司辩称:(1)WLJ凉茶成为知名商品历史悠久,并非在1996年之后因为红罐WLJ的提出才成为知名商品;(2)其所推出的红色包装装潢外观设计是基于商标权许可合同的授权,在已经存在“WLJ”商标的前提下,其外观设计必须经过商标权人许可才能使用,作为红罐WLJ凉茶专用的装潢实际上归属于其母公司G有限公司所有;(3)红罐WLJ凉茶特有装潢与WLJ商标具有不可分离性;(4)作为知名商品WLJ红罐凉茶包装装潢的权利人,G有限公司已经将商标授权给W有限公司使用,因此,W有限公司的行为不构成不正当竞争。

二、法院裁判

一审法院经审理认为:(1)关于知名商品和特有标识的判断。所谓知名商品,是指不为相关商品所通用,具有显著区别特征,并且通过在商品上的使用,使消费者能够将该商品与其他经营者的同类商品相区别的商品名称。在本案中,所涉及的知名商品是指“WLJ凉茶”这一产品,“WLJ”是该商品的特有标识。相关事实和证据表明,在1995年G有限公司将“WLJ”商标权授权给H有限公司使用之前,WLJ凉茶在广东地区已经具有一定的知名度和市场份额,属于知名商品。在J有限公司投入大量人力物力进行宣传、推广、销售后,WLJ凉茶逐渐在全国范围内取得较大的市场份额和较高的市场知名度。因此,综合考虑WLJ凉茶商品销售时间和区域、销售额和销售对象,宣传的持续时间、程度、地域范围以及受保护的程度,应当认定WLJ凉茶是知名商品。同时,WLJ凉茶上的包装装潢内容具有显著的区别性特征,并非为其他商品所通用,是为该商品所特有的包装装潢。(2)关于知名商品特有包装装潢的权益归属。知名商品特有的包装装潢之所以受到《反不正当竞争法》的保护,就是因为它具有显著区别其他商品来源的功能,而这又得益于商品的知名度。所以,知名度和显著性是包装装潢受到《反不正当竞争法》所保护的重要法定条件。G有限公司及其前身对本案所涉知名商品及其特有包装装潢的知名度做了巨大的贡献,使本案WLJ红罐凉茶刚推出市场就享受了较高的关注度、群众基础和市场前景。同时,G有限公司作为WLJ商标权的所有人,其对WLJ知名度和美誉度的维护和提高是涉案红罐凉茶知名度得以延续和发展不可或缺的因素。因此,G有限公司对于WLJ凉茶的知名度的提升具有重要的作用。包装装潢是由多种元素构成的,其中可以将商标包含在内,也可以不将商标包含在内。但是,如果将商标包含在了包装装潢的构成元素之内,那么就不应当将两者进行分离,而是共同发挥了识别商品来源的作用,应作为一个整体受到法律的保护。因此,对于J有限公司主张的包装装潢权与商标权分离的诉讼请求不予支持。J有限公司之所以有权生产经营WLJ红罐凉茶是基于G有限公司的授权,由此产生的商誉仍然附属于知名商品，WLJ凉茶应该由该商品的权利人G有限公司享有，当G有限公司收回WLJ商标许可使用权，附属在涉案知名商品的特有包装装潢，也一并归还给G有限公司。因此，涉案知名商品特有包装装潢权应由G有限公司享有。(3)关于W有限公司生产经营红罐凉茶是否构成不正当竞争。因为G有限公司已经将WLJ商标许可使用权收回，并且授权给了W有限公司。因此，W有限公司基于授权而使用该涉案商品的特有包装装潢的行为属于合法使用，不构成不正当竞争行为。综上，一审法院依法判决如下：驳回J有限公司诉讼请求。

一审判决之后，J有限公司不服判决提起上诉，其主要上诉理由为：(1)一审法院对“知名商品”的界定存在严重错误。涉案的知名商品是J有限公司使用WLJ凉茶开创人王某邦后人的配方生产的红罐凉茶产品，通过J有限公司大规模的生产、推广宣传才使得该涉案商品成为知名商品。G有限公司所生产的凉茶与涉案知名商品不属于同一商品。(2)一审法院对J有限公司所诉W有限公司侵犯涉案知名商品特有包装装潢权构成不正当竞争的主张不予支持，属于事实认定错误。涉案知名商品特有包装装潢源于J有限公司，而W有限公司所生产的被诉侵权产品包装装潢与该知名商品包装装潢近似，会误导消费者，进而构成不正当竞争。

W有限公司辩称：(1)在签订商标权使用许可协议之前，WLJ凉茶就已经在全国，特别是广东地区非常知名，是G有限公司及其前身实现了该产品由药品向食品的定位转变。(2)知名商品应当以“名”称呼，涉案包装装潢包括“WLJ”文字，与WLJ商标成为一体。G有限公司系WLJ商标所有权人，因此，涉案包装装潢权益应当归属于作为商标权人的G有限公司所有。(3)W有限公司使用涉案商品的包装装潢是经过G有限公司授权的，系合法经营，不构成不正当竞争行为。

二审法院经审理认为：(1)关于涉案知名商品特有包装装潢的内容。商品的包装装潢通常是由文字、图案、色彩等多种元素构成的整体形象文字部分，一般是指该商品名称或者商标。J有限公司根据商标权许可协议的规定，在包装上使用了“WLJ”注册商标图样以及“WLJ”的字样。因此，J有限公司在实际的使用过程中，具有将“WLJ”文字作为包装装潢组成的主观意愿，也通过长期、稳定的使用，使得“WLJ”文字在事实上成为涉案包装的组成部分，跟其他内容紧紧地结合在一起。(2)关于涉案包装装潢是否具备特有性。涉案商品的包装装潢通过对色彩、文字、图案等设计要素的选择和组合呈现出了一定独特性、视觉效果与显著特征，并通过长期经营以及较大范围的宣传，使得该包装装潢所发挥的商品来源的指示作用不断加强，属于能够区别商品来源的特有包装装潢。(3)特有包装装潢与知名商品之间应当具有明确的指向性和依附关系。涉案知名商品的特有包装装潢使用于J有限公司生产的红罐WLJ凉茶产品上，J有限公司生产的红罐 WLJ 凉茶是本案特有包装装潢所依附的商品;同时,“WLJ 凉茶”并不具有唯一的指代性,因为至少可以表示为 G 有限公司生产的绿色凉茶以及 J 有限公司生产的红罐凉茶。所以,“WLJ 凉茶”并不是本案的知名商品,而红罐凉茶产品经过 J 有限公司的销售宣传推广,在全国范围内获得了较高的知名度,属于知名商品。(4)涉案包装装潢的权益归属是判断是否侵权行为的基础。在本案当中,G 有限公司与 H 有限公司在签订商标权许可合同时,并未就包装装潢做出明确的规定,虽然合同当中约定要使用红色罐装,但并不能表明其就是指现在由多种元素构成的红色罐装包装装潢。也没有证据表明,当时 G 有限公司已经设计出了相关包装装潢图案。因此,所涉包装装潢权益归属的确认需要进行综合考量。首先,WLJ 品牌在签订授权合同之前,已经具有一定的市场知名度,这也为 J 有限公司进行市场推广、扩大品牌宣传奠定了基础。其次,包装装潢上“WLJ”的文字已经和包装装潢融为一体,既能使消费者联想到 J 有限公司,也会使消费者联想到 G 有限公司。不可否认的是,J 有限公司对该包装装潢权益的形成过程作出了重要贡献。特有包装装潢权益的产生与经营者实际使用的行为密不可分。本案中 J 有限公司持续稳定的使用和宣传行为提升了 WLJ 品牌凉茶的知名度,同时使得该包装装潢具有了显著区别商品来源的功能。再次,J 有限公司通过有效的营销活动,使得红罐凉茶的包装装潢具有了独特性,形成了《反不正当竞争法》所保护的独立的商业标识性权益,但是其在使用的过程当中,一直将“WLJ”注册商标放在突出的位置上,也未有意地去割断商标和装潢之间的关系,客观上会使消费者同时联想到 G 有限公司和 J 有限公司。涉案包装装潢确实同时蕴含了 G 有限公司 WLJ 品牌的影响力以及 J 有限公司多年生产经营和宣传推广活动的贡献,使该涉案商品包装装潢具有了显著特性。最后,综合考虑 WLJ 凉茶的历史发展过程、双方的合作背景、消费者的认知和公平原则的考量,将涉案包装装潢完全判归一方所有均会导致显失公平,损害社会公共利益,因此,涉案知名商品特有包装装潢权益应当由 G 有限公司和 J 有限公司共同享有。由此,G 有限公司基于 WLJ 品牌的所有权共享该包装装潢权益,W 有限公司经 G 有限公司的授权,使用 WLJ 品牌生产红色罐装凉茶并不构成不正当竞争。综上,二审法院依法判决如下:驳回上诉,维持原判。

三、法理分析

本案是关于知名商品特有包装装潢保护的典型案例。

本案对司法实践解决仿冒知名商品特有标识的不正当竞争行为提供较强的指导意义。本案宣判之后,各大主流媒体纷纷对此案的审判给予了高度的称赞,如“用法治收获双赢”凸显“司法智慧”。[①] 本案中值得探讨的地方在于一审、二审法院对“知名商品”的认定,何为特有标识,知名商品的特有标识的权益归属问题。

(一)对“有一定影响力”的理解

1993 年 9 月 2 日第八届全国人民代表大会常务委员会第三次会议通过的《反不正当竞争法》对商业标识保护采用了“知名商品 + 特有”模式。[②] 2006 年 12 月 30 日最高人民法院审判委员会第 1412 次会议通过的《关于审理不正当竞争民事案件应用法律若干问题的解释》对于“知名商品”和“特有”的认定做了详细的规定。其中,知名商品认定要综合考虑销售、宣传以及商业标识受保护情况来判断。[③] 2017 年 11 月 4 日第十二届全国人民代表大会常务委员会第三十次会议对《反不正当竞争法》进行修订时将“知名商品、特有”改为了“有一定影响的”。[④] 但是,现行法律并没有对“有一定影响的”内涵及认定标准进行明确规定,如何准确把握“有一定影响的”认定标准对司法实践来说具有重要意义。2022 年 1 月 29 日最高人民法院审判委员会第 1862 次会议通过了《最高人民法院关于适用〈中华人民共和国反不正当竞争法〉若干问题的解释》,并自 2022 年 3 月 20 日起施行。该解释第 4 条规定:“具有一定的市场知名度并具有区别商品来源的显著特征的标识,人民法院可以认定为反不正当竞争法第六条规定的‘有一定影响的’标识。人民法院认定反不正当竞争法第六条规定的标识是否具有一定的市场知名度,应当综合考虑中国境内相关公众的知悉程度,商品销售的时间、区域、数额和对象,

---

① 《2017 年推动法治进程十大案件评选揭晓》,载中国法院网 2018 年 2 月 1 日,https://www.chinacourt.org/article/detail/2018/02/id/3196549.shtml。

② 1993 年《反不正当竞争法》第 5 条规定:“经营者不得采用下列不正当手段从事市场交易,损害竞争对手:(一)假冒他人的注册商标;(二)擅自使用知名商品特有的名称、包装、装潢,或者使用与知名商品近似的名称、包装、装潢,造成和他人的知名商品相混淆,使购买者误认为是该知名商品;(三)擅自使用他人的企业名称或者姓名,引人误认为是他人的商品;(四)在商品上伪造或者冒用认证标志、名优标志等质量标志,伪造产地,对商品质量作引人误解的虚假表示。”

③ 2006 年最高人民法院《关于审理不正当竞争民事案件应用法律若干问题的解释》第 1 条第 1 款规定:“在中国境内具有一定的市场知名度,为相关公众所知悉的商品,应当认定为反不正当竞争法所规定的‘知名商品’。人民法院认定知名商品,应当考虑该商品的销售时间、销售区域、销售额和销售对象,进行任何宣传的持续时间、程度和地域范围,作为知名商品受保护的情况等因素,进行综合判断。原告应当对其商品的市场知名度负举证责任。”2020 年 12 月 23 日最高人民法院审判委员会第 1823 次会议修正通过的《最高人民法院关于审理不正当竞争民事案件应用法律若干问题的解释》对所涉内容未作调整。另外,需要补充说的是,《最高人民法院关于审理不正当竞争民事案件应用法律若干问题的解释》现已失效。

④ 2017 年《反不正当竞争法》第 6 条规定:“经营者不得实施下列混淆行为,引人误认为是他人商品或者与他人存在特定联系:(一)擅自使用与他人有一定影响的商品名称、包装、装潢等相同或者近似的标识;(二)擅自使用他人有一定影响的企业名称(包括简称、字号等)、社会组织名称(包括简称等)、姓名(包括笔名、艺名、译名等);(三)擅自使用他人有一定影响的域名主体部分、网站名称、网页等;(四)其他足以引人误认为是他人商品或者与他人存在特定联系的混淆行为。”2019 年 4 月 23 日第十三届全国人民代表大会常务委员会第十次会议对《反不正当竞争法》进行修正时保留了这一立法例。

宣传的持续时间、程度和地域范围,标识受保护的情况等因素。”

商业标识与商品紧密联系在一起,其核心功能和根本价值在于通过外部特征表现实体,将鲜明的信息传递给公众,以此来区分商品以及来源。① 因此,不能将两者进行割裂,商业标识保护应当依托于产品的知名。《反不正当竞争法》中禁止混淆条款的不是以保护商业标识为最终目的,终极目的是通过规制仿冒行为,以避免损害消费者、经营者的合法权益以及扰乱市场竞争秩序。因此,在判断“有一定影响力的标识”时,应当综合考虑商品知名度和标识区分商品来源的功能。

所以,对“有一定影响的”理解应秉持以下思路:首先,应是经过“使用”后具有“显著性”。“使用”是指实质性的使用,即在商品销售过程中,商业标识被应用于商品并逐渐被公众认识、接受。唯有如此,才能彰显商业标识区分商品来源的功能,也才能谈得上是与竞争相关的行为。“显著性”判断则应以消费者的一般认识为标准。换言之,能够使消费者在商业标识与商品之间建立起特定的联系。商业标识具有了显著性后往往蕴含着巨大商业价值,背后倾注着经营者的心血、承载着相关公众对该商品及品牌的认可。② 此时,商业标识才能成为经营者的竞争工具和竞争优势,这也正是《反不正当竞争法》禁止混淆这一不正当竞争行为的根本原因所在。但是成为竞争工具、具有竞争优势的商业标识容易成为被其他经营者“搭便车”“傍名牌”的对象。而“搭便车”“傍名牌”的行为无疑是对知名商品经营者竞争优势的重大损害,放纵这种行为将严重扰乱市场良好竞争秩序。其次,使用了具有显著性标识的商品应当在一定地域范围内具有知名度,而且与仿冒的标识存在地域交叉。在对地域范围的判定上,《反不正当竞争法》及相关司法解释并没有作出明确的规定。但是在司法实践中,一般遵循如下原则:认定是在一定的范围内具有知名度即属于具有一定的影响力。如果商品是在全国具有较大的知名度,那么其商业标识保护的时候应将其辐射到全国,而如果只是在部分地域内具有一定的知名度,那么在认定时就要考虑在地域上是否存在重合或交叉,是否形成有共同的消费群体。

(二)有一定影响力的包装装潢的权益归属判断

与《商标法》存在显著不同的是,《反不正当竞争法》主要通过遏制不正当竞争而非确立专有权以保护经营者(行为人)的合法权益,且该权益多表现为一种不确定、不稳定的法律上的利益,是否予以保护需要结合个案的具体情况加以判断。该法对具有一

① 参见严永和、杨鸣明:《商业标识的演进逻辑与我国商业标识法完善的路径》,载《法律科学(西北政法大学学报)》2019 年第 3 期。

② 参见刘继峰:《反不正当竞争法中“一定影响”的语义澄清与意义验证》,载《中国法学》2020 年第 4 期。

定影响力的商业标识的保护具有情景性、灵活性的显著特征，需要结合具体情况去判断其是否需要保护，需要保护的对象范围。例如，判断是否知名以及是否属于特有商标，须判断是否具有显著性以及是否能够与其他商业标识进行区分，而对于通用的商业标识则不受到《反不正当竞争法》的保护。① 就像我国目前并没有自由竞争权这样一种权利。在判定特有包装装潢的权益归属时，一般的判定标准是看这包装装潢是由谁设计的。通常来说，产品的经营者对于产品和商业标识具有所有权。但现实当中也不乏商品经营和品牌所有权相分离的情况。这也正是本案所涉争议的特殊之处。虽然涉案商品的包装装潢由J有限公司所设计，但是其设计包装装潢时将“WLJ”商标作为包装装潢的组成部分。由此导致，在涉案商品包装装潢商业价值的形成上，作为经营者的J有限公司无疑有所贡献，同时作为商标所有者的G有限公司对“WLJ”品牌影响力的维护也对涉案商品包装装潢商业价值的形成有所贡献。在如此情况下，要判断特有包装装潢权益的归属，必须要予以细致的分析，以确定在所涉商品获得一定影响力、所涉商品包装装潢商业价值形成这一问题上，到底是哪一方当事人作出了更大的贡献。这就涉及了商品和标识之间的关系。特有的包装装潢之所以受到《反不正当竞争法》的保护，是因为其具有区别商品来源的功能，其之所以能够区别其他商品来源则是依托于商品的知名度。而获得知名度又受益于经营者数十年如一日的销售、宣传推广活动，也正是这样的过程使得商品以及标识为相关公众所知悉，消费者才能在商业标识和产品之间建立起特定的联系。

在本案中，二审法院认为，J有限公司和G有限公司对所涉商品知名度均作出贡献，并依据公平原则判定两公司共同享有该特有标识的权益，具有一定示范意义。

案例四：仿冒知名商品和企业特有名称行为认定标准之研判

——基于上海L娱乐信息科技有限公司诉北京A科技有限公司、D影业有限公司、张某野不正当竞争纠纷案之分析

一、案情简介②

2017年1月3日，北京A科技有限公司（以下简称A有限公司）在其经营的视频网

① 参见孔祥俊：《论商品名称包装装潢法益的属性与归属——兼评“红罐凉茶”特有包装装潢案》，载《知识产权》2017年第12期。

② 江苏省高级人民法院民事判决书，（2018）苏民终130号。

站上开设了一部名为《鬼吹灯之牧野诡事》的影视剧专栏。该网剧由张某野创作完成，A有限公司和D影业有限公司(以下简称D有限公司)共同投资制作、发行。该网剧专栏中显示涉案影视剧的主演为王某陆、金某、张某，并发布了《鬼吹灯之牧野诡事》预告片及诸多片花。在该预告片中配有“没有牧野诡事就没有鬼吹灯”“最正宗的鬼吹灯系列”等宣传用语。该片花中含有“《鬼吹灯》导演谈角色不一样的鬼吹灯”。上海L娱乐信息科技有限公司(以下简称L有限公司)认为A有限公司、D有限公司、张某野存在不正当竞争行为，在沟通无果的情况下，将三者诉至法院，诉请如下：(1)A有限公司、D有限公司、张某野立即停止实施不正当竞争行为，即在影视剧《鬼吹灯之牧野诡事》片名中停止使用“鬼吹灯”这一名称、停止在影视剧《鬼吹灯之牧野诡事》宣传推广中使用“鬼吹灯”名称；(2)A有限公司、D有限公司、张某野共同在侵权网站首页顶部居中位置刊登声明以消除影响；(3)A有限公司、D有限公司、张某野共同赔偿L有限公司经济损失200万元，共同承担L有限公司为制止侵权所支出的合理费用10万元；(4)本案诉讼费用由A有限公司、D有限公司、张某野负担。

A有限公司、D有限公司、张某野辩称：三者不存在不正当竞争行为，本案诉讼费用由L有限公司承担。

二、法院裁判

一审法院经审理认为：(1)本案所涉“鬼吹灯”创作作品构成《反不正当竞争法》意义上的特有名称。判断本案所涉“鬼吹灯”作品是否属于特有商品名称，应以该商品是否为知名商品、该商品名称是否具备区别商品来源的显著特征及该名称与商品是否存在对应关系为依据，而不应以“该名称在古籍中出现过、市场上存在多部使用该名称的作品”为由予以简单否定。在本案中，无论是权利人L有限公司在网上推广的《鬼吹灯》系列小说，还是权利人L有限公司出版的《鬼吹灯》实体图书，以及权利人L有限公司制作的游戏、漫画等，“鬼吹灯”均为商品的名称或者构成了商品名称的主要部分。尤其是经过权利人L有限公司长达十年的宣传，《鬼吹灯》系列小说在中国境内具有极高的市场知名度，根据其拍摄的影视作品也获得了较好的口碑和极高的票房，为相关公众所知悉。在本案中，“鬼吹灯”系列小说和影视作品获得较高知名度，“鬼吹灯”也具有区别于其他小说的普遍性，已经与权利人的“鬼吹灯”系列作品建立起了稳定的对应关系，构成《反不正当竞争法》所规定的“特有名称”。同时，需要指出的是，“鬼吹灯”系列作品不具有封建迷信色彩，从“鬼吹灯”的词源及L有限公司等创作和推广“鬼吹灯”系列作品的主观上看，其也不具备宣扬封建迷信的想法。从社会公共利益和社会秩序的层面来看，“鬼吹灯”系列作品的创作和推广，获得了受众的普遍好评，出版图书等多种传播方式也带动了众多文化创意产业的发展，丰富了民众的文化生活，未对公共利益和公共秩序造成消极、负面的影响。（2）A有限公司、D有限公司、张某野所实施的行为构成对L有限公司的不正当竞争行为。《反不正当竞争法》适用于具有竞争关系的经营者，但不限于同业范畴。在本案中，原告L有限公司、被告A有限公司等主体均属于文化产业从业者，其通过各种形式参与经济活动，彼此之间相互影响，因此存在竞争关系。《反不正当竞争法》规定，经营者不得擅自使用知名商品特有的名称、包装、装潢，或者使用与知名商品近似的名称、包装、装潢，造成和他人的知名商品相混淆，使购买者误认为是该知名商品，其属于以不正当手段从事市场交易而损害竞争对手的利益不正当竞争行为。[①]在本案中，张某野创作《牧野诡事》作品后，未经权利人L有限公司同意，擅自在《牧野诡事》名称之前冠以"鬼吹灯"标识作为其作品名称的一部分，极易与《鬼吹灯》系列小说相混淆，并将该作品的改编摄制等权利授予他人，后者亦未经权利人L有限公司同意。以《鬼吹灯之牧野诡事》作为涉案影视剧的名称，并在涉案影视剧片花中使用"《鬼吹灯》"等字样，极易造成相关公众误认为涉案影视剧与《鬼吹灯》系列小说存在特定联系。因此，张某野具有明显的共同过错，构成共同侵权行为，构成对L有限公司的不正当竞争行为。

综上，一审法院依法判决如下：（1）A有限公司、D有限公司、张某野立即停止擅自使用知名商品特有名称的不正当竞争行为，即立即停止在《牧野诡事》影视剧、片花中使用"鬼吹灯"作为商品名称的行为；（2）A有限公司赔偿L有限公司经济损失150万元，D有限公司、张某野对赔偿金额中的110万元承担连带赔偿责任；（3）A有限公司、D有限公司、张某野赔偿L有限公司为制止侵权行为而支付的合理开支8万元。

一审判决后，A有限公司、D有限公司、张某野不服判决依法提起上诉称：（1）"鬼吹灯"不应认定为知名商品特有名称，不能依照《反不正当竞争法》予以保护。"鬼吹灯"是对盗墓类小说题材的描述性使用，不具有商品名称的特有性，仅通过"鬼吹灯"一

① 1993年9月2日第八届全国人民代表大会常务委员会第三次会议通过《反不正当竞争法》第5条规定："经营者不得采用下列不正当手段从事市场交易，损害竞争对手：（一）假冒他人的注册商标；（二）擅自使用知名商品特有的名称、包装、装潢，或者使用与知名商品近似的名称、包装、装潢，造成和他人的知名商品相混淆，使购买者误认为是该知名商品；（三）擅自使用他人的企业名称或者姓名，引人误认为是他人的商品；（四）在商品上伪造或者冒用认证标志、名优标志等质量标志，伪造产地，对商品质量作引人误解的虚假表示。"2017年11月4日第十二届全国人民代表大会常务委员会第三十次会议修订通过的《反不正当竞争法》第6条规定："经营者不得实施下列混淆行为，引人误认为是他人商品或者与他人存在特定联系：（一）擅自使用与他人有一定影响的商品名称、包装、装潢等相同或者近似的标识；（二）擅自使用他人有一定影响的企业名称（包括简称、字号等）、社会组织名称（包括简称等）、姓名（包括笔名、艺名、译名等）；（三）擅自使用他人有一定影响的域名主体部分、网站名称、网页等；（四）其他足以引人误认为是他人商品或者与他人存在特定联系的混淆行为。"2019年4月23日第十三届全国人民代表大会常务委员会第十次会议修正通过的《反不正当竞争法》保留了这一立法例，内容未作调整。

词不具有识别商品来源的作用。“鬼吹灯”已被商标主管机关认定为具有不良影响而不得作为商标使用，进而无法作为知名商品特有名称予以保护。(2)《鬼吹灯之牧野诡事》所涉权益均应归属张某野所有。(3)《鬼吹灯之牧野诡事》影视剧作品的宣传工作均在行为人自有视频平台进行，影视剧名称清楚明了不会造成公众误认混淆，不应认定为构成擅自使用知名商品特有名称的不正当竞争行为。因此，一审判决认定事实不清，适用法律有误，请求撤销一审判决。

二审法院经审理认为，一审判决认定事实清楚，适用法律正确，因此，依法判决如下：驳回上诉，维持原判。

三、法理分析

本案是关于仿冒知名商品和企业特有名称行为认定的典型案例。

“鬼吹灯”是否构成知名商品特有标识，进而是否受《反不正当竞争法》保护，是本案争议的首要焦点。受案法院认为，“鬼吹灯”系列作品经过了L有限公司长达十年的宣传与推广，已经具有一定知名度，为相关公众广泛知悉，对“鬼吹灯”的认识和理解具有了特定指向；在网络文化市场上，包括连载小说、影视作品、游戏漫画等在内的“鬼吹灯”系列作品吸引了相当数量的受众，被该领域内的消费者高度评价；公众在谈到“鬼吹灯”时，便会联系到“鬼吹灯”系列作品，因此，“鬼吹灯”具有区分商品来源的显著性，“鬼吹灯”系列作品属于知名商品。因此，《鬼吹灯》相关作品标识权益应当属于L有限公司。受案法院这一判定合乎法理。需要补充的是，本案应当适用1993年9月2日第八届全国人民代表大会常务委员会第三次会议通过的《反不正当竞争法》，该法第5条规定，经营者不得“擅自使用知名商品特有的名称、包装、装潢，或者使用与知名商品近似的名称、包装、装潢，造成和他人的知名商品相混淆，使购买者误认为是该知名商品”。但是2017年11月4日第十二届全国人民代表大会常务委员会第三十次会议修订通过的《反不正当竞争法》对该规定进行了修改，该法第6条规定，经营者不得擅自使用与他人有一定影响的商品名称、包装、装潢等相同或者近似的标识，其属于引人误认为是他人商品或者与他人存在特定联系的混淆行为。① 此次修法将商业标识保护的范围进行

① 2019年4月23日第十三届全国人民代表大会常务委员会第十次会议修正通过的新《反不正当竞争法》保留了这一立法例，该法第6条规定：“经营者不得实施下列混淆行为，引人误认为是他人商品或者与他人存在特定联系：(一)擅自使用与他人有一定影响的商品名称、包装、装潢等相同或者近似的标识；(二)擅自使用他人有一定影响的企业名称(包括简称、字号等)、社会组织名称(包括简称等)、姓名(包括笔名、艺名、译名等)；(三)擅自使用他人有一定影响的域名主体部分、网站名称、网页等；(四)其他足以引人误认为是他人商品或者与他人存在特定联系的混淆行为。”

了扩大,将"知名商品的标识"修改为有"一定影响的商业标识"。但是,如研究者所言,这一调整并无实质上的改变,既没有提高门槛,也没有降低门槛,都强调受《反不正当竞争法》保护的商品标识应当是"有一定知名度的",虽然删除了"特有"的表述内容,但在司法实践中认定混淆行为时仍然会据此判断商业标识的显著性。① 知名商品特有标识本身具有一定的利益属性,对知名商品特有标识进行保护,本质也是对经营者于此标识上所凝结利益的保护。因为,将不知名商品"培育"成知名商品,往往需要经营者付出相当的时间、人力、金钱等成本,于知名商品相关利益的保护实际上是经营者付出成本的"应有回报"。在本案中,张某野虽然创作了《鬼吹灯之牧野诡事》这一作品,但是《鬼吹灯》这一"品牌"的形成是由于前期相关作品的不断累积和L有限公司的长期投入。因此,在本案中,就原告与被告关于《鬼吹灯》相关作品标识权益归属争议,应当认定其权益归属于L有限公司。

A有限公司、D有限公司、张某野是否实施了混淆行为并构成《反不正当竞争法》意义上的不正当竞争行为是本案的另一争议焦点。在本案中,A有限公司等三被告认为,"鬼吹灯"并没有被行政主管部门认定为商标,因此,不属于《反不正当竞争法》所保护的商业标识。这一认知有误,因为能否依法注册成为商标与是否属于《反不正当竞争法》所保护的商业标识并不能直接画等号。二者所涉权益的生产机制和保护范式均有所不同。注册商标权益产生基础在于行政主管部门的依法授权,属于法律所保护的绝对权,具有明确的归属性、公示性和排他性,如果未经权利人许可而擅自使用,则会构成民事侵权;商业标识,尤其是知名商品的特有名称、包装装潢,其权益因事实行为而生,之所以受到法律的保护,是因为其通过经营者的使用及投入而形成了"一定的影响力",具有区别于其他商品的显著性,所蕴含权益应当归属于事实上的使用人。在本案中,"鬼吹灯"虽未获行政主管部门授权而成为注册商标并取得相应的专有权,但因作为经营者的L有限公司长期使用、持续投入、不断积累而形成有"一定的影响力"并具备了区别于其他商品的商品性,其所蕴含权益应当属于L有限公司所有。因此,A有限公司等三被告的行为侵害了L有限公司"鬼吹灯"系列作品所享有的权益,构成《反不正当竞争法》意义上的不正当竞争行为,属于商业混淆行为。

---

① 孔祥俊:《论商品名称包装装潢法益的属性与归属——兼评"红罐凉茶"特有包装装潢案》,载《知识产权》2017年第12期。

案例五:虚假宣传认定规则中“引人误解”的界定

——基于北京T移动科技有限公司与珠海X科技有限公司虚假宣传纠纷案之分析

一、案情简介①

珠海X科技有限公司(以下简称X有限公司)于2011年10月成立,注册资本664万元人民币,经营范围包括计算机软、硬件的研发和技术咨询服务;设计、制作、代理、发布各类广告;商品批发、零售。北京T移动科技有限公司(以下简称T有限公司)于2014年9月成立,注册资本266万元人民币,经营范围包括技术开发、计算机系统服务;基础软件服务;应用软件服务;软件开发;软件咨询;产品设计等。

X有限公司认为T有限公司在其官网公布的公司简介及某平台上的发布宣传资料涉嫌虚假宣传,例如,“最大的通讯录解决方案提供方”“短信分析识别准确率100%”“创业团队主要来自国内一流互联网企业”“拥有该行业最强的技术能力”“获得顶级的天使投资”“公司有着一流的互联网人才基因”“创业团队成员来自……等国际企业的顶尖人才”“我们是国内最大的手机通讯数据解决方案提供商”“T有限公司提供的智能通讯录系统已经占有80%的市场份额,其手机日话量已突破1亿部”“目前T有限公司的智能短信就已经覆盖提供超过20万种场景、服务”“T有限公司针对某品牌手机短信识别率为77.88%”等。在沟通无果的情况下,X有限公司将T有限公司诉至法院,诉讼请求包括:(1)判令T有限公司立即停止虚假宣传行为;(2)判令T有限公司在其官方网站连续7天公开赔礼道歉、消除影响;(3)判令T有限公司赔偿X有限公司经济损失44,500元及为维权而支付的合理费用包括律师费50,000元;(4)判令T有限公司承担本案全部诉讼费用。

二、法院裁判

一审法院查明事实如下:X有限公司提交的公证书显示,T有限公司官方网站首页《资讯报道》栏目于2016年10月14日发布了题为“手机场景智能全面发力某熊移动融

① 北京知识产权法院民事判决书,(2020)京73民终46号。

资过亿”的文章,该文章写道:作为目前市场上智能手机主流机型的重要标配,T有限公司提供的智能通讯录系统已经占有了80%的市场份额,其手机日活量(DAU)已突破1亿部;T有限公司的智能通讯录产品除了提供陌电识别、号码详情页和短信公众号等亮眼功能外,还专注于开发具有语义解析功能的智能短信系统,包括智能卡片短信、智能下划线、智能按钮等多项场景应用的下一步菜单。

一审法院经审理认为:《反不正当竞争法》规定,经营者不得利用广告或者其他方法,对商品的质量、制作成分、性能、用途、生产者、有效期限、产地等做引人误解的虚假宣传;经营者在市场交易中应当遵循自愿、平等、公平、诚实信用的原则,遵守公认的商业道德。① 在本案中,T有限公司和X有限公司的主营业务均包含智能短信业务,二者存在同业竞争关系,对X有限公司诉T有限公司涉嫌虚假宣传行为,应当予以区别分析:(1)关于“日活用户800万”“其日活用户超过1亿”的表述不构成虚假宣传,“短信公众号总量20000000+”“获得顶级的天使投资”“创业团队主要来自国内一流互联网企业”“公司有着一流的互联网人才基因”“创业团队成员来自……等国际企业的顶尖人才”“智能短信覆盖超过20万场景、服务”“号码识别率70%”“号码识别准确率95%”“下一步服务转化率将达90%”等表述虽存在明显夸张,但从日常生活经验和相关公众对于此类广告宣传的分辨能力来看,也并未达到使相关公众产生误解的程度,故T有限公司的上述表述不构成虚假宣传。(2)关于“拥有该行业最强的技术能力”的表述构成虚假宣传。T有限公司声称公司技术团队强大,拥有一流技术能力,意在表述其公司技术能力优秀,但所用词汇可能使相关公众产生T有限公司技术能力强于行业内其他公司的误解,且T有限公司并未提交其“拥有该行业最强的技术能力”的证据,因此该项表述构成虚假宣传。(3)关于“最大的通讯录解决方案提供方”的表述构成虚假宣传。在本案中,T有限公司提供了某媒体网站上所发布的《2017年上半年中国智能手机市场研究报告》,该报告揭示,在可以使用智能通讯录系统的安卓手机品牌中,有52.2%的手机品牌商与T有限公司签署了合作协议,约定使用T有限公司提供的智能短信、智能电话功能;T有限公司据此认为,其是目前市场占有率最大的智能通讯录解决方案提供方。但是,所提供的报告仅系第三方网站对安卓手机品牌商的统计,并未囊括国内所有的手机系统,且T有限公司并未提交证据证明其与手机品牌商签订的协议排除手机品牌商与其他智能短信识别服务公司签订协议的可能性,根据52.2%的统计

---

① 1993年9月2日第八届全国人民代表大会常务委员会第三次会议通过的《反不正当竞争法》第9条第1款规定,“经营者不得利用广告或者其他方法,对商品的质量、制作成分、性能、用途、生产者、有效期限、产地等作引人误解的虚假宣传”;该法第2条第1款规定,“经营者在市场交易中,应当遵循自愿、平等、公平、诚实信用的原则,遵守公认的商业道德”。

结果无法直接得到T有限公司系“最大的通讯录解决方案提供方”的结论。据此,因表述明显夸张而达到使相关公众产生误解的程度,“最大的通讯录解决方案提供方”的表述构成虚假宣传。(4)关于“短信分析识别率准确率100%”的表述构成虚假宣传。“识别率准确率100%”表述意味着加入指定链接的过程中绝对准确、绝无差错,但是T有限公司对其提供的产品质量的承诺并不意味着提供智能短信服务的厂商能够完全正确地识别客户的模板短信,且T有限公司未提交证据证明其提供的短信识别服务的识别准确率能够达到100%。“短信分析识别率准确率100%”的表述达到使相关公众产生误解的程度,构成虚假宣传。

综上,一审法院依法判决如下:(1)T有限公司立即停止实施相关虚假宣传行为;(2)T有限公司在其网站刊登声明,消除所涉行为带来的误导影响;(3)T有限公司赔偿X有限公司经济损失30,000元及合理费用50,000元。

一审判决后,T有限公司不服判决依法提起上诉称:“短信分析识别准确率100%”“最大通讯录解决方案提供方”“智能通讯录市场占有率80%”等表述并不构成虚假宣传。目前业界对“短信分析识别准确率”“通讯录解决方案提供方”“智能通讯录市场占有率”等专业术语尚没有统一定义,因此,T有限公司有权依据自身理解对相关指标进行宣传,且所有宣传均有据可依;同时,由“智能通讯录系统”这一产品特殊性所决定,该产品的客户并非作为普通自然人的智能手机用户,而是智能手机的生产商和服务商,产品客户在智能通讯录系统领域中有丰富的行业知识和实践经验,对相关术语含义的理解有其专业判断能力,不会因上述表述而致误解。一审判决的认定依据不足,属于事实认定错误。因此,请求撤销一审判决,驳回X有限公司诉讼请求。

二审法院经审理后,判决:驳回上诉,维持原判。

三、法理分析

本案是关于虚假宣传行为认定的典型案例。

作为重要的经营策略之一,商业宣传不仅能够帮助经营者推广其商品或服务、吸引客户或消费者,而且有助于提升经营者良好形象,助力长远发展。但是,在超额利润的激励下,经营者带有倾向性的商业宣传有可能会异变为虚假宣传,不仅会对客户或消费者于商品的选择和决策造成误导,而且会不当剥夺其他经营者的平等竞争机会。从《反不正当竞争法》的视角来看,虚假宣传行为是对诚实信用原则的严重违背,是对消费者或客户合法权益的直接侵害,是对良好市场秩序的直接冲击,属于典型的不正当竞争行为。一般认为,所谓虚假宣传,是指经营者为获取市场竞争优势和不正当利益,对所提供的商品或服务进行虚假和引人误解的宣传的不当竞争行为。虚假宣传行为具有以下显著特点:(1)宣传的主体是经营者。商业宣传的主体是经营者,且以赢利为第一目标,即通过商业宣传使自己所提供的商品或服务获得更好的交易机会、赢得更高的商业利润,这是商业宣传与公益宣传的显著区别所在,后者由政府部门、社会组织等主体推动实施。(2)宣传的客体是商品或服务的信息。对此应做广义理解,既指经营者所提供的商品或服务的专有信息,也指经营者本身的信息。(3)宣传的特性在于虚假或引人误解。所谓虚假,是指内容不真实,与经营者或其所提供的商品或服务的实际情况不符;所谓引人误解,是指宣传在表述上含糊不清、有多重语义或者仅陈述部分事实。(4)宣传的效果在于造成消费者或客户误认误购。通过虚假宣传,使消费者或客户形成错误认知、引发错误联想,尤其是对经营者及其提供的商品或服务形成高于实际情况的认知,进而误导消费者或客户与之进行交易,接受其提供的商品或服务。以上均是认定虚假宣传行为的重要依据,此外,还应该根据理论和实践发展相结合的原则,以概念、立法规定和司法解释为工具进行科学分析。①

就本案而言,所涉争议难点主要有二:(1)专有概念能否成为虚假宣传行为认定的豁免理由。T有限公司认为其宣传语中涉及的专有概念缺少行业规范和行业标准,其有权利按照自己的理解进行解释,因此,相关行为不构成虚假宣传。在本案中,“拥有该行业最强的技术能力”“最大的通讯录解决方案提供方”“短信分析识别准确率100%”等表述所涉相关术语确实具有一定专业性,且相关表述并非都是虚假内容;但是,需要予以强调的是,从现行法律规定来看,除所涉内容是否真实这一重要标准,虚假行为认定的关键在于有违真实原则的宣传内容是否达到“引人误解”这一红线。从本案所认定的事实来看,T有限公司所实施的宣传行为,除在内容上存在虚假外,更是造成了包括客户、消费者等在内的受众的错误认知,认为T有限公司的整体实力明显超过其他同行,给T有限公司带来非正当竞争优势,使受众在进行交易时更加倾向于选择T有限公司,导致其他经营者失去公平竞争的机会,因此,构成《反不正当竞争法》意义上的虚假宣传行为。此外,其专有概念可自行解读的主张也不符合一般社会认知和基本法律理念。(2)特定受众能否成为虚假宣传行为认定的豁免理由。T有限公司认为,针对的客户群体是手机品牌商和服务提供商,其不同于普通的消费者(手机用户),具备较高的行业知识和行业经验,对T有限公司的宣传用语能够准确地理解,不会造成误解。关于“引人误解”的认定,应当以普通受众(尤其是一般消费者)的认知水平和判断能力为准,只要一般的公众受到宣传内容的影响,陷入了错误的认识,就可以认定为虚假宣传。

① 参见李芬莲:《虚假宣传不当竞争行为判定的新思考——从广药集团诉加多宝虚假宣传案谈起》,载《法学杂志》2013年第5期。

因此,T 有限公司的主张不正确。

案例六:商业贿赂行为的认定规则

——基于自贡市 G 区农村信用合作联社不服自贡市 Z 区工商行政管理局行政处罚案之分析

一、案情简介①

2009 年 1 月 1 日,自贡市 G 区农村信用合作联社(以下简称 G 农信社)按照四川省农村信用社联社所发布的川信联发〔2008〕61 号文件的要求,为规范评估机构的评估行为,对该市房地产评估机构实行入围制度,确定自贡 W 房地产评估有限公司、四川 J 房地产评估测绘有限公司、四川 C 房地产评估咨询有限公司、自贡 C 房地产评估事务所有限公司等 4 家评估机构入围,成为 G 农信社房地产抵押贷款评估业务单位。同时,G 农信社与上述入围机构签订了《授权委托书》《委托代理评估咨询协议书》,约定入围的评估机构将评估咨询业务委托给 G 农信社,并将评估机构产生评估收入的 8% 作为"咨询代理费"支付给 G 农信社。截至 2009 年 6 月 27 日,以上评估机构发生评估业务收入 63,136 元,G 农信社共收受上述四家评估机构"代理咨询手续费"5644.80 元。

自贡市 Z 区工商行政管理局(以下简称 Z 工商局)认为,G 农信社的上述行为涉嫌违反《反不正当竞争法》的相关规定,遂依法立案进行查处。调查取证后,Z 工商局拟对 G 农信社予以行政处罚,向 G 农信社送达行政处罚意见告知书,告知拟处罚的内容、理由和法律依据,并告知 G 农信社可以进行陈述、申辩和要求听证。G 农信社依法申请听证。听证后,Z 工商局于 2010 年 3 月 31 日作出《行政处罚决定书》,对 G 农信社上述行为进行处罚。G 农信社对该处罚不服,遂向法院提起行政诉讼,诉请撤销 Z 工商局的处罚决定。

二、法院裁判

一审法院查明事实如下:G 农信社的经营范围包括吸收公众存款;发放短期、中期和长期贷款;办理国内结算;办理票据承兑与贴现;代理发行、代理兑付、承销政府债券;

① 载北大法宝 2020 年 12 月 1 日,https://www.pkulaw.com/pfnl/a25051f3312b07f3a9df0e4a76efe9148d100559f69f8731bdfb.html。

买卖政府债券、金融债券；从事同业拆借；代理收付款及保险业务；经中国银行监督管理委员会批准的其他业务。

一审法院经审理认为：《反不正当竞争法》规定，“经营者不得采用财物或者其他手段进行贿赂以销售或者购买商品”，“在账外暗中给予对方单位或者个人回扣的，以行贿论处；对方单位或者个人在账外暗中收受回扣的，以受贿论处”；[①]在本案中，G 农信社的经营范围并不涉及评估咨询业务，其向相关评估机构所收取的“代理咨询手续费”，实质上属于商业贿赂行为；作为主管部门，Z 工商局有权对 G 农信社的不正当竞争行为进行查处，并无不当，事实认定清楚，相关证据充分，处理程序合法，适用法律正确。据此，一审法院依法判决如下：(1)维持 Z 工商局就 G 农信社违法行为作出的行政处罚决定；(2)本案诉讼费 50 元由 G 农信社承担。

一审判决后，G 农信社不服判决依法提起上诉称：(1)一审判决认定事实不清，证据不足。一审判决认为 G 农信社经营范围中没有评估咨询业务，是错误的；一审判决未能认定 G 农信社与相关评估机构签订的《委托代理评估咨询协议书》《授权委托书》合法有效，是错误的；一审判决认定 G 农信社依照合同约定收取“代理咨询手续费”属于受贿行为，是错误的；在本案中，并没有有效证据证明，G 农信社具有收受贿赂或索取贿赂的主观故意，也没有任何收受商业贿赂的行为和事实。(2)一审判决适用法律不当。G 农信社的行为不属于不正当竞争行为，Z 工商局援引《反不正当竞争法》相关规定对 G 农信社进行处罚是错误的。综上所述，请求二审法院依法撤销原判，并判决撤销 Z 工商局的行政处罚决定。

二审法院经审理，依法判决如下：驳回上诉，维持原判。

三、法理分析

本案是关于商业贿赂行为认定的典型案例。

一般认为，作为贿赂的具体形式之一，所谓商业贿赂，是指经营者以排斥竞争对手为目的，为争取交易机会、获得更高利润，暗中给予交易相对方有关人员和能够影响交易的其他相关人员以某种利益(包括财物或其他好处)的不正当竞争行为。作为一种

---

① 1993 年 9 月 2 日第八届全国人民代表大会常务委员会第三次会议通过的《反不正当竞争法》第 8 条第 1 款规定：“经营者不得采用财物或者其他手段进行贿赂以销售或者购买商品。在账外暗中给予对方单位或者个人回扣的，以行贿论处；对方单位或者个人在账外暗中收受回扣的，以受贿论处。”2019 年 4 月 23 日第十三届全国人民代表大会常务委员会第十次会议修正通过的《反不正当竞争法》第 7 条第 1 款规定：“经营者不得采用财物或者其他手段贿赂下列单位或者个人，以谋取交易机会或者竞争优势：(一)交易相对方的工作人员；(二)受交易相对方委托办理相关事务的单位或者个人；(三)利用职权或者影响力影响交易的单位或者个人。”

典型的不正当竞争行为,商业贿赂行为产生历史久远、存在领域广泛。商业贿赂行为的特征主要体现为:(1)商业贿赂主体范围广泛。商业贿赂主体可以是经营者,可以是商品的购买者,也可以是商品的销售者,既可以是经营性服务的提供者,也可以是经营性服务的接受者;可以是单位,也可以是个人,交易的双方均可以成为主体。(2)商业贿赂目的是获得不当交易机会,包括销售商品或者购买商品、提供经营性服务或者接受经营性服务。(3)商业贿赂对象特定,可以是交易相对方或者经办人,也可以是对交易有影响的人。(4)商业贿赂方式多元,包括财物手段或者其他手段,如提供旅游、度假或者提供物的使用权、免费考察等。(5)商业贿赂主观认知为故意,不存在过失的情况。

商业贿赂行为危害严重,主要表现包括:侵害其他经营者合法权益,破坏公平竞争秩序,扰乱良好经济环境;败坏社会道德和行业风气,助长拜金主义;导致商品或服务价格虚高,催生假冒伪劣行为,侵害广大消费者利益;妨害竞争机制作用正常发挥,造成市场配置资源作用失灵;等等。鉴于商业贿赂百害而无一利,各国多对商业贿赂予以明令禁止。我国亦是如此,1993 年 9 月 2 日第八届全国人民代表大会常务委员会第三次会议通过的《反不正当竞争法》就对商业贿赂行为进行明确规定,“经营者不得采用财物或者其他手段进行贿赂以销售或者购买商品”,“在帐外暗中给予对方单位或者个人回扣的,以行贿论处;对方单位或者个人在帐外暗中收受回扣的,以受贿论处”;[①]2017 年《反不正当竞争法》规定,经营者不得采用财物或者其他手段贿赂特定单位或者个人,以谋取交易机会或者竞争优势。[②]

在实践中,对商业贿赂的认定,须处理好与回扣的关系。所谓回扣,是指经营者在销售商品或提供服务时,以现金、实物或者其他方式退给对方单位或者个人的一定比例的商品价款的行为。经营者提供回扣的目的与商业贿赂一致,都是为了获得交易机会、促成交易缔结。但是,与商业贿赂存在本质不同的是,提供回扣不一定违法,如明示的如实入账的回扣就属于合法行为,不属于不正当竞争行为。是明示入账,还是暗中账外给付或者接受回扣,是区分合法或者非法、正当竞争行为或者不正当竞争行为的关键所在。同时,商业贿赂不同于折扣、佣金,后者属于合法行为,亦不属于不正当竞争行为。

---

① 1993 年《反不正当竞争法》第 8 条第 1 款规定:“经营者不得采用财物或者其他手段进行贿赂以销售或者购买商品。在帐外暗中给予对方单位或者个人回扣的,以行贿论处;对方单位或者个人在帐外暗中收受回扣的,以受贿论处。”

② 2017 年《反不正当竞争法》第 7 条第 1 款规定:“经营者不得采用财物或者其他手段贿赂下列单位或者个人,以谋取交易机会或者竞争优势:(一)交易相对方的工作人员;(二)受交易相对方委托办理相关事务的单位或者个人;(三)利用职权或者影响力影响交易的单位或者个人。”2019 年 4 月 23 日第十三届全国人民代表大会常务委员会第十次会议修正通过的《反不正当竞争法》保留了这一立法例。

所谓折扣,是指经营者在销售商品或提供服务时,给予对方以一定价格优惠;所谓佣金,是指在市场交易中给予为其提供服务的具有合法经营者资格的中间人的劳务报酬。《反不正当竞争法》第7条第2款规定:“经营者在交易活动中,可以以明示方式向交易相对方支付折扣,或者向中间人支付佣金。经营者向交易相对方支付折扣、向中间人支付佣金的,应当如实入账。接受折扣、佣金的经营者也应当如实入账。”

在本案中,G农信社根据上级文件要求,引入评估机构加强对房地产抵押贷款的评估,以保障抵押贷款的金融安全,这是正常的业务范围,也没有违反国家法律规定。但是,G农信社要求入围评估机构要按照评估费用的8%缴纳评估咨询费,则于法于规都无据,且所称提供的“评估咨询业务”亦不属于其经营范围,收受评估咨询费的行为因此在实质上属于商业贿赂行为。一审、二审判决认定事实清楚,适用法律正确。

案例七:不正当有奖销售行为的认定

——基于张某与武汉K实业投资有限公司有奖销售纠纷案之分析

一、案情简介①

2015年11月,张某受武汉K实业投资有限公司(以下简称K有限公司)销售人员的邀请与其洽谈购房一事。在洽谈过程中,K有限公司销售人员书面向张某作出承诺:“若张某于2015年11月12日前交付规定购房定金,将给张某在K有限公司所购买的商品房打折,并且附赠面额1万元的H商场购物卡2张”。张某受到K有限公司促销活动的影响,于同年11月11日向K有限公司交付定金5万元,并与K有限公司签订购房合同一份。购房合同签订后,K有限公司销售人员向张某交付所约定的H商场面值1万元购物卡的2张。所购房屋交付后,张某持K有限公司所提供购物卡到H商场进行消费时,却被H商场告知此卡乃X装饰工程有限公司发放的购物卡,不能在H商场进行使用。张某与X装饰工程有限公司进行联系后被告知,“此卡并非购物卡,只是折扣卡;内无现金储值,而且不可重复使用”。随后,张某又与K有限公司进行联系,沟通所涉购物卡事宜,但是K有限公司一直以拖延方式处理此事。张某认为K有限公司的行为属于虚假有奖促销行为,于是将后者诉至法院,请求判令:(1)K有限公司赔偿张某

① 载中国裁判文书网2020年12月1日,https://wenshu.court.gov.cn/website/wenshu/181107ANFZ0BXSK4/index.html?docId=b41e4144f79e480d9095a9b3012bfbe4。

经济损失2万元;(2)K有限公司承担本案诉讼费用。

二、法院裁判

一审法院经审理认为:在本案中,原告张某与被告K有限公司就所涉商品达成的买卖协议,真实、合法、有效;在房屋销售过程中,为吸引客户、促成交易,被告K有限公司通过多种方式进行促销宣传,促销手段包括购房折扣优惠、附赠购物卡等;为促成原告张某与其签订商品房买卖合同,被告K有限公司承诺,若原告张某在规定时间内签订购房合同并支付购房定金,将赠与原告张某2张面额1万元的购物卡,这应当认定为有奖销售行为;原告张某在持卡进行消费时被告知该卡并非具有现金储值功能的购物卡,与被告K有限公司的承诺严重不符;K有限公司在赠卡售房行为中存在严重过错,赠卡这一奖励措施具有欺诈性,应当认定为不正当有奖销售行为。据此,受案法院依法判决如下:K有限公司赔偿张某经济损失2万元。

一审判决后,原、被告均未提起上诉,判决生效。

三、法理分析

本案是关于不正当有奖销售行为认定的典型案例。

一般认为,所谓有奖销售,是指经营者以销售商品或者获取竞争优势为目的,向消费者提供奖金、物品或者其他利益的行为。有奖销售又可进一步划分为抽奖式、附赠式等具体行为方式。抽奖式有奖销售是指经营者以抽签、摇号、游戏等带有偶然性或者不确定性的方法,决定消费者是否中奖的有奖销售行为;附赠式有奖销售是指经营者向满足一定条件的消费者提供奖金、物品或者其他利益的有奖销售行为。作为一种重要的、常见的经销方式,就经营者而言,有奖销售有助于提升形象、扩大影响、促成交易;对于消费者而言,有助于获得优惠交易条件。同时,在实践中,有奖销售也常常被不良经营者所利用,用以推销质次价高的商品、打击竞争对手等,既侵害了消费者的合法权益,又影响了公平竞争秩序。我国《反不正当竞争法》制定之初,就对不正当有奖销售行为进行了明确规定;2019年4月23日第十三届全国人民代表大会常务委员会第十次会议修正通过的《反不正当竞争法》明确禁止以下不正当有奖销售行为:(1)信息不明影响兑奖的。具体来说,就是指因所设奖的种类、兑奖条件、奖金金额或者奖品等有奖销售的关键信息不明确,影响消费者正常兑奖的情形。此种方式是经营者意在通过有奖促销的方式吸引消费者,但不想支付相应的奖项,便对奖项的范围以及功能做出不明确的解释,致使消费者在兑奖时出现困难。这种情形十分多见,如经营者宣传实行"买一赠一"的促销活动,但实际上是买一双鞋子赠送一双袜子。(2)欺骗式有奖销售。所谓欺骗式有奖销售，是指经营者采用谎称有奖或者故意让内定人员中奖的欺骗方式进行有奖销售。此种方式是在促销活动中进行虚假宣传，谎称有奖其实并没有奖项，常见的是所售商品表明开盖有奖，但实际无奖项，或者通过人为的干预使得内部人员或特定人员中奖。(3)高额抽奖式有奖销售。高额抽奖式有奖销售是指经营者采取抽奖式有奖销售方式，但奖励标准超过了法定标准。此种方式容易使消费者形成扭曲的消费观，即并非为了购物，而是为了中奖而去购买商品。大奖的销售成本最终转嫁到消费者的身上，还会造成小规模经营者被排挤出市场，造成市场的竞争秩序的破坏。

在本案中，被告K有限公司为吸引客户、促成交易，推出了包括折扣优惠等在内的一系列促销活动，原告张某决定购买所涉商品住房的重要原因之一也在于促销优惠。在平等自愿、充分沟通的基础上，原告张某与被告K有限公司签订了商品房买卖合同，原告张某按照约定支付购房款，被告K有限公司也按照约定提供了包括购物卡在内的购房优惠。但在持卡消费时，原告张某却获悉被告K有限公司所提供的购物卡并非促销承诺的现金充值卡，不具有支付结算功能，只是一般意义上的打折卡。显然被告K有限公司虚假赠卡行为是对诚实信用原则和商业基本道德的直接违反，是以欺骗方式诱导原告张某与其达成购房协议，构成《反不正当竞争法》所规定的不正当有奖销售行为。受案法院认定事实清楚，适用法律准确。

案例八：经营者的商业评论与商业诋毁界线如何厘定？

——基于北京燕园B语言教育研究中心诉北京燕园W语言教育中心等商业诋毁案之分析

一、案情简介①

原告北京燕园B语言教育研究中心(以下简称B语言教育公司)系一家以从事语言教育为主的公司。被告北京燕园W语言教育中心(以下简称W语言教育公司)同样是从事语言教育研究工作的公司。被告北京L外语教育研究中心(以下简称L外语教育公司)系一家开展语言教育的公司。2002年3月，原告B语言教育公司发现被告W语言教育公司在其印制的刊物上刊载名为《W语言教育公司收购B语言教育公司》的

---

① 载北大法宝2020年11月20日，https://www.pkulaw.com/pfnl/a25051f3312b07f3417670556806b72029836ab8ffff41eabdfb.html。

文章,文章称:“B 语言教育公司因为内部管理混乱,导致经营不善”;“B 语言教育公司资不抵债,名誉严重受损”;“B 语言教育公司因债务纠纷面临着倒闭”。同年 3 月 6 日,B 语言教育公司发现被告 L 外语教育公司在其印制的刊物上刊登标题为“热烈庆祝 W 语言教育公司成功收购 B 语言教育公司”的信息。B 语言教育公司认为,作为同业竞争者,W 语言教育公司、L 外语教育公司的上述行为严重损害了 B 语言教育公司的商业信誉,属于捏造、散布虚假事实的商业诋毁行为;加之,行为实施的时间节点恰值教育机构招生季,W 语言教育公司、L 外语教育公司的违法行为导致 B 语言教育公司的招生人数大幅减少,给 B 语言教育公司造成了名誉和经济双重损失。在沟通无果的情况下,B 语言教育公司将 W 语言教育公司、L 外语教育公司诉至法院,请求法院判令:(1)两被告立即停止侵权行为,并消除社会影响;(2)两被告向 B 语言教育公司公开赔礼道歉;(3)两被告赔偿 B 语言教育公司经济损失 5 万元。

W 语言教育公司辩称:刊发《W 语言教育公司收购 B 语言教育公司》一文的刊物是 W 语言教育公司的内部刊物,并未对外公开发行;《W 语言教育公司收购 B 语言教育公司》一文存在表述错误,将“拟收购”写成了“已收购”,并非有意为之;B 语言教育公司内部管理混乱、存在资不抵债情形且无办学资格,均属客观事实,W 语言教育公司系如实介绍,并无诋毁之意。因此,W 语言教育公司的行为并未侵害 B 语言教育公司的权益,不构成商业诋毁。

L 外语教育公司辩称:“W 语言教育公司收购 B 语言教育公司”的消息是由学员提供,L 外语教育公司只是据实报道,并非恶意诋毁,并未与 W 语言教育公司共谋,不构成商业诋毁。

二、法院裁判

一审法院经审理认为:B 语言教育公司、W 语言教育公司、L 外语教育公司的经营范围类似,三者之间具有竞争关系,但是依据现行法律规定,三者在经营过程中,应当遵循公平竞争基本原则,依靠自身努力而非不当方式获得竞争优势,任何通过诋毁他人而赢得竞争优势的行为都是为法律所不允许的;在本案中,内部管理混乱、存在资不抵债等关乎 B 语言教育公司经营状况的表述,其真实性、客观性的认定权不属于 W 语言教育公司或 L 外语教育公司,因为,二被告既不是行业主管部门,亦非新闻机构,无权对他人(尤其是同业竞争者)的经营状况进行监督和评价;W 语言教育公司虚构事实,并在宣传资料中进行广泛宣传,这势必会对 B 语言教育公司的企业形象和经营管理造成不良影响,将严重损害其商业声誉并影响其业务顺利开展;作为同业竞争者,L 外语教育公司在未依法核实的情况下,擅自将“W 语言教育公司收购 B 语言教育公司”这一虚假消息进行广泛宣传，并对所造成的危害后果在主观上呈放任态度，在客观上则造成不良影响；W语言教育公司、L外语教育公司与B语言教育公司同属教育培训机构，业务相同、客源重叠，W语言教育公司、L外语教育公司虚构事实行为必然会影响相关消费者的交易选择，优先选择W语言教育公司、L外语教育公司进行交易而舍弃B语言教育公司；W语言教育公司、L外语教育公司在虚构事实上虽无主观上的共同意思联络，但确实起到了交互印证、强化影响的实际效果，在收获更多客户的同时损害了B语言教育公司的合法权益；W语言教育公司、L外语教育公司对“W语言教育公司收购B语言教育公司”事宜的虚构或宣传并非出自善意，实为获得竞争优势之需要，对他人经营状况擅自做出贬损的行为，主观上出于不正当竞争的目的，客观上造成竞争对手形象受损，提升了自身的竞争优势；W语言教育公司、L外语教育公司的行为有悖诚实守信的商业道德，损害了良性的竞争秩序，构成商业诋毁的不正当竞争。综上，一审法院依法判决如下：(1)W语言教育公司、L外语教育公司立即停止实施针对B语言教育公司的不正当竞争行为；(2)W语言教育公司、L外语教育公司向B语言教育公司公开赔礼道歉，消除不良影响；(3)赔偿B语言教育公司经济损失1万元。

一审判决后，W语言教育公司不服判决依法提起上诉称：(1)刊发《W语言教育公司收购B语言教育公司》一文的刊物是W语言教育公司的内部刊物，并未对外公开发行，影响有限，一审法院据此判决其承担侵权责任，无法律和事实依据；(2)B语言教育公司无外语教育培训资格，由此产生的收益应属于违法所得，不受法律保护，一审法院判决赔偿B语言教育公司经济损失，无法律和事实依据；(3)依据现行法律规定，包括W语言教育公司在内的广大公众有权就B语言教育公司损害消费者权益的行为进行监督并且享有言论自由，W语言教育公司所揭示的B语言教育公司经营不善、管理混乱的内容客观真实。据此，请求法院撤销一审判决，驳回起诉。

L外语教育公司依法提起上诉称：“W语言教育公司收购B语言教育公司”的消息是由学员提供，L外语教育公司只是据实报道，并未与W语言教育公司形成侵害B语言教育公司商誉的共同故意。

二审法院经审理认为：具有竞争关系的经营者应当诚信经营、公平竞争，这既是基本商业道德之意，也是现行法律规定要求；W语言教育公司捏造B语言教育公司经营不善、负债累累等虚假消息，并通过自办报刊进行扩散传播，主观上具侵权故意，客观上也损害了B语言教育公司的商业信誉，构成不正当竞争；W语言教育公司虽主张其宣传行为是为了保护消费者合法权益，但并没有提供有效证据加以证明，这一主张与事实不符，亦于法无据；L外语教育公司未对“W语言教育公司收购B语言教育公司”这一消息的真实性进行核实，便通过报刊对该信息进行扩散，主观上具有过失，客观上也损害了B语言教育公司的商业信誉;W语言教育公司、L外语教育公司在侵害B语言教育公司商业信誉问题上,不存在共同故意,也没有实施共同侵权行为,不属于共同侵权,二者应当就各自的行为分别承担法律责任,一审判决认定二者共同侵权并承担连带赔偿责任,应当予以纠正;法律保护合法权益,B语言教育公司不具有办学资格,其培训所取得的收入亦属于非法收入,不应当受到法律的保护,此项损失不应当受到赔偿。据此,二审法院依法判决如下:撤销原审判决第三项决定,其他予以维持。

三、法理分析

本案是关于商业诋毁行为认定的典型案例。

一般认为,商业诋毁行为,又称商业诽谤行为,指经营者自己或利用他人,通过捏造、散布虚伪事实等不正当手段,对竞争对手的商业信誉、商品声誉进行恶意的诋毁、贬低,以削弱其市场竞争能力,并为自己谋取不正当利益的行为。简言之,商业诋毁行为就是指损害他人商誉、侵犯他人商誉权的不正当竞争行为。商业诋毁行为的构成要件主要有三:(1)行为主体是经营者。从事商品经营或者营利性服务的经营者实施的损害竞争对手商誉的行为构成不正当竞争行为,经营者以外的其他主体所实施的侮辱、诽谤、诋毁的行为则构成一般侵权行为。(2)行为主观认知为故意。商业诋毁行为以故意为主观认知状态,经营者实施商业诋毁的直接目的在于削弱竞争对手竞争能力、谋求市场竞争优势,唯有故意才构成这种不正当的竞争行为。(3)行为客观表现为对竞争对手的商业信誉、商品声誉进行恶意的诋毁、贬低。从实践来看,具体行为方式主要有二:一是凭空捏造或散布与其商业信誉、商品声誉真实情况不相符合的事情,包括无中生有的编造,也包括对真实情况的恶意歪曲;二是不公正、不准确、不全面地陈述客观事实,意在贬低、诋毁竞争对手的商誉。

作为典型的不正当竞争行为,商业诋毁行为在给其他经营者的商业信誉带来严重损害、给竞争对手造成经济损失的同时,往往相应地给自己带来竞争优势,为自己赢得更多交易机会、赚得更多商业利润,属于严重"损人利己"的恶劣行为;同时,也最终会损害消费者合法权益,破坏公平竞争市场秩序。因此,各国对商业诋毁行为多予以严格禁止、严厉打击。1993年9月2日第八届全国人民代表大会常务委员会第三次会议通过的《反不正当竞争法》第14条规定:"经营者不得捏造、散布虚伪事实,损害竞争对手的商业信誉、商品声誉。"2017年11月4日第十二届全国人民代表大会常务委员会第三十次会议修订通过的《反不正当竞争法》第11条规定:"经营者不得编造、传播虚假信息或者误导性信息,损害竞争对手的商业信誉、商品声誉。"

本案的争议焦点,在于被告W语言教育公司的行为是属于行使舆论监督权,还是构成商业诋毁，如何厘清彼此之间界限？市场主体、新闻媒体行使舆论监督权，一方面，有助于监督经营者，使其规范自身的经营行为；另一方面，有助于为消费者决策提供更多的参考，保障消费者的合法权益。但是，对经营者而言，由市场地位所决定，应当将其与消费者、新闻媒体对经营者表达的言论抑或进行的监督有所区别，而应附加更多的义务和限制。[①] 因此，经营者发表的商业言论应该真实、客观、适时、适当并且符合商业道德。[②] 在市场经济实践中，经营者以盈利为第一目标，无论是在逐利动机的驱使下自由表达言论，还是以市场主体身份行使舆论监督权，往往会考虑自身商业利益，由此导致行为异化为不正当竞争行为，如通过发表不实的言论打击竞争对手，降低竞争对手的商业信誉，从而增加自身的竞争优势。但是，这并不意味着经营者之间就不能进行舆论监督。经营者之间善意的监督、批评有利于经营者针对自身的不足进行改正，进而优化竞争环境，促进市场经济的良性发展。同时，需要予以明确的是，因具有竞争关系的经营者之间天然存在着利益上的冲突，因此，经营者针对竞争对手发表的言论或所进行的监督批评更应当保持真实、客观、公允原则，应当负担更高的限制和注意义务。在判断经营者相关行为是属于自由表达言论抑或行使舆论监督权，还是构成商业诋毁不正当竞争行为，关键在于对经营者主观目的的准确判断，要看其主观上是善意行使言论监督，还是恶意诋毁竞争对手。《反不正当竞争法》规定："经营者不得编造、传播虚假信息或误导性信息损害竞争对手的商业信誉、商品声誉。"这是对商业诋毁行为客观构成要件的规定，并没有涉及经营者的主观认知状态，因此对其主观认知判断需要由裁判者结合实际的案情进行综合决策。其中，经营者是否尽到了合理的审查和注意义务是重要因素之一。

在本案中，W 语言教育公司始终坚持自己是在行使言论自由权，其本意是为了保护消费者权益以及社会公共利益而进行监督、批评，并认为，B 语言教育公司不具备办学资格且管理混乱、负债累累等表述均属事实。需要明确的是，作为经营者，W 语言教育公司虽具有表达言论、行使舆论监督的权利，但权利的行使应当具有边界，不能超出法律所规定的范围。诚实守信、公平竞争，不得捏造、散布虚假事实或误导性的事实，不得损害其他经营者的商誉，是表达言论、行使舆论监督的"红线"所在。W 语言教育公司不仅虚构了其收购 B 语言教育公司的事实，而且通过自办刊物进行广泛宣传，并承认将"拟收购"误写成"已收购"，且并不能提供有效证据证明 B 语言教育公司管理混乱、经营不善、资不抵债等表述确定属实、客观存在。L 外语教育公司未对"W 语言教育公

① 参见姚辉、阙梓冰：《批评同行的尺度——商业诋毁行为的司法认定》，载《中国应用法学》2018 年第 6 期。

② 参见刘闻：《论商业言论自由的法律边界》，载《江西社会科学》2016 年第 8 期。

司收购B语言教育公司"这一消息的真实性进行核实,便通过报刊对该信息进行扩散,虽无法证明其主观上属于故意,但显然存在重大过失,且在客观上助推了W语言教育公司所实施的侵权行为,属于传播虚假事实,具有可归责性。综上,W语言教育公司、L外语教育公司均构成商业诋毁行为,因此,应当停止侵权行为并消除不良影响。

本案给我们的最大启示是,当经营者之间在言论自由、舆论监督与商誉保护三者之间出现行为交错时,法律应当更多关注商誉保护问题,对商誉实行倾斜性保护,而对发表言论、舆论监督则应赋予经营者以较高的注意义务。其原因在于,经营者在对其竞争对手发表言论或进行的舆论监督时,往往因利益冲突而很难保持客观、公允立场。因此,对经营者基于获得竞争优势而发表的言论或进行的监督更应当予以客观看待、公正评价、妥适规范,若侵害其他经营者商业信誉,则应当依法追究其法律责任。

案例九:"暗刷流量"行为之性质认定

——基于北京A科技有限公司诉杭州F信息科技有限公司等不正当竞争纠纷案之分析

一、案情简介①

北京A科技有限公司(以下简称A有限公司)经营某知名视频网站。被告杭州F信息科技有限公司(以下简称F有限公司)专门提供针对视频网站的刷流量服务。被告吕某峰是F有限公司股东及法定代表人。被告胡某敏是F有限公司股东及监事。A有限公司指出,3被告通过分工合作,使用多个域名,不断更换IP地址,连续访问A有限公司所经营的视频网站,短时间内迅速提高视频的点击量,共制造了9.5亿余次的虚假访问量,非法获利上百万元。A有限公司认为,3被告的行为已经违反了《反不正当竞争法》相关规定,属于不正当竞争行为,严重损害了A有限公司的合法权益。在沟通无果的情况下,A有限公司向法院提出诉讼请求,请求判令:(1)3被告立即停止实施针对A有限公司的侵权行为;(2)3被告赔偿A有限公司经济损失500万元;(3)三被告向A有限公司公开赔礼道歉。

3被告共同辩称:(1)吕某峰、胡某敏是F有限公司股东和员工,其实施行为属于履

---

① 载中国裁判文书网2020年11月23日,https://wenshu.court.gov.cn/website/wenshu/181107ANFZ0BXSK4/index.html?docId=8d8a992491d94ca59395aa92008f8f25。

行职务、代表行为,应当由F有限公司对外负责,因此,吕某峰、胡某敏并不是本案适格被告。(2)F有限公司和A有限公司的经营范围、盈利模式等均不相同,不具有直接竞争关系,不属于同业竞争者,现行《反不正当竞争法》对所诉争的"刷流量行为"并没有进行规定,因此,F有限公司的行为不构成不正当竞争。(3)A有限公司主张F有限公司在其经营的网站上制造了9.5亿余次的虚假访问量并且获利上百万元与事实不符,因为70%的数据都已经被A有限公司采取技术手段予以屏蔽,已屏蔽的数据不会对A有限公司造成任何损害;同时,F有限公司亦需要为此支付运营成本,因此,实际获利极为有限。此外,根据视频网站的盈利模式,视频访问量越高,网站越能获得更高的广告收入,可以冲抵A有限公司因"刷流量行为"而造成的损失,A有限公司所主张的经济损失数额过高,与事实不符。

被告于2017年9月13日停止实施了侵权行为,A有限公司对此予以确认并申请撤回停止侵权的诉讼请求,法院经审查裁定予以准许。

二、法院裁判

一审法院审理认为:(1)3被告通过技术手段增加A有限公司经营网站视频访问量的行为构成不正当竞争。虽然1993年9月2日第八届全国人民代表大会常务委员会第三次会议通过的《反不正当竞争法》虽未以列举方式对3被告所实施的"刷流量行为"进行明确禁止,但并不意味着该行为就一定不属于《反不正当竞争法》的不正当竞争行为。其原因在于,在现实中,不正当竞争行为复杂多样,《反不正当竞争法》所列举的不正当竞争行为只是针对立法时显化的、突出的类型化不正当竞争行为,对于非类型化的不正当竞争行为可以通过《反不正当竞争法》的原则性条款加以认定。① 在本案中,虽然F有限公司和A有限公司经营范围、盈利模式等均不相同,不具有直接竞争关系,不属于同业竞争者,但是从《反不正当竞争法》的相关规定来看,其调整、禁止的不正当竞争行为不限于同业竞争行为,破坏市场竞争秩序、损害其他经营者合法权益的不正当竞争行为都属于《反不正当竞争法》的调整范畴,因此,3被告的行为构成反不正当竞争行为,亦应受到《反不正当竞争法》的规制。根据视频网站的运营模式,视频的数据访问,既能够为经营者带来经济收入,也是其进行运营决策的重要依据,具有重要的

① 1993年9月2日第八届全国人民代表大会常务委员会第三次会议通过的《反不正当竞争法》第2条第2款规定:"本法所称的不正当竞争,是指经营者违反本法规定,损害其他经营者的合法权益,扰乱社会经济秩序的行为。"2019年4月23日第十三届全国人民代表大会常务委员会第十次会议修正通过的《反不正当竞争法》第2条第2款规定:"本法所称的不正当竞争,是指经营者违反本法规定,损害其他经营者的合法权益,扰乱社会经济秩序的行为。"

商业价值,属于经营者重要的商业利益,应当受到法律保护。在本案中,3 被告在明知 A 有限公司已采取相应防范措施的情形下,仍然利用技术手段持续增加无效视频点击量,主观恶意明显,有违公认的商业道德,具有不正当性。此外,吕某峰、胡某敏与 F 有限公司构成共同侵权。法人承担责任的前提必须是法定代表人和职工在履行职务行为,是为了公司的利益。在本案中,吕某峰以自己的名义开设淘宝店,负责售卖虚设产品,胡某敏负责利用技术实施侵权行为,2 人所得收益由其自行处置,并未交给公司。因此,吕某峰、胡某敏的行为系独立于公司,并非履行职务行为,而是与公司分工合作,应当认定其属于经营者,与 F 有限公司构成共同侵权。(2)3 被告侵害了 A 有限公司的合法权益,应当依法承担侵权责任。对于经营者而言,视频数据蕴含着巨大的商业价值,是经营者获得收入和支付成本的重要依据。在本案中,3 被告通过技术手段增加无效视频访问数据导致 A 有限公司需要支付额外的成本和费用;同时,虚假的视频访问数据会影响视频排行,误导消费者,降低消费者的消费体验,进而使消费者误认为 A 有限公司所提供的视频服务质量差,不能满足消费者和市场的需求,不再信赖 A 有限公司而选择其他服务提供商,这严重损害 A 有限公司的商业信誉和经济利益。综上,一审法院依法判决如下:(1)3 被告赔偿 A 有限公司经济损失 50 万元;(2)三被告在指定媒体刊登说明,消除影响。

一审判决后,原被告均不服判决,依法提起上诉。

A 有限公司上诉称:(1)3 被告共制造 9.5 亿余次的虚假视频访问量,即使按照 24.5% 的成功率计算,3 被告的获利也达 94 万元;(2)已有证据显示,在 A 有限公司甄别出无效视频访问数据后,3 被告仍然向委托人收取报酬;(3)三被告的侵权成本不应当从违法收益当中扣除。一审法院认定 3 被告实施不正当竞争行为事实清楚,适用法律正确,但是赔偿金额过低,请求法院判决赔偿损失 500 万元。

F 有限公司、吕某峰、胡某敏上诉称:(1)吕某峰、胡某敏的行为属于履行职务,对此应当由 F 有限公司承担责任;(2)"刷流量行为"未给 A 有限公司造成任何损失;(3)"刷流量行为"是由作为第三人的视频营销商委托,相关责任应由视频营销商单独承担;(4)A 有限公司对"刷流量行为"实施了技术屏蔽,大大降低了视频刷量的成功率,去除人工和运营成本之后,收益有限,且由此增加的广告收入足以冲抵 A 有限公司所称的经济损失;(5)"刷流量行为"系秘密进行,并未公开,不会降低 A 有限公司的社会评价,因此不属于《反不正当竞争法》所禁止的不正当竞争行为。

二审法院经过审理认为:F 有限公司、吕某峰、胡某敏所实施的"刷流量行为"构成《反不正当竞争法》所规定的虚假宣传行为,属于帮助他人实施引人误解的虚假宣传行为;一审法院认定行为性质属于不正当竞争行为,并无不当,但是在适用具体条款时出现瑕疵，应当依法纠正；F有限公司、吕某峰、胡某敏的行为属于共同侵权行为，因此，应当承担连带的侵权责任；一审判决中的侵权赔偿损失数额以及赔礼道歉，于法有据，并无不当，应予维持。据此，二审法院依法判决如下：驳回上诉，维持原判。

三、法理分析

本案是关于新型不正当竞争行为认定的典型案例。

本案诉争焦点为"刷流量行为"的性质界定，即该行为是否属于《反不正当竞争法》所规定的不正当竞争行为，对此须着重把握好以下问题：(1)妥适把握《反不正当竞争法》原则性条款的适用条件。1993年9月2日第八届全国人民代表大会常务委员会第三次会议通过的《反不正当竞争法》于不正当竞争行为的规制采取了"列举＋概括"的立法模式。除对商业混淆、商业贿赂、虚假商业宣传、侵犯商业秘密、不当有奖销售、商业诋毁等典型不正当竞争行为予以明确规定外，对不正当竞争行为进行了概括性规定，该法第2条第2款规定："本法所称的不正当竞争行为，是指经营者在生产经营活动中，违反本法规定，扰乱市场竞争秩序，损害其他经营者或者消费者的合法权益的行为。"这一立法模式优点突出，既能够实现对典型不正当竞争行为的重点规制，还较好地保持了法律适用的灵活性。其中，概括性规定（或称原则性条款）虽然在适用上具有较强的灵活性，能够及时回应经济社会发展的新需要，但是由概括性、原则性的本质特征所决定，其在适用中也存在一定的不确定性。概括性规定（或称原则性条款）在司法适用上应当保持谦抑性，避免因超过合理限度、不当扩大适用范围而对竞争机制的正常发挥产生负面影响。概括性规定（或称原则性条款）并非法官在判决中可以自由发挥的空白授权，需要在法律的灵活性与可预见性之间寻求平衡。① 从司法实践来看，虽然在概括性规定（或称原则性条款）的适用问题上已经积累了一定经验，但仍未形成规范、统一的适用规则体系。例如，在本案中，一审、二审法院就对不正当竞争行为概括性规定（或称原则性条款）的适用出现了认知分歧。这进一步说明，目前亟须构建规范的、统一的概括性规定（或称原则性条款）适用规则体系，以更好地指导司法实践。一般认为，概括性规定（或称原则性条款）须满足以下条件：首先，《反不正当竞争法》并未以列举的方式对所涉不正当竞争行为进行明确规定；其次，所涉不正当竞争行为具有不正当性，即违背了自愿、公平、诚实守信等基本原则和公认的商业道德；最后，所涉不正当竞争行为

---

① 参见孔祥俊：《反不正当竞争法的司法创新和发展——为〈反不正当竞争法〉施行20周年而作》，载《知识产权》2013年第12期。

给其他经营者和市场公平竞争秩序带来了实际损害。① 这三个条件缺一不可,三个条件必须同时满足,才能够独立适用原则性条款。(2)对竞争行为的认定宜做广义理解而不必局限于“同业竞争”范畴。一般认为,不正当竞争行为发生于竞争对手之间,一般是以同业竞争为常态,但是不应局限于此。其原因在于,随着市场经济体制的日益健全、市场经济水平的不断提高,市场分工越发细致,市场主体之间的利益演化与冲突越发复杂,市场竞争越来越激烈,竞争需求与形式已超出同业范畴,向其他领域进行拓展。一个基本的认知是,经营者只要实施了损人利己的非正常竞争行为,都应当可以认定为不正当竞争关系。同业竞争关系可以被理解为是最基础的竞争关系,但是除了同业竞争之外,如果经营者所实施的竞争行为减损了其他经营者的合法权益或者竞争优势,而这种竞争行为又具有不正当性,那么这样的竞争行为就应当被认定为不正当竞争行为。对竞争关系予以广义理解与《反不正当竞争法》立法目的相契合。“为了保护市场经济的健康发展,鼓励和保护公平竞争,制止不正当竞争,保护经营者与消费者的合法权益”系《反不正当竞争法》的立法目的所在。要实现这一立法目的,必须要跳出“同业竞争”的认知,应当以是否扰乱公平竞争秩序为核心评价标准,而不必纠结于所涉行为是侵害了同业竞争者合法权益,还是侵害了其他经营者和消费者的合法权益,只要于公平竞争秩序有害,就可以认定为不正当竞争行为。

流量是互联网时代重要的商业资源,是评判商品或者服务商业价值、影响力、口碑的重要依据。高流量往往意味着高关注、高人气,其能够为经营者带来更多商业机会,能够帮助经营者获得更多收益。同时,真实的流量反映了消费者和市场的需求与选择,是市场经济下资源优化配置的重要方式之一;而不真实的流量往往会给相关公众带来虚假的认知,进而误导相关公众的决策和选择,是对诚实信用基本原则的直接违反,是对公平竞争环境的严重破坏,是对良好竞争秩序的严重影响。在实践中,不良经营者利用技术手段实施“暗刷流量”,在提高自身竞争优势、获得不正当收益的同时,直接损害了其他经营者和广大消费者的合法权益,严重扰乱了良好竞争秩序。1993 年 9 月 2 日第八届全国人民代表大会常务委员会第三次会议通过的《反不正当竞争法》虽然未对“暗刷流量”行为的性质予以明确界定,但由其行为目的、行为方式、行为后果来看,应当适用关于不正当竞争行为界定的概括性规定(或称原则性条款),将其界定为不正当竞争行为,以回应、实现《反不正当竞争法》的立法目的。其原因在于,以技术手段所实施的“暗刷流量”行为会造成相关公众对所涉视频播放量、质量、关注度等形成错误认知,会误导消费者决策和选择意向,会直接损害其他经营者的合法权益。

---

① 参见吴峻:《反不正当竞争法一般条款的司法适用模式》,载《法学研究》2016 年第 2 期。

本案发生于2017年之前，应当适用1993年9月2日第八届全国人民代表大会常务委员会第三次会议通过的《反不正当竞争法》。一审、二审法院均将F有限公司、吕某峰、胡某敏所实施的“刷流量行为”界定为不正当竞争行为，虽对具体行为方式存在认知分歧，一审法院认为，所涉行为的规制应当适用反不正当竞争行为认定的概括性规定（或称原则性条款），属于新型不正当竞争行为，二审法院认为，F有限公司、吕某峰、胡某敏所实施的“刷流量行为”属于帮助他人实施引人误解的虚假宣传行为，但均符合《反不正当竞争法》立法目的，是对《反不正当竞争法》的恰当解释，具有进步意义和创新价值。

2017年11月4日第十二届全国人民代表大会常务委员会第三十次会议表决通过了新修订的《反不正当竞争法》，这是《反不正当竞争法》自1993年施行以来，第一次迎来重大修订。新《反不正当竞争法》第12条对利用软件等技术手段在互联网领域干扰、限制、影响其他经营者及用户的行为作了规定，[①]用以规范新型网络不正当竞争行为，通称“互联网专条”，这是本次修订的亮点之一。在本案中，若F有限公司、吕某峰、胡某敏所实施的“刷流量行为”发生于修法之后，则可直接适用“互联网专条”，属于“其他妨碍、破坏其他经营者合法提供的网络产品或者服务正常运行的行为”。

① 《反不正当竞争法》第12条第2款规定：“经营者不得利用技术手段，通过影响用户选择或者其他方式，实施下列妨碍、破坏其他经营者合法提供的网络产品或者服务正常运行的行为：（一）未经其他经营者同意，在其合法提供的网络产品或者服务中，插入链接、强制进行目标跳转；（二）误导、欺骗、强迫用户修改、关闭、卸载其他经营者合法提供的网络产品或者服务；（三）恶意对其他经营者合法提供的网络产品或者服务实施不兼容；（四）其他妨碍、破坏其他经营者合法提供的网络产品或者服务正常运行的行为。”

第六编　证　券　法

案例一：证券虚假陈述行为的具体认定

——基于王某与浙江 X 文化股份有限公司、赵某证券虚假陈述责任纠纷案之分析

一、案情简介①

浙江 X 文化股份有限公司（以下简称 X 文化公司）的股票代码为 600576，于 2003 年 2 月 20 日在上海证券交易所上市交易。2016 年 12 月 27 日，X 文化公司发布《X 文化公司关于第一大股东签署〈股份转让协议〉暨控制权变更的提示性公告》，协议载明：2016 年 12 月 23 日，X 文化公司第一大股东 W 集团有限公司（以下简称 W 集团公司）与西藏 L 文化传媒有限公司（以下简称 L 传媒公司）签署了《W 集团公司与 L 传媒公司之股份转让协议》。W 集团公司将所持有的占公司股份总数 29.135% 的 18,500 万股 X 文化公司流通股股份转让给 L 传媒公司。2017 年 1 月 12 日，X 文化公司按规定发布的《公告》载明：本次收购所需资金 305,990 万元全部为自筹资金，股东自有资金 6000 万元已于 2016 年 12 月 26 日支付。其中，向西藏 Y 资产管理有限公司（以下简称 Y 资管公司）借款 150 亿元，已发放 1.9 亿元；向金融机构质押剩余融资 149.99 亿元，审批手续于 2017 年 1 月 31 日前完成。2017 年 1 月 12 日，X 文化公司股票恢复交易后连续两个交易日涨停，第三个和第四个交易日股票继续全线上涨。

2017 年 2 月 14 日，X 文化公司发布《X 文化公司关于股东股份转让交易数量发生变动的公告》，公告载明：2017 年 2 月 13 日，公司第一大股东与 L 传媒公司签署《股份转让协议》，对 2016 年 12 月 23 日签署的《股份转让协议》的内容进行调整，将 18,500 万股原定转让给 L 传媒公司的股份调整为 3200 万股，转让总价款调整为人民币 52.928 亿元。调整后 L 传媒公司将全部以现金形式支付股份转让价款，L 传媒公司目前已经支付转让价款人民币 25 亿元，尚需支付剩余股份转让价款人民币 27.928 亿元。L 传媒公司能否按期足额付清尚存在不确定性，请投资者注意相关风险。2017 年 2 月 16 日，X 文化公司按要求发布的《公告》载明：《股份转让协议》签订之后，L 传媒公司与 A 银

① 载北大法宝 2020 年 12 月 1 日，https://www.pkulaw.com/pfnl/a6bdb3332ec0adc4b6992e59701e87394e32ec43efc053bdbdfb.html。

行某支行立即就本项目融资相关事宜协商,并于 2016 年 12 月 29 日初步达成融资方案。但由于融资金额较大,融资方案未获得 A 银行总行批准。L 传媒公司认为无法如期履约完成融资。

2017 年 2 月 27 日,X 文化公司收到中国证券监督管理委员会《调查通知书》,内容如下:“因你公司涉嫌违反证券法律法规,根据《证券法》的有关规定,我会决定对你公司进行立案调查,请予以配合。”X 文化公司复牌后的当日股价下跌 10.02%。2017 年 4 月 1 日,X 文化公司发布的《公告》载明:经协商后,L 传媒公司与 W 集团公司决定终止股权交易,解除原股份转让协议。公告公布后的第一个交易日,X 文化公司股价下跌 2.39%。2018 年 4 月 17 日,中国证券监督管理委员会依法作出处罚决定如下:(1)对 X 文化公司、L 传媒公司责令改正,给予警告,并分别处以 60 万元罚款;(2)对孔某勇、黄某龙、赵某给予警告,并分别处以 30 万元罚款。

王某于 2017 年 1 月 24 日买入 X 文化公司股票,金额为 63,330 元;于 2017 年 1 月 26 日再次买入 X 文化公司股票,金额分别为 41,840 元、20,860 元、41,600 元、41,740 元。王某认为,X 文化公司的虚假陈述行为使其产生亏损,遂向人民法院提起诉讼,请求:(1)被告 X 文化公司赔偿原告王某投资差额损失、佣金、印花税和利息损失等合计 96,203.29 元;(2)赵某属于“其他做出虚假陈述的自然人”,构成共同侵权,对 X 文化公司所负义务应承担连带赔偿责任;(3)X 文化公司、赵某共同承担本案全部诉讼费用。

被告 X 文化公司辩称:(1)《行政处罚决定书》认定的 X 文化公司信息披露违法行为与上市公司一般的信息披露违法行为有所不同,涉及违规披露的信息是 L 传媒公司作为上市公司收购方并通过 X 文化公司披露发布的资金安排和项目进展的相关信息,而非 L 传媒公司自身财务、管理和经营等相关信息。(2)《行政处罚决定书》认定的 X 文化公司构成违法披露的相关信息并不是《证券法》所规定的“重大事件”,不会对投资者的交易决策产生影响,不构成《关于虚假陈述赔偿的规定》规定的依法应当承担民事赔偿责任的虚假陈述。(3)在本案中,影响投资者投资判断的是 L 传媒公司收购 X 文化公司股权交易失败的信息,而不是 X 文化公司的信息披露违法行为,案涉投资者的投资决策与信息披露的违法行为之间不存在因果关系。(4)X 文化公司股价未因案涉信息披露行为的违法而明显下跌,且在揭露日至基准日期间,X 文化公司股价涨幅高于同期内大盘、行业指数,足以证明 X 文化公司信息披露违法行为并未造成股价波动的影响。因此,本案投资者的投资决策及产生的损失是证券市场风险等因素导致的,与案涉信息披露违法行为并无因果关系。

被告赵某辩称:(1)其不属于虚假陈述民事赔偿的责任主体,不是本案适格被告。

(2)案涉《行政处罚决定书》所认定的信息披露事项不属于“重大事件”,赵某不应承担赔偿责任。(3)王某主张的投资损失是由证券市场风险及其他风险造成的,其损失与案涉虚假陈述行为无因果关系,赵某不应承担赔偿责任。(4)案涉虚假陈述行为主体为上市公司,其应为承担赔偿义务的第一责任人。

二、法院裁判

一审法院经审理认为:上市公司依法披露的信息,必须真实、准确、完整,不得有虚假记载、误导性陈述或者重大遗漏。X 文化公司于 2017 年 1 月 12 日、2017 年 2 月 16 日发布公告的主要内容系指向 X 文化公司控股权交易相关事宜,而两份公告中披露的信息存在虚假记载、误导性陈述及重大遗漏等问题,且该些信息披露问题已被中国证券监督管理委员会的《行政处罚决定书》予以查明并处罚。X 文化公司的信息披露问题对投资者和市场预期产生了严重误导,该行为已经构成虚假陈述。虚假陈述被揭露的意义在于其对证券市场发出警示信号,提醒投资人重新判断股票价值,进而对市场价格产生影响。在本案中,王某于 X 文化公司虚假陈述实施日之后、揭露日前买入 X 文化公司股票,且在揭露日之后持有 X 文化公司股票 10,000 股产生亏损,依据现行规定,[①]王某的相应投资损失与 X 文化公司虚假陈述之间存在因果关系。王某自买入并持有 X 文化公司股票至基准日止,该段期间内以上海证券交易所挂牌上市的全部股票为计算范围、并以发行量为权数的上证指数未出现较大幅度下跌现象,该段期间内证券市场个股价格并未出现整体性下跌,故现有情形无法表明本案存在证券市场系统风险等其他因素,X 文化公司的相应抗辩事由缺乏依据,应对王某的相应投资损失承担民事赔偿责任。赵某当时系 L 传媒公司的法定代表人、控股股东,在《股份转让协议》《关于股份转让协议之补充协议》等文件上签字,知晓并支持收购事项,知悉公告内容,表明其知道虚假陈述而未明确表示反对,应当承担相应民事责任。赵某属于适格被告,与 L 传媒公司构成共同虚假陈述,应承担共同侵权责任,王某可以选择请求 X 文化公司和赵某承担连带责任。综上,一审法院遂依法判决如下:(1)X 文化公司支付王某赔偿款 54,508.80

---

① 2002 年 12 月 26 日由最高人民法院审判委员会第 1261 次会议通过的《关于审理证券市场因虚假陈述引发的民事赔偿案件的若干规定》第 18 条规定:“投资人具有以下情形的,人民法院应当认定虚假陈述与损害结果之间存在因果关系:(一)投资人所投资的是与虚假陈述直接关联的证券;(二)投资人在虚假陈述实施日及以后,至揭露日或者更正日之前买入该证券;(三)投资人在虚假陈述揭露日或者更正日及以后,因卖出该证券发生亏损,或者因持续持有该证券而产生亏损。”需要补充说的是,《关于审理证券市场因虚假陈述引发的民事赔偿案件的若干规定》现已失效。2021 年 12 月 30 日最高人民法院审判委员会第 1860 次会议通过了《最高人民法院关于审理证券市场虚假陈述侵权民事赔偿案件的若干规定》,并自 2022 年 1 月 22 日起施行。

元、利息27.03元,合计54,535.83元;(2)赵某对上述第一项X文化公司的债务承担连带责任;(3)驳回王某的其他诉讼请求。

一审判决后,X文化公司与赵某均不服判决,遂依法提起上诉。

二审法院认为:在本案中,投资人王某买入案涉股票至基准日止,上海证券交易所上证指数并未出现较大幅度的下跌,因此不能认定本案存在系统风险等其他因素导致投资损失。X文化公司于2017年1月12日、2017年2月16日发布的公告就W集团公司向L传媒公司转让股权所涉转让款筹资计划和安排、融资计划等信息存在虚假记载、重大遗漏,公告事项中涉及公司5%以上控股权交易,属于证券交易过程中的重大事件。投资人对所选购股票的法定信息披露义务人所披露的信息基于足够信赖而作出的股票购买决定。X文化公司于2017年1月12日虚假陈述实施日复牌后,连续两个交易日出现涨停,而后继续收涨,涨幅高达32.77%。2017年2月28日虚假陈述揭露日复牌后,当日股价下跌10.02%。本案投资人王某正是在此期间投资的股票,在虚假陈述揭露日及以后因卖出该股票而发生亏损,虚假陈述揭露日前的股价并非正常价格,而是因虚假陈述处于虚高状态,应认定该虚假陈述与损害结果之间存在因果关系。所谓系统风险,是指由整个政治、经济、社会等环境因素对证券价格所造成的影响。风险所造成的后果具有普遍性,不可能通过购买其他股票保值。无论是系统风险还是其他因素,均应是对证券市场及所有的股票价格产生影响。系统风险等其他因素是否存在,应由X文化公司、赵某承担举证责任,但其并未提供有力证据予以证明。X文化公司2017年2月16日公告融资计划无法按期完成后,导致投资人失去信心,股票价格出现持续下跌,并不属于该股票的正常价格波动,不应由投资人承担。X文化公司2017年1月12日、2017年2月16日两次公告均与案涉股权转让项目计划和进展有关,上述信息存在虚假记载、误导性陈述及重大遗漏,这是导致投资人投资损失的直接原因。赵某作为L传媒公司的法定代表人,在《股权转让协议》《借款协议》上签名,为X文化公司于2017年1月12日、2017年2月26日披露的公告事项提供相关个人材料,尤其在该股权转让过程中,L传媒公司通过X文化公司对公告披露的信息存在虚假记载、误导性陈述及重大遗漏。赵某对此知悉,但未明确表示反对,存在过错。赵某应对X文化公司造成的投资人损失承担连带责任,有相应的事实和法律依据。综上,二审法院依法判决如下:驳回上诉,维持原判。

三、法理分析

本案是关于证券虚假陈述行为具体认定的典型案例。

一般认为,所谓证券虚假陈述,又称不实陈述,是指信息披露义务人违反法律规定,在证券发行或者交易过程中,对重大事件作出违背事实真相的虚假记载、误导性陈述,或者在披露信息时发生重大遗漏、不正当披露信息的行为。[①] 2002 年 12 月 26 日由最高人民法院审判委员会第 1261 次会议通过的《关于审理证券市场因虚假陈述引发的民事赔偿案件的若干规定》进一步将证券虚假陈述行为划分为以下四种具体类型:(1)虚假记载行为。所谓虚假记载,是指信息披露义务人在披露信息时,将不存在的事实在信息披露文件中予以记载的行为。(2)误导性陈述行为。所谓误导性陈述,是指信息披露义务人在信息披露文件中或者通过媒体,作出使投资人对其投资行为发生错误判断并产生重大影响的陈述。(3)重大遗漏行为。所谓重大遗漏,是指信息披露义务人在信息披露文件中,未将应当记载的事项完全或者部分予以记载。(4)不正当披露行为。所谓不正当披露,是指信息披露义务人未在适当期限内或者未以法定方式公开披露应当披露的信息。

证券虚假陈述是上市公司侵害中小投资者合法权益最常见的违法行为,个别上市公司披露虚假信息或隐瞒、延迟重要信息的发布,从而达到粉饰公司业绩、提升股价等目的,严重扰乱了证券市场的经济秩序和价格机制,导致证券价格无法真实反映上市公司的实际价值,投资者很容易被这些虚假信息迷惑而做出错误的投资判断,一旦虚假信息被揭露,会对证券市场的股价波动产生影响,受到虚假信息迷惑的投资者在利益受损的同时,也会失去对证券市场的投资信心,从而影响信息披露制度的公信力,破坏证券资本市场的稳定发展。《证券法》第 78 条第 2 款明确规定:"信息披露义务人披露的信息,应当真实、准确、完整,简明清晰,通俗易懂,不得有虚假记载、误导性陈述或者重大遗漏。"为有效规制证券虚假陈述行为,《证券法》还建立了完善的责任追究体系:(1)证券虚假陈述行为民事责任追究。信息披露义务人未按照规定披露信息,或者公告的证券发行文件、定期报告、临时报告及其他信息披露资料存在虚假记载、误导性陈述或者重大遗漏,致使投资者在证券交易中遭受损失的,信息披露义务人应当承担赔偿责任。此外,发行人的控股股东、实际控制人、董事、监事、高级管理人员和其他直接责任人员以及保荐人、承销的证券公司及其直接责任人员,应当与发行人承担连带赔偿责任,但是能够证明自己没有过错的除外。(2)证券虚假陈述行为行政责任追究。违反法律规定,在证券交易活动中作出虚假陈述或者信息误导的,责令改正,处以 20 万元以上 200 万元以下的罚款;属于国家工作人员的,还应当依法给予处分。

---

① 2002 年 12 月 26 日由最高人民法院审判委员会第 1261 次会议通过的《关于审理证券市场因虚假陈述引发的民事赔偿案件的若干规定》第 17 条第 1 款规定:"证券市场虚假陈述,是指信息披露义务人违反证券法律规定,在证券发行或者交易过程中,对重大事件作出违背事实真相的虚假记载、误导性陈述,或者在披露信息时发生重大遗漏、不正当披露信息的行为。"

此外，法律还赋予了投资者以必要的诉讼权利，即在因虚假陈述行为造成损失时，可以依法向人民法院提起诉讼，并请求责任主体依法赔偿因其虚假陈述造成的投资者损失。2002 年 12 月 26 日由最高人民法院审判委员会第 1261 次会议通过的《关于审理证券市场因虚假陈述引发的民事赔偿案件的若干规定》对证券虚假陈述民事赔偿诉讼机制作了详细规定，特殊设计在于，证券虚假陈述民事赔偿诉讼提起以“有关机关的行政处罚决定或者人民法院的刑事裁判文书”的出具为前提。① 易言之，投资者必须先证实存有中国证券监督管理委员会或其派出机构的行政处罚决定或人民法院制作的刑事裁判文书，人民法院才可以受理该类案件，即法律对证券投资者的民事救济设置了前置程序。②

在本案中，X 文化公司就其大股东 W 集团公司与 L 传媒公司的股权转让信息披露构成证券虚假陈述行为而被中国证券监督管理委员会予以行政处罚，且投资人王某因 X 文化公司的虚假陈述行为而遭受经济损失，因此，王某有权依法提起民事赔偿之诉以保护其合法权益。本案诉争的焦点在于，投资人王某所受损失是由 X 文化公司虚假陈述所致，还是由系统风险等其他因素所致。一方面，投资人王某自买入并持有 X 文化公司股票至基准日止，该段期间内上证指数未出现较大幅度下跌现象、证券市场个股价格并未出现整体性下跌，且 X 文化公司的相应抗辩事由缺乏依据，因此不能认定本案存在系统风险等其他因素导致了投资损失。另一方面，X 文化公司的虚假陈述与投资人王某的损害结果之间存在直接因果关系。因此，认定 X 文化公司应当就投资人王某所遭受的损失承担损害赔偿责任。同时，作为 L 传媒公司的法定代表人，赵某知悉 X 文化公司的虚假陈述行为，但未明确表示反对，存在过错，因此，应对 X 文化公司给投资人王某造成的损失承担连带责任。受案法院认定事实清楚，适用法律准确。

---

① 2002 年 12 月 26 日由最高人民法院审判委员会第 1261 次会议通过的《关于审理证券市场因虚假陈述引发的民事赔偿案件的若干规定》第 6 条第 2 款还规定：“投资人提起虚假陈述证券民事赔偿诉讼，除提交行政处罚决定或者公告，或者人民法院的刑事裁判文书以外，还须提交以下证据：(一) 自然人、法人或者其他组织的身份证明文件，不能提供原件的，应当提交经公证证明的复印件；(二) 进行交易的凭证等投资损失证据材料。”

② 参见钱玉文、周晓杰：《证券机构虚假陈述的信用规制研究》，载《常州大学学报(社会科学版)》2019 年第 6 期。

案例二:证券从业人员违反禁止性规定的责任承担

——基于J证券有限责任公司与贺某损害公司利益责任纠纷案之分析

一、案情简介①

2002年12月10日,J证券有限责任公司(以下简称J证券公司)在青海省西宁市经工商登记设立,贺某任该公司法定代表人、董事长。J证券公司抚顺营业部(以下简称抚顺营业部)系公司分支机构,不具有独立法人资格,抚顺营业部负责人为孙某。2003年10月至2004年2月,抚顺营业部根据贺某在公司经营年会上提出的"第三方监管理财"指令,与D证券有限责任公司(以下简称D证券公司)利用原抚顺C证券公司的机构账户,挪用客户国债资金6500万元。此后,根据中国证券监督管理委员会(以下简称证监会)的要求,2004年3月至4月,J证券公司先后向抚顺营业部发出三次纠错和平仓通知。由于股票下跌,平仓回笼资金仅4900余万元,造成直接经济损失1469万余元。2004年4月,贺某以J证券公司的名义与海南T国际投资控股有限公司(以下简称T投资公司)签订《借款协议》,借款1800万元用于填补上述平仓损失。2006年8月9日,证监会对贺某作出证监罚字〔2006〕23号行政处罚决定书(以下简称23号行政处罚书),认定抚顺营业部挪用客户国债和代理客户理财的行为违反了《证券法》相关规定;上述行为责任人为贺某,依法决定吊销贺某的证券从业资格证书。2011年11月24日,最高人民法院判令J证券公司返还T投资公司1800万元及利息,现已执行完毕。

2014年1月6日,J证券公司以贺某在担任J证券公司董事长期间违反法律、行政法规及公司章程的规定,给公司造成巨额损失为由,向人民法院提起诉讼,请求:(1)依法判令贺某赔偿29,942,702.15元及利息;(2)本案诉讼费用由贺某承担。

贺某辩称:(1)本案已超过法定诉讼时效;(2)案涉国债回购业务并非贺某个人行为,而是抚顺营业部负责人孙某所为。

二、法院裁判

一审法院经审理认为:J证券公司所主张的损失发生于2003年10月至2004年4

① 载北大法宝2020年12月1日,https://www.pkulaw.com/pfnl/a25051f3312b07f3cd48eefc14cbdd4a067943ecfbead631bdfb.html。

月,但直至 2009 年 8 月,T 投资公司向法院提起借款合同诉讼,2011 年 11 月 24 日最高人民法院作出判决后,J 证券公司才明晰相关损失发生的事实。2012 年,J 证券公司以贺某涉嫌挪用资金罪进行刑事报案,导致诉讼时效中断。2013 年 12 月,辽宁省抚顺市人民检察院(以下简称抚顺检察院)对贺某作出不起诉决定,于是 J 证券公司于 2014 年 1 月 6 日向法院提起民事诉讼。因此,J 证券公司的起诉未超过诉讼时效。依据相关法律规定,证券人员赔偿责任的承担需符合以下条件:第一,主体身份必须是《公司法》所规定的高级管理人员。在本案中,作为公司法定代表人,贺某应当属于公司高级管理人员。第二,必须有公司利益受到损害的事实及后果。在本案中,因股票价格下跌,抚顺营业部所挪用的客户国债资金 6500 万元在平仓后回笼的资金仅为 4900 余万元,造成直接经济损失 1469 余万元,双方对此均无异议。第三,损害系在执行职务过程中因违反法律、行政法规或者公司章程的行为而产生。本案中,"第三方监管理财"的主张是作为 J 证券公司法定代表的贺某在年度经营会上公开提出的,贺某提出该业务计划在当时并不违反法律法规的禁止性规定,虽未召开董事会,但公司的管理层均对此知情。因此,贺某不存在主观上的过错。第四,职务行为与公司损害后果之间须有因果关系。本案中,实施"第三方监管理财"的行为人是抚顺营业部,这一事实已经由证监会的行政处罚决定予以认定。贺某在年度经营会上向孙某授意实施"第三方监管理财"的行为虽未按规定召开董事会、监事会,但并不是导致公司利益受损的必然原因和直接原因。贺某的行为与损害后果之间不存在因果关系,因此不应承担赔偿责任,J 证券公司主张贺某承担损害公司利益民事责任的理由缺乏事实和法律依据。综上,一审法院依法判决如下:(1)驳回 J 证券公司的全部诉讼请求。(2)一审案件受理费 191,514 元,由 J 证券公司负担。

一审判决后,J 证券公司不服判决,遂依法提起上诉。

二审法院查明并认定事实如下:在二审中,J 证券公司提交由贺某签字的《协议书》原件一份,欲证明贺某认可并自愿承担其对 J 证券公司造成的损失和相关责任,但贺某对该证据的真实性及证明事项均不认可。《协议书》上虽然有贺某签字,但在"甲方"处未见 J 证券公司签字盖章,因此,该《协议书》不符合合同成立要件,且在该《协议书》中贺某未承认其指示抚顺营业部违规操作业务。因此,该《协议书》不能作为认定贺某承担赔偿责任的有效证据。证监会所出具的 23 号行政处罚书显示,吊销公司负责人贺某证券从业资格证的行政处罚,是基于抚顺营业部的违法行为。本案中,贺某本人是否指示抚顺营业部违规操作业务,有待其他证据来佐证认定。证监会的《询问笔录》仅载明贺某、孙某等人对贺某指示抚顺营业部从事"两方理财业务"还是"第三方监管理财"双方所言不一,证监会也并未认定贺某指示抚顺营业部违规操作国债回购及委托理财业务。因此,证监会所出具的23号行政处罚书及《调查笔录》不能作为确认贺某指示抚顺营业部违规操作业务的证据。在抚顺检察院不起诉书中,公安机关虽认定贺某私下指示孙某挪用客户国债从事违法、违规业务,但抚顺检察院仅查明“2003年10月,孙某在沈阳参加J证券公司总部召开的一次经营例会时,董事长贺某提出对抚顺营业部的客户国债进行回购融资,将所得资金委托D证券公司理财”,检察院并未确认公安机关认定的“贺某私下指示孙某违规进行国债回购及委托理财业务”等相关事实。故抚顺检察院作出的不起诉决定亦不能作为认定贺某指示抚顺营业部违规操作业务的依据。在贺某的《调查笔录》中,其虽认可让抚顺营业部做“第三方监管理财”,但在当时,经客户同意的“第三方监管理财”并不违反法律和行政法规的规定。因此,贺某《调查笔录》中所作的陈述,不能作为认定贺某在执行公司职务时违反法律、行政法规的依据。孙某在公安机关询问时,称其由贺某私下指示挪用客户资金从事违法、违规业务,但原审法院再次对孙某调查询问时,其又明确表述当时是让其做“第三方监管理财”,所做陈述前后不一致。孙某在给沈阳证监局的《情况说明》中称“为了证实这个事情的本来面目,我准备了录音电话,这些录音,可以为我以上的叙述提供足够的证据”,但其始终未向法庭提交该录音证据,且孙某作为可能承担刑事责任的利害关系人所做的陈述,在无其他关联证据佐证的情形下,不能作为认定本案的依据。贺某在公安机关的讯问中称,是在公司高层和十几家营业部经理参加的经营分析例会上部署的“第三方监管理财”,且向各营业部指示的是在征得客户同意的情况下,对私下指示孙某、抚顺营业部挪用客户资金从事违法、违规业务一直未予以认可。因此,贺某在《讯问笔录》中的陈述,不能证明其私下指示孙某违法、违规操作业务。根据上述证据,不能形成完整的证据链条,未有证据证实贺某私下指示孙某、抚顺营业部挪用客户资金从事违法、违规业务。故J证券公司上诉称贺某明确指示抚顺营业部从事违法、违规业务造成公司利益受损的理由不能成立。

二审法院经审理认为:在本案中,贺某指示抚顺营业部从事国债回购、委托理财业务,不属于《J证券公司章程》规定的需要经过股东会、董事会决定的经营方针、投资计划或重大经营业务,而是属于营业部的正常经营行为。2004年3月7日,公司总部发现抚顺营业部存在违规经营行为,可能遭受证监会查处时,向抚顺营业部下发《关于加强规范经营工作的通知》,在该通知中明确指出:“我公司依据沈阳证监局的意见,立即对公司所属营业部进行了检查,发现你部存在一些问题,为规范经营,现要求你部立即着手做好如下工作……”同年3月18日,公司发送给抚顺营业部和孙某的《关于再次规范抚顺营业部经营工作的通知》中再次要求:“1.你部自行与D证券公司所签协议及所做业务内容和实质不属于(第)三方监管,可能涉及违规,必须立刻纠错,改正。2.对D证券公司的仓位强行平仓,收回全部资金,三日内必须完成。”同年4月20日,J证券公司再次下达通知,要求抚顺营业部立即做好相关配资股票的平仓工作,孙某在原审法院的调查询问中也称,收到公司多次向他提出整改的通知和函件。上述事实证明,J证券公司总部及贺某在发现抚顺营业部从事的业务可能存在违规后,多次下达要求抚顺营业部立即整改的通知,若孙某按照公司指示及时平仓,就不会使抚顺营业部产生损失。故本案认定贺某怠于履行职务,违反对公司忠实和勤勉义务等行为的依据不足。贺某为避免J证券公司因抚顺营业部违规挪用客户国债回购资金并投资理财造成亏损,而被证监会处以5倍罚款的情况,遂以J证券公司名义向T投资公司借款;同时,为规避证监会的行政监管和行政处罚,该笔借款未记入J证券公司的账户,而是转借他人资金账户,再转入抚顺营业部的账户。根据相关证据显示,J证券公司股东及高管对该笔借款知情。由此可见,贺某以公司名义对外借款是为了避免公司因抚顺营业部违规挪用客户国债回购资金并投资理财而受到证监会更严厉的处罚,该行为在结果上并未损害公司利益。因此,认定贺某违规指示抚顺营业部从事国债回购及委托理财业务并无充分事实和法律依据,贺某为弥补抚顺营业部的亏损及避免公司受到更严厉的行政处罚,而以公司名义向T投资公司借款的行为,不属于违反法律和J证券公司章程规定的情形。综上,原审判决认定事实清楚,判决结果正确,依法应予维持。二审法院依法判决如下:驳回上诉,维持原判。

三、法理分析

本案是关于证券从业人员违反禁止性规定的责任承担的典型案例。

由金融本质、知识密集等属性所决定,证券业是道德风险的高发之域,利益非法输送、私下受托理财等从业人员不当行为发生,不仅导致证券公司、客户的利益严重受损,而且严重扰乱证券市场的正常秩序。因此,证券法将从业人员行为规范作为重点内容予以规定,尤其是对从业人员的禁止性行为予以了明确。一般认为,所谓证券从业人员禁止性行为,是指证券从业人员以获取投机利益为目的,利用职务之便违反证券从业者相关从业法律法规,损害客户合法权益或从事在证券市场擅自非法牟利的行为。该类行为危害严重,不仅会侵害投资者的合法权益,而且会助长证券市场投机风气,进而引发市场行情的不正常波动。例如,现行《证券法》不仅对证券从业人员基本行为准则进行了明确规定,[①]而且分类别地对证券公司、证券投资咨询机构等主体及其从业人员的

---

① 《证券法》第40条第1款规定:“证券交易场所、证券公司和证券登记结算机构的从业人员,证券监督管理机构的工作人员以及法律、行政法规规定禁止参与股票交易的其他人员,在任期或者法定限期内,不得直接或者以化名、借他人名义持有、买卖股票或者其他具有股权性质的证券,也不得收受他人赠送的股票或者其他具有股权性质的证券。”

禁止性行为进行了明确规定。[①] 中国证券业协会于2014年12月修订通过的《证券业从业人员执业行为准则》作了更为具体的规定。该《准则》第9条明确规定:“从业人员不得从事以下活动:(一)从事内幕交易或利用未公开信息交易活动,泄露利用工作便利获取的内幕信息或其他未公开信息,或明示、暗示他人从事内幕交易活动;(二)利用资金优势、持股优势和信息优势,单独或者合谋串通,影响证券交易价格或交易量,误导和干扰市场;(三)编造、传播虚假信息或做出虚假陈述或信息误导,扰乱证券市场;(四)损害社会公共利益、所在机构或者他人的合法权益;(五)从事与其履行职责有利益冲突的业务;(六)接受利益相关方的贿赂或对其进行贿赂,如接受或赠送礼物、回扣、补偿或报酬等,或从事可能导致与投资者或所在机构之间产生利益冲突的活动;(七)买卖法律明文禁止买卖的证券;(八)利用工作之便向任何机构和个人输送利益,损害客户和所在机构利益;(九)违规向客户做出投资不受损失或保证最低收益的承诺;(十)隐匿、伪造、篡改或者毁损交易记录;(十一)中国证监会、协会禁止的其他行为。”同时,现行法律还规定,证券从业人员违反禁止性规定将承担相应法律责任。例如,《证券法》第188条规定:“证券服务机构及其从业人员,违反本法第四十二条的规定买卖证券的,责令依法处理非法持有的证券,没收违法所得,并处以买卖证券等值以下的罚款。”

作为公司原高级管理人员,贺某是否应就其违反证券禁止性规定的行为向J证券公司承担损害赔偿责任是本案的焦点所在。《证券法》第57条第1款明确规定:“禁止证券公司及其从业人员从事下列损害客户利益的行为:(一)违背客户的委托为其买卖证券;(二)不在规定时间内向客户提供交易的确认文件;(三)未经客户的委托,擅自为客户买卖证券,或者假借客户的名义买卖证券;(四)为牟取佣金收入,诱使客户进行不必要的证券买卖;(五)其他违背客户真实意思表示,损害客户利益的行为。”同时,《证券法》对证券公司及其从业人员违反禁止性规定的责任承担进行了全面规定:(1)民事责任。证券公司及其从业人员违反《证券法》禁止性规定给客户造成损失的,应当依法承担赔偿责任。[②] 但是,需要补充的是,证券公司从业人员在证券交易活动中,执行所属的证券公司的指令或者利用职务违反交易规则而给客户造成损失的,应当由所属的证券公司承担相应法律责任。[③] (2)行政责任。证券公司及其从业人员违反《证券法》

---

① 《证券法》第57条第1款规定:“禁止证券公司及其从业人员从事下列损害客户利益的行为:(一)违背客户的委托为其买卖证券;(二)不在规定时间内向客户提供交易的确认文件;(三)未经客户的委托,擅自为客户买卖证券,或者假借客户的名义买卖证券;(四)为牟取佣金收入,诱使客户进行不必要的证券买卖;(五)其他违背客户真实意思表示,损害客户利益的行为。”

② 《证券法》第57条第2款规定:“违反前款规定给客户造成损失的,应当依法承担赔偿责任。”

③ 《证券法》第136条第1款规定:“证券公司的从业人员在证券交易活动中,执行所属的证券公司的指令或者利用职务违反交易规则的,由所属的证券公司承担全部责任。”

禁止性规定的，将面临警告、罚款、没收违法所得、撤销相关业务许可等行政责任。例如，《证券法》第194条规定："证券公司及其从业人员违反本法第五十七条的规定，有损害客户利益的行为的，给予警告，没收违法所得，并处以违法所得一倍以上十倍以下的罚款；没有违法所得或者违法所得不足十万元的，处以十万元以上一百万元以下的罚款；情节严重的，暂停或者撤销相关业务许可。"(3)刑事责任。证券公司及其从业人员违反法律规定，构成犯罪的，应当依法承担刑事责任。[①] 由上述规定可知，现行《证券法》对证券公司及其从业人员的"外部责任"承担进行了系统性规定，涵盖了包括民事责任、行政责任与刑事责任等在内的"全责任"体系，但是对从业人员因违反证券法禁止性规定而应对其所在证券公司承担何种"内部责任"的问题没有规定。对此，应当适用《公司法》《民法典》等关于董事义务、侵权责任的相关法律规定。本案中，受案法院援引民事侵权责任界定基本法理，认为J证券公司所受损失系由抚顺营业部实施"第三方监管理财"行为所致，对此，监管部门所出具的行政处罚决定已经予以认定，实施"第三方监管理财"虽是由贺某提出且未按照规定召开董事会讨论决定，但并未违反相关法律与公司章程之规定，总之，贺某的行为与损害后果之间不存在因果关系，因此不应承担赔偿责任。受案法院认定事实清楚，适用法律准确，为证券从业人员违反禁止性规定责任承担这一难题的解决提供了思路。此外，二审法院还援引董事勤勉义务法理，认为在发现抚顺营业部从事的业务可能存在违规后，贺某曾多次要求抚顺营业部立即整改，据此，贺某并未怠于履行职务，且未违反对公司的忠实和勤勉义务，因而不必对J证券公司所受损失承担损害赔偿责任。这一思路更具创新价值与启示意义。

案例三：股票质押式回购协议的效力认定与责任承担

——基于徐州F科技发展投资有限公司等与C证券(上海)资产管理有限公司证券回购合同纠纷案之分析

一、案情简介[②]

2017年4月7日，徐州F科技发展投资有限公司(以下简称F科技投资公司)(甲

① 《证券法》第219条规定："违反本法规定，构成犯罪的，依法追究刑事责任。"

② 载北大法宝2020年12月1日，https://www.pkulaw.com/pfnl/a6bdb3332ec0adc4f2090635374a63bd093986b1edf4ab3abdfb.html。

方)、C 证券(上海)资产管理有限公司(以下简称 C 资产管理公司)(乙方)、C 证券公司(丙方)三方为案涉股票质押式回购交易共同签署了《业务协议》(编号为××× -316)。同日,三方又签订《股票质押式回购交易协议书(三方协议)》(编号为××× -317)(以下简称《交易协议》)和《补充协议》(编号为××× -318)。前者约定:本协议适用于三方已签署的《业务协议》,构成三方特定一笔交易的有效约定,事项类型为初始交易与购回交易;后者约定:三方于 2017 年 4 月 7 日共同签署了《业务协议》及《交易协议》,就交易协议中未尽事项补充约定。

2017 年 4 月 7 日,毛某丽作为保证人(丙方)、F 科技投资公司作为债务人与 C 资产管理公司(甲方)签订《C 证券公司股票质押式回购交易业务担保协议》(以下简称《担保协议》)(编号为××× -319),毛某丽自愿为 F 科技投资公司偿还其与 C 资产管理公司之间股票质押式回购业务的全部负债提供连带保证责任担保。保证范围包括债权的本金及利息,以及违约金、损害赔偿金、实现债权的费用和其他应支付的费用。《担保协议》第 6 条约定:丙方承担保证责任的期间为被担保债权到期之日起二年。甲方在此期间内未要求担保人免除保证责任的,丙方免除保证责任。第 13 条约定:本担保协议自三方签署之日起生效,在本担保协议第 6 条规定的保证期间内不得变更或撤销。

2017 年 4 月 12 日,F 科技投资公司对 80,797,400 股 K 环境股票办理了出质登记,C 资产管理公司依约向 F 科技投资公司融出资金 4.1 亿元。自 2017 年 5 月 10 日至 2017 年 9 月 25 日,F 科技投资公司多次向 C 资产管理公司补充质押 K 环境股票,合计质押 92,797,400 股。其中,初始交易日至购回交易日期间中股价低于预警保障比例的时间段为:2017 年 5 月 11 日至 15 日计 5 天、5 月 19 日至 6 月 18 日计 31 天。

F 科技投资公司支付利息情况为:2017 年 6 月 19 日付息 511.09589 万元,10 月 27 日付息 300 万元,11 月 1 日付息 146 万元,11 月 3 日付息 226 万元。之后 F 科技投资公司未继续按照合同付息。

2017 年 7 月 8 日,C 资产管理公司向 F 科技投资公司、毛某丽发出《关于 K 环境股票质押式回购业务提前购回的通知函》,要求 F 科技投资公司、毛某丽于 2017 年 7 月 11 日购回全部标的证券,并支付本金、利息、违约金、其他应付费用等全部负债,保证人承担连带保证责任。2017 年 7 月 17 日,C 资产管理公司向 F 科技投资公司、毛某丽发出《关于要求 K 环境股票质押式回购业务融资人履行信息披露义务的告知函》,因 F 科技投资公司未能按约如期购回并清偿债务,已经构成违约,C 资产管理公司将以违约的处置条款规定向交易所提交违约处置申报。2017 年 7 月 28 日、2017 年 8 月 4 日、2017 年 8 月 11 日、2017 年 8 月 18 日、2017 年 8 月 25 日 C 资产管理公司分别向 F 科技投资公司、毛某丽发出《关于 K 环境股票质押式回购业务提前购回的通知函》,《关于 K 环境股票质押式回购业务提前购回的催告函》,《关于K环境股票质押式回购业务提前购回的催告函》(二)、(三)、(四),要求F科技投资公司、毛某丽购回全部标的证券,并支付本金、利息、违约金,保证人承担连带保证责任。

在F科技投资公司、毛某丽拒绝依约履行义务且经多次沟通无果的情况下,C资产管理公司将F科技投资公司、毛某丽诉至法院,诉请如下:(1)F科技投资公司向C资产管理公司支付购回交易款436,565,753.4元(其中包含初始交易款41亿元,利息26,565,753.43元),违约金22,919,702.05元(自2017年7月11日起至2017年10月24日)。(2)F科技投资公司承担本案全部诉讼费用及为确保债权和担保权利实现的全部费用。(3)C资产管理公司对F科技投资公司所有的92797400股K环境股票享有质押权,有权就质押物变现所得款享有债务的优先清偿权。(4)毛某丽对前述F科技投资公司拖欠C资产管理公司的债务承担连带清偿责任。

F科技投资公司辩称:三方所签订的《业务协议》违反法律强制性规定,属于无效合同,主要理由包括:《业务协议》签约三方不具备质押回购的主体资格;标的证券在《业务协议》签约时就已经被质押;所涉股票质押式回购的交易资金不合法,其资金来源及用途不符合法律规定和合同约定;C资产管理公司存在欺诈行为,其过错行为损害了社会公共利益。

二、法院裁判

一审法院认为:C证券公司是依法设立的证券经营机构,C资产管理公司是其子公司,均为具有合法资格的证券交易主体,F科技投资公司未有充足证据证明以上两个公司及其自身存在禁止股票质押式回购交易的法律及行政法规的事由,因此,其提出因三方当事人不具相应资质而致所涉协议无效的主张不能成立。《业务协议》签订时出质人对标的证券是否无权处分或履行不能并不是判断合同能否成立的要件,也不涉及合同效力问题,故F科技投资公司提出的因缔约时标的证券已被质押而致《业务协议》无效的主张,缺乏事实根据和法律依据遂不能成立。《业务协议》《交易协议》《补充协议》均已明确揭示,乙方F科技投资公司产品为C证券公司超越理财乐享1天集合资产管理计划,C资产管理公司也以其管理的集合资产管理计划资金向F科技投资公司实际融出41亿元,F科技投资公司没有证据和合理事由怀疑C资产管理公司的授权资格,且C资产管理公司即使未能获得授权资格而参与交易,其无权处分的行为亦不能对合同效力产生影响。F科技投资公司是否按约定使用融入资金,属于《业务协议》《交易协议》履行时的违约责任范畴,与合同效力无关。根据司法解释的规定,[①]对欺诈事实的民事证据证明标准适用最严格的排除合理怀疑标准。F科技投资公司意图证明其受到C资产管理公司欺诈所提交的证据并不能达到这一证明标准,因此对关于该欺诈行为的主张不予采信。根据相关规定,上市公司股票质押应由中国结算深圳分公司办理登记手续,上市公司股票质押登记数据可以在证券公司查询。本案中,C资产管理公司已向法院提交了在C证券公司某营业部打印的相关股票质押初始交易及股票补充质押的交割单,应当认定所涉股票已经合法登记、质权依法设立。F科技投资公司主张C资产管理公司不应以起诉方式提出相关请求而应按合同约定进行违约处置。根据现行法律规定,C资产管理公司在其与F科技投资公司、毛某丽因财产关系产生争议时有权向人民法院提起民事诉讼,这一法定权利与当事人基于合同而产生的自我救济权利并不冲突,且《业务协议》和《担保协议》均约定发生争议时可向人民法院提起民事诉讼,故C资产管理公司的起诉不是违约行为。F科技投资公司另主张C资产管理公司未尽通知义务,C资产管理公司已经提交了可查询的EMS物流跟踪信息及顺丰速运查询单等,足以证明该公司已经依约向F科技投资公司及毛某丽邮寄过关于K环境股票质押式回购交易业务提前购回以及承担相应责任的通知函件。F科技投资公司主张已多次提供股票补充质押,而C资产管理公司怠于接受新的担保,由于股票价格下跌,质押的K环境股票价格仍低于履约保障比例170%的标准,但其所提交的《主债权及不动产抵押合同》上有C资产管理公司公章、而无抵押人公章,可以证明C资产管理公司积极寻求获得抵押权利,不足以证明C资产管理公司懈怠办理抵押登记。故F科技投资公司的主张因无充分的事实根据和法律依据而不能成立。F科技投资公司主张免除因其违约而未及时平仓止损而致损失扩大的赔偿责任。根据原《合同法》第112条[②]关于"当事人一方违约后,对方应当采取适当措施防止损失的扩大;没有采取适当措施致使损失扩大的,不得就扩大的损失要求赔偿"的规定,只有在守约方未采取止损措施与损失扩大有因果关系的情况下违约方可免除赔偿责任。本案中,F科技投资公司违约后,C资产管理公司并未对质押股票进行违约处置,随即出现所质押股票价格一路下跌的情形,可见损失的发生和持续与C资产管理公司是否平仓并无事实上的联系。根据市场供求关系以及证券交易行情,若C资产管理公司依约抛售质押的大量股票,只会加剧质押股票价格下跌,势必会产生损失扩大的后果,故F科

---

① 2014年12月18日由最高人民法院审判委员会第1636次会议通过的《关于适用〈中华人民共和国民事诉讼法〉的解释》第109条规定:"当事人对欺诈、胁迫、恶意串通事实的证明,以及对口头遗嘱或者赠与事实的证明,人民法院确信该待证事实存在的可能性能够排除合理怀疑的,应当认定该事实存在。"

② 2020年5月28日第十三届全国人民代表大会第三次会议通过的《民法典》第583条作出了相同规定。

技投资公司关于C资产管理公司扩大损失结果的主张因缺乏事实根据和法律依据而不能成立;F科技投资公司约定的跌破预警线期间购回年利率明显过高,不能得到支持。根据《补充协议》约定,在资金融出期间质押股票跌破预警履约保障比例时直至追加担保物使预警履约保障比例高于170%的期间内,融出资金利息的计算标准由年利率6.5%调整为18%,鉴于这一利息标准的调整类似于违约金,故参照最高人民法院《关于审理民间借贷案件适用法律若干问题的规定》关于借贷本金年利率不超过24%的规定,18%这一计算标准并不过高,应受法律保护。F科技投资公司另主张根据《业务协议》第64条约定可以免除其责任,但并未举证证明本案存在前款规定所列举的不可抗力和异常事故,而股市行情属于商业风险,亦非前述可以免责的法定情形,其主张因无事实根据和法律依据不能成立。债权人C资产管理公司与债务人F科技投资公司、保证人毛某丽签订《担保协议》,约定毛某丽为案涉交易所发生债务承担连带保证责任,故C资产管理公司主张毛某丽承担相应民事责任有合同根据和法律依据。毛某丽虽抗辩C资产管理公司起诉时毛某丽的担保期间并未到期,但并未提交证据予以证明。综上,一审法院判决如下:(1)F科技投资公司向C资产管理公司支付借款本金4.1亿元及利息;(2)F科技投资公司向C资产管理公司支付违约金及律师费60万元;(3)C资产管理公司可在该判决第一项、第二项范围内就F科技投资公司提供的92797400股K环境股票(证券代码300152)折价、拍卖或变卖所得价款优先受偿;(4)毛某丽对该判决第一项、第二项确定的债务承担连带清偿责任。

一审判决后,F科技投资公司与毛某丽均不服判决,遂依法提起上诉。

二审法院经审理认为:C资产管理公司是C证券公司的子公司,F科技投资公司否认C资产管理公司从事股票质押回购交易的资质没有事实依据。原审查明事实显示,F科技投资公司已于2017年4月12日对92797400股K环境股票办理出质登记,F科技投资公司关于缔约时标的证券被他人质押而致《业务协议》无效的主张缺乏事实根据。《业务协议》《交易协议》《补充协议》均明确揭示,乙方C资产管理公司产品为C证券公司超越理财乐享1天集合资产管理计划,C资产管理公司也以其管理的集合资产管理计划资金向F科技投资公司实际融出4.1亿元,F科技投资公司主张未经合法授权没有事实依据,且C资产管理公司是否取得授权涉及其与C证券公司超越理财乐享1天集合资产管理计划客户间的法律关系,与本案股票质押回购交易无关联。F科技投资公司是否按照股票质押回购协议使用4.1亿元资金,与合同效力无涉。其提出因资金用途违法而致合同无效的主张无法律依据。融入方返还资金是用于解除标的证券的质押,不涉及股权转让,F科技投资公司关于《补充协议》回购期限条款因违反证券转让规定而无效的上诉理由,无法律依据,不能成立。对欺诈事实的民事证据证明标准为最严格的排除合理怀疑标准，F科技投资公司想要证明受到C资产管理公司欺诈的证据并不能达到这一证明标准，故对其关于C资产管理公司存在欺诈行为的主张不成立。C资产管理公司提起诉讼是法律所赋予的权利，其提起诉讼维护自身权益并无不当。鉴于证券市场行情的不确定性，C资产管理公司未采取违约处置措施与是否造成损失不存在因果关系，不能因此免除F科技投资公司的违约责任。F科技投资公司主张可以免除其责任，但并未举证证明本案存在法律规定的不可抗力和异常事故，F科技投资公司关于根据合同免责条款可免除其违约责任的上诉理由不能成立。股票回购交易不涉及股权转让，C资产管理公司要求F科技投资公司回购质押股票与相关规定不存在冲突。因C资产管理公司已于2017年7月要求F科技投资公司提前回购质押股票、并函告毛某丽要求其承担担保责任，毛某丽自主债权到期之日起应当承担保证责任，毛某丽关于不应当承担保证责任的上诉理由缺乏事实与法律依据。综上，二审法院依法判决如下：驳回上诉，维持原判。

三、法理分析

本案是关于股票质押式回购协议效力认定与责任承担的典型案例。

作为证券融资的创新方式之一，所谓股票质押式回购交易，是指符合条件的资金融入方以所持有的股票或其他证券质押，向符合条件的资金融出方融入资金，并约定在未来返还资金、解除质押的股票融资形式。在质押式回购交易中，资金融入方（通称正回购方）在将股票出质给资金融出方（通称逆回购方）而融入资金的同时，双方约定在将来某一日期由正回购方向逆回购方返还本金和按约定回购利率计算的利息，逆回购方向正回购方返还原出质股票。在质押式回购交易中，所涉股票交易过程中所有权不发生转移，一般由第三方托管机构进行冻结托管，并在到期时予以解冻。作为短期资金融通业务，股票质押式回购交易并非标准化产品，本质上属于民事协议，具体内容由当事人双方合意约定，但较之于其他股票抵押融资方式，规范性更强。从实践来看，所质押股票在回购期内若出现股票股价大幅下跌而致相关质押股票价值达不到维持最低资产价值要求时，资金融出方一般都会要求资金融入方追加相关的质押资产作为质押物的，如果未能及时追加，就可能会被视为违约，而资金融出方有权卖出股票变现或变更该股票的所有权。股票质押式回购交易基本流程如下：第一，融入方、融出方、证券公司各方签署《股票质押回购交易业务协议》；第二，证券公司根据融入方和融出方的委托进行交易申报；第三，交易系统按相关规则对交易申报予以确认，并将成交结果发送结算机构；第四，结算机构依据交易所确认的成交结果为股票质押回购提供相应的证券质押登记和清算交收等业务处理服务。

2013年5月24日,上海证券交易所、中国证券登记结算有限责任公司联合发布了《股票质押式回购交易及登记结算业务办法(试行)》(以下简称《业务办法》),标志着股票质押式回购这一创新业务被正式纳入制度规范轨道。2018年1月12日,为进一步聚焦股票质押式回购交易业务服务实体经济的定位,防控业务风险,规范业务运作,在报经中国证监会批准后,上海证券交易所、中国证券登记结算有限责任公司发布了《股票质押式回购交易及登记结算业务办法》,对股票质押式回购问题作出了全面规定。《业务办法》第6条明确规定:"融入方、融出方、证券公司各方根据相关法律法规、部门规章及本办法的规定,签署《股票质押回购交易业务协议》。"在此基础上,《业务办法》第四章对"业务协议"问题进行了系统规定。例如,《业务办法》第20条规定,融出方为证券公司、证券公司管理的集合资产管理计划或定向资产管理客户的,证券公司应当与融入方签署《业务协议》;融出方为证券公司资产管理子公司管理的集合资产管理计划或定向资产管理客户的,证券公司应当与融入方、资产管理子公司签署三方《业务协议》。

本案中,F科技投资公司主张,其与C资产管理公司、C证券公司所签订的《交易协议》因违反法律强制性规定而属于无效合同。但是,从《证券法》等相关法律规定以及《股票质押式回购交易及登记结算业务办法(试行)》的规定来看,本案所涉股票质押式回购交易协议并非属于违反法律强制性规定而归于无效的合同,F科技投资公司所主张的具体理由也并非事实。同时,本案中,作为债权人的C资产管理公司与作为债务人的F科技投资公司、作为保证人的毛某丽签订有《担保协议》,该协议约定毛某丽自愿为所涉交易所发生债务承担连带保证责任,毛某丽虽抗辩C资产管理公司起诉时毛某丽的担保期间并未到期,但并未提交证据予以证明。综上,受案法院判定F科技投资公司应当依法赔偿C资产管理公司所受损失,于法有据,公平合理。

最后,需要补充说明的是,《业务办法》在"业务协议"一章增加了融入资金使用限制的规定,《业务办法》第22条第1款明确规定:"《业务协议》应明确约定融入方融入资金存放于其在证券公司指定银行开立的专用账户,并用于实体经济生产经营,不得直接或者间接用于下列用途:(一)投资于被列入国家相关部委发布的淘汰类产业目录,或者违反国家宏观调控政策、环境保护政策的项目;(二)进行新股申购;(三)通过竞价交易或者大宗交易方式买入上市交易的股票;(四)法律法规、中国证监会相关部门规章和规范性文件禁止的其他用途。"同时,《业务办法》第22条第2款规定,融入资金违反规定使用的,《业务协议》应明确约定改正措施和相应后果。这是促进金融更好服务实体经济发展的具体例证。

案例四:差额补足规则的性质及效力认定

——基于深圳市Z投资有限公司与G证券股份有限公司合同纠纷案之分析

一、案情简介①

2015年4月,H股份公司董事会、股东大会先后审议通过《关于审议〈H股份公司员工持股计划(草案)及摘要〉的议案》。《H股份公司员工持股计划(草案)及摘要》载明:H股份公司员工持股计划筹集员工合法薪酬、自筹资金及法律、法规允许的其他方式为来源的资金,总额上限为5000万元;员工持股计划设立后委托G证券股份有限公司(以下简称G证券公司)成立"H股份公司1号集合资产管理计划"进行管理,主要投资范围为购买和持有本公司股票;"H股份公司1号集合资产管理计划"上限为3亿份,按照9:1:2设立优先级A份额、中间级B份额和风险级C份额,员工持股计划筹集资金全额认购"H股份公司1号集合资产管理计划"的风险级C份额,G证券公司出资不超过2500万元认购"H股份公司1号集合资产管理计划"的中间级B份额;控股股东深圳市Z投资有限公司(以下简称Z投资公司)为"H股份公司1号集合资产管理计划"的优先级A份额和中间级B份额持有人权益的实现提供补偿责任。2015年4月28日,G证券公司作为管理人、P银行南京分行作为托管人和委托人签订了编号为01的《资产管理合同》,对投资范围、管理期限、集合计划的分级、风险承担等问题进行了约定。2015年5月11日,G证券公司作为委托人和管理人、P银行南京分行作为托管人签订了编号02的《资产管理合同》。同日,H股份公司作为委托人、G证券公司作为管理人、P银行南京分行作为托管人签订了编号为03的《资产管理合同》。两份《资产管理合同》的内容均与前述G证券公司作为管理人、P银行南京分行作为托管人和委托人签订的《资产管理合同》的内容相同。

2015年5月11日,P银行南京分行、G证券公司、H股份公司按照合同约定,分别向指定账户转入2.25亿元、2500万元、5000万元。同日,G证券公司发布《"H股份公司1号集合资产管理计划"成立公告》,载明:本集合计划已符合成立条件,于2015年5月12日成立。2016年4月至5月,"H股份公司1号集合资产管理计划"多次出现预估

① 载中国裁判文书网2020年12月1日,http://wenshu.court.gov.cn/website/wenshu/181107ANFZ0BXSK4/index.html? docId=b73170aff5944947a4caa9be0008aba3。

当日单位净值低于约定预警线情形,G证券公司以管理人的身份向风险级C份额委托人、Z投资公司发出《风险提示函》,要求其根据合同约定追加资金。Z投资公司按合同约定履行了补仓义务。

2017年5月5日,该计划再次出现低于止损线的情形,G证券公司向风险级C份额委托人、Z投资公司发出《风险提示函》(追加现金通知书),要求其于2017年5月8日14点前根据合同要求将补仓资金划入托管账户。因风险级C份额委托人、Z投资公司未履行补仓义务,G证券公司于2017年5月8日16点,以风险级C份额委托人、Z投资公司未能按照要求将补仓资金划入托管账户为由,向风险级C份额委托人、Z投资公司发出违约通知书,并明确相关处置措施:(1)于2017年5月8日(T+1日)14点起启动平仓操作,该平仓操作为持续性的不可逆操作,直至股票完全卖出;清仓完毕后,管理人有权提前终止本集合计划。终止清算时,如集合计划可分配资产不足以支付集合计划相关费用、优先级A份额和中间级B份额委托人本金和预期收益的,贵方就差额部分承担连带补偿责任。管理人也可根据《资产管理合同》的相关约定,终止本集合计划并向风险级C份额委托人和Z投资公司追偿。(2)自违约之日起,管理人每日按优先级A份额和中间级B份额本金的万分之五计提风险准备金,在集合计划收益分配和终止清算时,由贵方支付给优先级A份额和中间级B份额委托人。(3)以上补偿与支付义务均由风险级C份额委托人和Z投资公司两方承担连带责任。

2017年5月11日,G证券公司发出的《H股份公司1号集合资产管理计划到期终止的公告》载明:本集合计划成立于2015年5月12日,2017年5月11日到期终止。本集合计划终止后,管理人G证券公司与托管人P银行南京分行将根据《资产管理合同》和《H股份公司1号集合资产管理计划说明书》的有关约定,对本集合计划进行清算,并聘请T会计师事务所进行审计。

截至2017年9月29日,G证券公司作为管理人已将"H股份公司1号集合资产管理计划"持有的H股份公司股票全部卖出。P银行南京分行、G证券公司作为"H股份公司1号集合资产管理计划"优先级A份额和中间级B份额持有人,分别于2017年5月出具《授权委托书》,授权"H股份公司1号集合资产管理计划"的管理人G证券公司根据约定向风险级C份额委托人和Z投资公司行使追偿权。在沟通无果的情况下,G证券公司将Z投资公司诉至法院,请求法院判令:(1)Z投资公司按照合同约定履行差额补足义务,共计203,136,646.85元;(2)Z投资公司向G证券公司支付集合计划费用、优先级A份额和中间级B份额的预期收益和风险准备金。

Z投资公司辩称:G证券公司作为管理人,没有获得集合计划优先级A份额持有人、中间级B份额持有人的委托,无权行使追偿权,亦无权提起诉讼。《资产管理合同》

的差额补偿责任条款和《差额补足合同》违反法律强制性规定，并严重违背证券资产管理行业规则及《资产管理合同》中约定的根本原则，属无效合同。G 证券公司在《资产管理合同》项下的金融资产（股票）抛售前无权进行清算，更无权要求 Z 投资公司承担差额补足责任。G 证券公司在一次清算后已选择抛售股票，则无权再向 Z 投资公司主张追偿。

二、法院裁判

一审法院认为：依据法律规定，证券公司在从事证券资产管理业务时，不得向客户作出保证其资产本金不受损失或者保证其取得最低收益的承诺。本案中，作为集合计划管理人，G 证券公司并未向优先级 A 份额和中间级 B 份额委托人承诺保证本金和预期收益。所涉《资产管理合同》《差额补足合同》并未违反相关法律规定。本案中，《资产管理合同》和《差额补足合同》约定，由 Z 投资公司对优先级 A 份额和中间级 B 份额本金及预期收益承担连带补偿责任，属于以"第三方机构差额补足优先级收益、计提风险准备金补足优先级收益"的方式，对优先级 A 份额和中间级 B 份额持有人作出保本保收益的承诺，属于国务院证券监督管理机构禁止的行为，但并未否认这一行为的法律效力。因此，所涉合同应合法有效，对双方当事人均具有法律约束力。根据《资产管理合同》和《差额补足合同》的约定，当集合计划终止或提前终止时，风险级 C 份额委托人与 Z 投资公司对优先级 A 份额和中间级 B 份额本金及预期收益承担连带补偿责任。G 证券公司要求 Z 投资公司就集合计划项下优先级 A 份额和中间级 B 份额未返还本金承担差额补足义务，符合合同约定。综上，一审法院依法判决如下：(1)Z 投资公司向 G 证券公司支付差额补偿款共计 120,952,751.7 元；(2)Z 投资公司向 G 证券公司支付违约金。

一审判决后，Z 投资公司不服判决，依法提起上诉。

二审法院经审理认为：本案中，《资产管理合同》系 H 股份公司作为委托人，将其设立的员工持股计划委托 G 证券公司管理，由 P 银行南京分行作为托管人，三方为规范集合计划运作，明确各方权利义务而签订。《资产管理合同》虽约定了 Z 投资公司与风险级 C 份额委托人共同连带承担补偿责任，但 Z 投资公司未参与该合同的签订。在此前提下，Z 投资公司作为 H 股份公司的控股股东，又与 H 股份公司（代员工持股计划）、G 证券公司（代表集合计划）另行签订了《差额补足合同》，明确了 Z 投资公司对集合计划应承担的补偿和补仓等责任。《资产管理合同》《差额补足合同》均系各方当事人的真实意思表示。本案中，G 证券公司并不存在法律所规定的禁止性行为。Z 投资公司依据《资产管理合同》对"风险级 C 份额"的定义，主张其中风险级 C 份额指向的是财产而不是主体,且其承担补偿责任的方式是发生亏损后优先以风险级 C 份额来承担但只是以投入的 5000 万元为限,无须承担差额补足责任。Z 投资公司的上述主张是对相关定义的曲解,不符合双方合同约定。集合计划终止后,管理人 G 证券公司与托管人 P 银行南京分行组成清算组制定清算方案进行及时清算,程序符合《资产管理合同》中有关清算的约定。Z 投资公司虽不认可《清算报告》的结果,但未提出清算结果数据与实际金额不符的有效证据,亦未在举证期限届满前提出司法鉴定申请,且该部分证据亦不符合人民法院依职权调查收集证据的条件。本案中,根据《资产管理合同》及《差额补足合同》关于补仓义务的约定,对于风险级 C 份额委托人及 Z 投资公司未按约定进行补仓的视为违约,自违约次日起,管理人可按照一定比例计提风险准备金,在集合计划收益分配和终止清算时,由风险级 C 份额委托人和 Z 投资公司连带支付给优先级 A 份额和中间级 B 份额委托人。但因风险准备金属于专项资金,从支付数额的不确定性和支付主体相对方来看,《资产管理合同》《差额补足合同》约定提取的风险准备金并不能完全等同于违约金性质。一审法院将风险准备金认定为违约金性质依据不充分,但未支持 G 证券公司诉请的处理结果正确。综上,二审法院依法判决如下:驳回上诉,维持原判。

三、法理分析

本案是关于差额补足规则性质及效力认定的典型案例。

一般认为,所谓差额补足,又称差额支付,是指义务人明示同意在交易对方无法足额支付投资方或出资方的预期收益时,由其对投资方或出资方就预期收益和实际收益之间的差额进行补足的制度安排。差额补足法律关系主要涉及三方主体,即差额补足义务人、主权利人、主义务人。差额补足是为了保障主权利人和主义务人之间的权利义务关系稳定与交易安全,当主义务人未按约定履行义务时,由第三人按照约定履行差额补足义务。当事人对差额补足的范围有明确约定的,差额补足义务人仅在约定的限度内承担差额补足义务,对超出约定范围的义务,基于差额补足的意定性,差额补足义务人原则上不承担差额支付义务。对差额补足的范围没有约定的,其应当包括本金、利息、违约金、损害赔偿金及实现债权的费用。同时,需要指出的是,即便差额补足协议没有作出相应规定,差额补足义务人在履行完差额补足义务后,也应可取得对主义务人的追偿权。正所谓,没有无权利的义务,也没有无义务的权利。作为一种区别于保证、抵押、质押、留置等传统担保措施的创新性增信措施,差额补足规则在证券交易实践中被大量应用,尤其是在融资项目或者资产管理项目当中得以广泛应用。差额补足规则下的交易类型多样。例如,根据所保障主权利义务关系所指向对象的不同,可以分为对债务的差额补足、对分红的差额补足以及对资金归集的差额补足。

《证券法》对差额补足规则未予以明确规定，由此导致，差额补足规则的性质与效力认定成为实务中的突出问题之一。关于差额补足规则性质的界定，有保证担保说、债务加入说、独立合同义务说等多种观点。最高人民法院在相关判决意见中曾指出，"判断一个行为究竟是保证，还是并存的债务承担，应根据具体情况确定。如承担人承担债务的意思表示中有较为明显的保证含义，可以认定为保证；如果没有，则应当从保护债权人利益的立法目的出发，认定为并存的债务承担"。由该意见可知，最高人民法院对差额补足规则性质的界定，秉持如下标准：应当甄别差额补足规则的达成是否是基于当事人之间的真实意思表示而为之，如果是，则应将由此而生的差额补足义务认定为保证义务；如果不是，则应当从保护债权人利益的立法目的出发，认定为并存的债务承担或债务的加入。总之，对差额补足规则性质的界定不应一概而论，而应结合具体情境与规则表述，引入更多的判断标准，以准确界定差额补足规则的法律性质。从司法实践来看，基于对意思自治原则的遵循，除构成保底承诺之外，对差额补足规则的效力，一般认定为有效。

本案中，《资产管理合同》约定，由Z投资公司对优先级A份额和中间级B份额本金及预期收益承担连带补偿责任，Z投资公司虽并未参与该份《资产管理合同》的签订，但作为H股份公司的控股股东与H股份公司（代员工持股计划）和G证券公司（代表集合计划）另行签订了《差额补足合同》，明确了Z投资公司对集合计划应承担的补偿和补仓等责任，因此，应当认定差额补足规则的适用。需要予以强调的是，一审、二审法院虽然都支持了G证券公司的诉讼请求，认定Z投资公司应当按照差额补足合同承担连带赔偿责任，但对差额补足规则的性质界定存在不同认识，一审法院认为其应当属于担保性质，而二审法院则认为其应当属于债务加入性质。这一认识的不同再次说明，因直接法律规定的缺失，差额补足规则的性质具有较强模糊性并由此引发了认知的较大分歧。

2016年7月，证监会公布的《证券期货经营机构私募资产管理业务运作管理暂行规定》第4条第1项规定，证券期货经营机构设立结构化资产管理计划，不得违背利益共享、风险共担、风险与收益相匹配的原则，不得"直接或者间接对优先级份额认购者提供保本保收益安排，包括但不限于在结构化资产管理计划合同中约定计提优先级份额收益、提前终止罚息、劣后级或第三方机构差额补足优先级收益、计提风险保证金补足优先级收益等"。多数研究者认为，这一规定是对差额补足规则效力的否定与适用的限制。需要明确的是，一方面，这一规定的适用情形特定，并不能全面涵盖差额补足规则所实际应用的范围，仅涉及其中一个小的领域，不在《证券期货经营机构私募资产管理业务运行管理暂行规定》禁止范围内的行为则并不受其约束；另一方面，该规定不属于法律、行政法规的强制性规定，因此其对差额补足规则的效力状态实际上并不存在当然的否定评价，至少司法机关在审理相关纠纷时不应直接援引这一规定。同时，需要补充的是，随着金融监管的日趋严格，差额补足规则适用的风险越来越大，为规避风险，建议不要将差额补足作为唯一的增信措施，同时在文本语言上尽量表明相应的保底承诺。①

① 参见王娅然、闫孝丹：《差额补足义务司法实践问题的探究》，载《上海法学研究》2019 年第 6 卷。

第七编　保　险　法

案例一:最大诚信原则的适用

——基于司某华与中国T人寿保险股份有限公司商丘中心支公司人身保险具体合同纠纷案之分析

一、案情简介①

2008年4月14日,司某华在中国T人寿保险股份有限公司商丘中心支公司(以下简称T人寿保险公司)购买了2份"太平盛世·长泰安康终身寿险(B)"和1份"万全人生重大疾病保险",约定保险期间均为2008年4月15日零时起至终身或保险合同列明的终止性保险事故发生时止。保险费10年缴清,受益人为司某华。每份保险的保险金额为10,000元,以上3份保险的保险金额共计30,000元,司某华按照约定已全部缴清了保险费。"太平盛世·长泰安康终身寿险(B)"合同约定,被保险人身故、全残时保险合同终止,保险人按保险金额给付保险金,同时返还保险合同的现金价值。其中,"四肢关节机能永久完全丧失"系合同约定的"全残"情形之一。"万全人生重大疾病保险"合同约定,"脑中风后遗症"系"重大疾病"范畴,所谓"脑中风后遗症",指因脑血管的突发病变引起脑血管出血、栓塞或梗死,致使神经系统永久性功能障碍。2019年1月21日,司某华突发"左侧肢体乏力,不能站立,半身瘫痪"症状,后被诊断为"右侧基底节区脑出血破入脑室、颅内感染、伴轻度占位效应",住院治疗13天,行颅内血肿清除术、去骨瓣减压术等,花费医疗费97,469.63元。因术后一周司某华仍反复发热、神志昏迷,遵医嘱转入南通大学附属医院康复治疗20天,花费医疗费101,208.14元,出院记录显示,司某华左侧肢体肌力为0级;出院医嘱显示,司某华需回当地医院进行高压氧等康复治疗、三至六个月行颅骨修补术,不适随诊。司某华认为,不能独立行走、不能独自穿衣、不能独立如厕等现状已符合保险合同所约定的赔付条件,遂要求T人寿保险公司按照合同约定进行赔付,经多次沟通无果后,将T人寿保险公司诉至法院,请求其按照约定支付保险金。

二、法院裁判

一审法院经审理认为:依法成立的合同自成立时生效,当事人应当按照约定全面履

① 载中国裁判文书网2020年11月20日,https://wenshu.court.gov.cn/website/wenshu/181107ANFZ0BXSK4/index.html?docId=f1b228a9361041be87afab8e00dc477d。

行自己的义务;在本案中,司某华在T人寿保险公司处购买了人身保险并按照约定履行缴纳保费义务,现其因“右侧基底节区脑出血破入脑室、颅内感染”而致“左侧肢体肌力为0级”,这一状况已经符合了两份保险合同所约定的给付保险金并返还现金价值的条件,现司某华请求T人寿保险公司支付保险金并返保险合同的现金价值,符合法律规定,予以支持。据此,一审法院依法判决如下:(1)被告T人寿保险公司给付原告司某华保险理赔款37,778元;(2)案件受理费372元由被告T人寿保险公司负担。

一审判决后,T人寿保险公司不服判决依法提起上诉。

二审法院经审理认为:二审法院查明的事实与一审法院认定的事实相一致;现行法律规定,“采用保险人提供的格式条款订立的保险合同,保险人与投保人、被保险人或者受益人对合同条款有争议的,应当按照通常理解予以解释”;“对合同条款有两种以上解释的,人民法院或者仲裁机构应当作出有利于被保险人和受益人的解释”;[①]在本案中,T人寿保险公司与司某华签订的保险合同合法有效,双方均应遵循最大诚信原则,按合同约定履行义务;保险合同所约定的“全残”“重大疾病”,按照通常理解,应当指因病情严重导致花费巨大和因病情重大而对患者正常生活影响巨大;“全残”“重大疾病”在内涵和外延上具有较高不确定性,仅以列举方式进行解释难以穷尽,因此应有兜底条款加以规定;本案所涉保险合同对“全残”在释义上仅列举了双目永久完全失明、两上肢腕关节以上或两下肢踝关节以上缺失的等情形,对“重大疾病”在释义上仅列举了恶性肿瘤、急性心肌梗死、脑中风后遗症等,其范围远小于常人所理解的“全残”“重大疾病”的范围,且未规定兜底条款,属于合同瑕疵;在此情况下,应当按照法律规定,对“全残”“重大疾病”条款作出有利于被保险人司某华的解释,即“右侧基底节区脑出血破入脑室、颅内感染”而致“左侧肢体肌力为0级”这一情形属于保险合同所约定理赔条件。综上所述,二审法院认为,一审判决认定事实清楚,适用法律正确,T人寿保险公司的上诉请求不能成立,遂依法判决如下:驳回上诉,维持原判。

三、法理分析

本案是关于最大诚信原则适用的典型案例。

人无信不立,业无信不兴,国无信则衰。作为一项古老的道德戒律和重要的法律原则,诚实信用原则兼具法律调节和道德调节的双重功能,在现代法律体系中具有重要地

---

① 《保险法》第30条规定:“采用保险人提供的格式条款订立的保险合同,保险人与投保人、被保险人或者受益人对合同条款有争议的,应当按照通常理解予以解释。对合同条款有两种以上解释的,人民法院或者仲裁机构应当作出有利于被保险人和受益人的解释。”

位。例如,在民事法中,诚实信用原则被尊称为“帝王条款”,是一切民事活动和一切市场参与者所应遵循的基本原则,要求民事主体须尊重他人利益,要以对待自己事务之注意对待他人事务。诚实信用原则是对意思自治原则的必要修正与应有限制,不仅适用于民事合同的订立、履行和解释,而且扩及一切民事权利的行使和一切民事义务的履行。诚信是保险的生命线。在保险法中,诚实信用原则被置于更高的地位,规定了比民事法律关系当事人更高的行为准则要求,谓之最大诚信原则。诚实信用是评价保险合同效力的基础,对保险合同有着非常重要的作用。一般认为,所谓最大诚信原则,是指保险合同双方当事人在订立及履行保险合同的过程中,必须以最大的诚信,全面而完整地履行自己应尽的义务,互不欺骗和隐瞒有关保险标的的重要情况,严格遵守保险合同的约定和承诺。作为保险活动的基本原则之一,最大诚信原则最早起源于海上保险。①在早期的海上保险活动中,在保险交易达成、保险合同缔结之时,作为保险标的的船舶或者货物往往已在海上或其他港口,在当时条件下,保险标的的真实情况如何,只能依赖于投保人或被保险人的告知;保险人根据投保人的告知决定是否承保及估算保险风险、确定保险费率。投保人或被保险人的告知行为至关重要,不仅直接关系保险人的切身利益,而且关乎保险事业的顺利发展。为此,对投保人或被保险人的诚实信用要求被提升至最高标准,以确保其全面履行如实告知义务,避免保险人合法权益受损、保险合同关系基础动摇。我国《保险法》制定之初就确立了诚实信用原则的法律地位,1995 年 6 月 30 日第八届全国人民代表大会常务委员会第十四次会议通过的《保险法》第 4 条明确规定:“从事保险活动必须遵守法律、行政法规,遵循自愿和诚实信用的原则。”2002 年 10 月 28 日第九届全国人民代表大会常务委员会第三十次会议修正通过的《保险法》在此基础上,又增加一条内容,即“保险活动当事人行使权利、履行义务应当遵循诚实信用原则”。此外,《保险法》虽经多次修改,但保留了这一立法模式。

作为保险法的基本原则,最大诚信原则贯穿保险法的始终,是保险合同当事人在保险活动中必须遵守的最基本行为准则,适用于保险合同的订立、履行、解除、理赔、条款解释、争议处理等各个环节,其内容主要通过赋予保险合同当事人诚信义务来加以体现。具体来说,主要包括以下几个方面:(1)如实告知义务。一般认为,所谓如实告知义务,又称据实说明义务、如实披露义务,是指投保人在订立保险合同时对保险人的询问应当进行如实说明、据实陈述,包括对事实的陈述、对将来事件或者行为的陈述以及对他人陈述的转述。如实告知的目的在于,使保险人能够准确地了解与保险标的危险状况有关的重要事实。所谓重要事实,是指能够影响保险人决定是否接受承保或者据以

① 参见赵苑达:《保险交换关系的性质探析》,载《东北财经大学学报》2012 年第 3 期。

确定保险费率,又或者是否在保险合同中增加特别约定条款的事实,主要包括以下事项:足以使被保险人危险增加的事实;为特殊动机而投保的,有关这种动机的事实;表明被保险危险特殊性质的事实;显示投保人在某方面非正常的事实等。需要补充说明的是,在实践中,重要事实的具体范围会依据保险种类的不同而有所区别。例如,在人身保险中,重要事实多与被保险人的健康状况有关。投保人违反如实告知义务,将承担相应法律后果。再如,投保人故意隐瞒事实,不履行如实告知义务的,或者因过失未履行如实告知义务,足以影响保险人决定是否同意承保或者提高保险费率的,保险人有权解除保险合同。《保险法》第 16 条第 1 款规定:"订立保险合同,保险人就保险标的或者被保险人的有关情况提出询问的,投保人应当如实告知"①;该法第 16 条第 2 款、第 4 款、第 5 款进一步规定:"投保人故意或者因重大过失未履行前款规定的如实告知义务,足以影响保险人决定是否同意承保或者提高保险费率的,保险人有权解除合同";"投保人故意不履行如实告知义务的,保险人对于合同解除前发生的保险事故,不承担赔偿或者给付保险金的责任,并不退还保险费";"投保人因重大过失未履行如实告知义务,对保险事故的发生有严重影响的,保险人对于合同解除前发生的保险事故,不承担赔偿或者给付保险金的责任,但应当退还保险费"。(2)保证义务。所谓保证义务,是指投保人或被保险人就在保险期限内的特定事项作为或不作为向保险人所做的担保或承诺。保证分为明示保证和默示保证。前者是指以书面形式载明于保险合同中,以"被保险人义务"条款表达的保证事项;后者是指虽未以条款形式列明,但是按照行业或国际惯例、有关法规以及社会公认的准则,投保人或被保险人应该作为或不作为的保证事项。(3)通知义务。所谓通知义务,是指在保险标的危险程度显著增加时,被保险人应当按照合同约定及时通知保险人,否则将承担不利后果。通常认为,所谓危险显著增加,是指保险标的原危险状况在保险期间发生明显的、持续的增加。该增加在保险合同缔结时未予评估,没有作为计算保险费率的基础,此时如果继续履行原合同,对保险人显失公平。保险合同的订立应遵循市场交易对价平衡的规则,体现最大诚信的基本原则。如果这时仍按照原合同设定的权利和义务进行履行,显然对保险人产生极其不利并有失公允的后果,实质上也不利于由其他投保人组成的危险共同团体。《保险法》第 52 条规定:"在合同有效期内,保险标的的危险程度显著增加的,被保险人应当按照合同约定及时通知保险人,保险人可以按照合同约定增加保险费或者解除合同";"保险人解除

① 对于投保人的如实告知义务,我国采用的是询问告知主义,即投保人只需对保险人明确、具体提出询问的事项,就其知道以及应当知道的情况告知即可,对于保险人未提出询问的事项,投保人则无须承担告知义务。

合同的,应当将已收取的保险费,按照合同约定扣除自保险责任开始之日起至合同解除之日止应收的部分后,退还投保人";"被保险人未履行前款规定的通知义务的,因保险标的的危险程度显著增加而发生的保险事故,保险人不承担赔偿保险金的责任"。(4)说明义务。所谓说明义务,是指保险人在订立保险合同时就相关合同条款依法向投保人进行的解释。由法定义务性质所决定,不允许保险人以合同条款或其他方式限制或免除其说明义务。任何情况下,保险人均有义务在订立保险合同时向投保人详细说明保险合同的各项条款,并针对投保人就有关保险合同条款的提问作出直接真实的回答,就投保人对有关保险合同的疑问进行正确的解释。《保险法》第 17 条第 1 款明确规定:"订立保险合同,采用保险人提供的格式条款的,保险人向投保人提供的投保单应当附格式条款,保险人应当向投保人说明合同的内容";该法第 17 条第 2 款进一步规定:"对保险合同中免除保险人责任的条款,保险人在订立合同时应当在投保单、保险单或者其他保险凭证上作出足以引起投保人注意的提示,并对该条款的内容以书面或者口头形式向投保人作出明确说明;未作提示或者明确说明的,该条款不产生效力。"(5)禁止反言义务。所谓禁止反言,是指保险人在放弃某项权利后,即不得再向投保人或被保险人主张这种权利。在保险合同中,只要订立合同时,保险人放弃了某种权利,合同成立后便不能反悔,至于投保人是否了解事实真相在所不问。禁止反言义务的确立,旨在对保险人基于投保人违反如实告知义务所享有的抗辩权利进行限制,即使投保人未履行如实告知义务,但若保险人对此是明知的且与之订立了保险合同,则保险人不得再以投保人违反如实告知义务为由解除合同或不承担保险责任。《保险法》第 16 条第 6 款规定:"保险人在合同订立时已经知道投保人未如实告知的情况的,保险人不得解除合同;发生保险事故的,保险人应当承担赔偿或者给付保险金的责任。"

本案中,T 人寿保险公司与司某华所签订的保险合同合法有效,双方均应遵守最大诚信原则,按合同约定全面履行义务。同时,依据现行法律规定,采用保险人提供的格式条款订立的保险合同,保险人与投保人、被保险人或受益人对合同条款有争议的,应当按照通常理解予以解释,对合同条款有两种以上解释的,应当作出有利于被保险人和受益人的解释。因此,对所涉争议条款应当作出对司某华有利的解释,一审、二审判决认定事实清楚,适用法律准确。

案例二:重复保险的具体认定

——基于中国 R 财产保险股份有限公司苏州市分公司与吴某丽等机动车交通事故责任纠纷案之分析

一、案情简介①

2018 年 6 月 23 日零时 20 分许,吴某丽驾驶电动自行车沿本市松江区叶发公路由北向南行驶,至叶发公路进辕门东路北约 50 米处时,与案外人周某停放在该处非机动车道内的重型非载货专项作业车发生碰撞,致吴某丽受伤及电动自行车损坏,吴某丽受伤后就医治疗。上海市公安局松江分局交通警察支队作出《道路交通事故认定书》,认定吴某丽负事故同等责任,案外人周某负事故同等责任。

2018 年 12 月 13 日,吴某丽的法定代理人牛某朋委托华东政法大学司法鉴定中心对吴某丽伤残等级、休息、营养、护理期限等进行评定。同年 12 月 29 日,该中心出具华政〔2018〕法医精残鉴字第 868 号司法鉴定意见书,鉴定意见如下:(1)被鉴定人吴某丽于 2018 年 6 月 23 日因道路交通事故受伤,使其患有脑损害所致精神障碍,构成九级伤残;(2)给予被鉴定人吴某丽休息期 120 日,护理期、营养期各 60 日;(3)如本案诉讼于法院,被鉴定人吴某丽对本案具有限制民事行为能力。吴某丽的法定代理人牛某朋将王某常、涉案车辆承保保险公司诉至法院,请求赔偿其经济损失。

二、法院裁判

一审法院查明事实如下:事故车辆的所有人为王某常,案外人周某系王某常的雇佣人员。事故车辆在中国 R 财产保险股份有限公司宁波市分公司投保了交强险,在中国 R 财产保险股份有限公司苏州市分公司投保了起重机械综合保险(第三者责任保险保额为 50,000 元),在中国 T 财产保险股份有限公司蚌埠中心支公司投保了工程机械设备综合保险附加第三者责任保险(保额为 500,000 元)。事故发生在保险期间内。王某常与中国 T 财产保险股份有限公司蚌埠中心支公司签订的保险合同约定,每次事故绝对免赔额 2000 元或损失金额的 10%,两者以高者为准。吴某丽系外来务工人员,其自

① 载中国裁判文书网 2020 年 11 月 20 日,https://wenshu.court.gov.cn/website/wenshu/181107ANFZ0BXSK4/index.html?docId=cbf08cc57c0344adae13ab7500ead0e3。

2017 年 6 月 16 日起居住于上海市松江区,该地区的非农比已达 2/3 以上。吴某丽自 2017 年 5 月起工作于上海某某有限公司。

一审法院审理认为:依据法律规定,机动车发生交通事故造成人身伤亡、财产损失的,由保险公司在机动车第三者责任强制保险责任限额范围内予以赔偿;不足的部分,机动车与非机动车驾驶人、行人之间发生交通事故,非机动车驾驶人、行人没有过错的,由机动车一方承担赔偿责任;有证据证明非机动车驾驶人、行人有过错的,根据过错程度适当减轻机动车一方的赔偿责任;机动车一方没有过错的,承担不超过 10% 的赔偿责任。① 本案属于机动车与非机动车之间发生的交通事故。事发时,事故车辆已向中国 R 财产保险股份有限公司宁波市分公司投保了交强险,故对于吴某丽的损失,先由中国 R 财产保险股份有限公司宁波市分公司在交强险限额内予以赔偿;不足部分,根据事故责任认定书,案外人周某承担本起事故的同等责任,吴某丽承担本起事故的同等责任,故酌情确定由案外人周某对吴某丽的损失承担 60% 的赔偿责任。因事发前,案外人周某驾驶的事故车辆已分别在中国 R 财产保险股份有限公司苏州市分公司投保了起重机械综合保险、在中国 T 财产保险股份有限公司蚌埠中心支公司投保了工程机械设备综合保险附加第三者责任保险,故对于该部分损失,先分别由中国 R 财产保险股份有限公司苏州市分公司、中国 T 财产保险股份有限公司蚌埠中心支公司在商业第三者责任险限额内按责赔偿。仍有不足或不属保险理赔范围的,因事发时案外人周某系受雇于王某常,故案外人周某的行为所造成的损害赔偿责任由王某常承担。中国 R 财产保险股份有限公司苏州市分公司、中国 T 财产保险股份有限公司蚌埠中心支公司关于不承担赔偿责任的辩称意见,无事实和法律依据,不予采纳。综上,一审法院依法判决如下:(1)中国 R 财产保险股份有限公司宁波市分公司在机动车交通事故责任强制保险范围内赔偿吴某丽 121,600 元;(2)中国 R 财产保险股份有限公司苏州市分公司在起重机械综合保险范围内赔偿吴某丽 50,000 元;(3)中国 T 财产保险股份有限公司蚌埠中心支公司在工程机械设备综合保险范围内赔偿吴某丽 60,794.71 元;(4)王某常赔偿吴某丽 10,754.97 元。案件受理费 6217 元,由吴某丽负担 1270 元,王某常负担 4947 元。

---

① 2011 年 4 月 22 日第十一届全国人民代表大会常务委员会第二十次会议修正通过的《道路交通安全法》第 76 条规定:"机动车发生交通事故造成人身伤亡、财产损失的,由保险公司在机动车第三者责任强制保险责任限额范围内予以赔偿;不足的部分,按照下列规定承担赔偿责任:(一)机动车之间发生交通事故的,由有过错的一方承担赔偿责任;双方都有过错的,按照各自过错的比例分担责任。(二)机动车与非机动车驾驶人、行人之间发生交通事故,非机动车驾驶人、行人没有过错的,由机动车一方承担赔偿责任;有证据证明非机动车驾驶人、行人有过错的,根据过错程度适当减轻机动车一方的赔偿责任;机动车一方没有过错的,承担不超过百分之十的赔偿责任。交通事故的损失是由非机动车驾驶人、行人故意碰撞机动车造成的,机动车一方不承担赔偿责任。"

一审判决后,中国R财产保险股份有限公司苏州市分公司不服判决,依法提起上诉。

二审法院经审理查明,一审认定事实无误,予以确认。

二审法院另查明事实如下:中国R财产保险股份有限公司苏州市分公司提交的保险合同第5条规定:"在保险期间内,由于下列原因造成保险标的在保险合同中载明的作业区域范围内的损失,保险人按照本保险合同的约定负责赔偿:……(三)碰撞、飞行物体及其他空中运行物体坠落……";保险合同第18条约定:"在保险期间内,保险合同中列明的起重机械在保险合同载明的作业区域范围内发生意外事故,造成第三者人身伤亡或财产损失,依法应由被保险人承担的经济赔偿责任,保险人按照本保险合同约定负责赔偿"。王某常与中国R财产保险股份有限公司苏州市分公司签署的起重机械综合保险单中约定作业区域为:中国境内。

二审法院经审理认为:在本案中,涉案起重机投保的起重机械综合保险和工程机械设备综合保险附加第三者责任保险均属于第三者责任保险,并不存在、亦不属于重复保险情况,不应在中国R财产保险股份有限公司苏州市分公司、中国T财产保险股份有限公司蚌埠中心支公司之间按照保险金额按比例承担。中国R财产保险股份有限公司苏州市分公司根据保险条款之约定主张其无须承担保险责任,缺乏依据。一审判决认定事实清楚,适用法律正确。据此,二审法院依法判决如下:驳回上诉,维持原判。

三、法理分析

本案是关于重复保险认定的典型案例。

在理论研究中,重复保险有广义和狭义之分。广义的重复保险,是指投保人就同一保险标的、同一保险利益、同一保险事故,在同一期间,分别与数个保险人订立保险合同的保险;①狭义的重复保险相比广义的重复保险则多了一个构成要件,即"保险金额总和超过保险价值"。《保险法》亦对重复保险的概念进行了明确界定,所谓重复保险,是指投保人对同一保险标的、同一保险利益、同一保险事故分别与两个以上保险人订立保险合同,且保险金额总和超过保险价值的保险。② 显然,现行法律规定采纳了狭义说,增加"保险金额总和超过保险价值"这一构成要件符合保险法上的损失补偿原则,有助于防止被保险人通过保险获得不当利益。

---

① 参见杜爱武:《财产保险理赔和追偿案例评析》,中国法制出版社2017年版,第60页。

② 《保险法》第56条第4款规定:"重复保险是指投保人对同一保险标的、同一保险利益、同一保险事故分别与两个以上保险人订立保险合同,且保险金额总和超过保险价值的保险。"

重复保险制度的创设与适用具有重要意义,主要体现在以下几个方面:(1)体现损失补偿原则。所谓损失补偿原则,是指保险人在发生保险事故后,依照合同约定的责任范围对被保险人遭受的损害予以赔付,而不能超额补偿。作为保险领域中被普遍认可的重要原则之一,损失补偿原则主要应用于财产型保险和一些补偿型保险。其确立的主要原因在于,在实践中,投保人、被保险人为获得超额补偿,可能会就同一保险标的与不同保险人定了多份保险合同,若认可所涉合同的有效性,则出现保险事故后,被保险人可以依据保险合同向不同保险人进行多次索赔,不仅可以弥补其因保险事故造成的损失,而且能够借此获得"额外"利润,由此诱发道德风险并冲击保险市场正常秩序。重复保险制度便是为了抑制这种"超额"补偿而设立,是损失补偿原则的一种具体表现方式。(2)维护最大诚信原则。作为保险法的基本原则,最大诚信原则着眼于投保人与保险人之间信息不对称这一突出问题,要求保险合同当事人须恪守诚实信用原则,全面履行法定约定义务,以矫正信息失灵对保险关系的冲击。在实践中,投保人、被保险人为了获取超额利润与多个保险人就同一保险标的达成保险合同,不会将这一信息主动告知所涉保险人,而保险人一般也无有效途径去主动获取该消息,由此导致利益失衡、风险出现。重复保险制度的确立,意味着将相关信息告知保险人是投保人的法定义务,由此将在很大程度上遏制投保人实施重复保险的动机,使保险行为重回诚信轨道。(3)抑制道德风险。保险是道德风险高发之域,投保人、被保险人为获得保险赔偿,甚至会有意放任、恶意造成保险事故的发生。若不对重复保险予以应有规制,极有可能出现一种情况:投保人、被保险人不履行及时、充分告知之义务并在保险事故发生后重复向保险人进行索赔,以获得尽可能高的保险赔偿,甚至因此"盈利"。这将与保险的目的严重背离,保险在于分散风险、弥补损失,而非推动保险事故的发生、造成事故损失的扩大,更不是为了让投保人、被保险人因保险而"盈利"。通过确立制度以对重复保险予以应有规制,是消除道德风险、恢复市场秩序的应有之意和必然之需。(4)增强安全保障。于投保人而言,就同一保险标的与多个保险公司订立保险合同,意味着安全保障的增强,如在遭遇某一保险公司保险金支付不能时,还有其他保险公司能够提供保障。因此,对重复保险予以必要规制,实现基于善意的重复投保行为的合法化,有助于增强投保人、被保险人的安全保障。

鉴于其重要价值,我国《保险法》制定之初就确立了重复保险制度,除对重复保险的概念予以明确界定外,还对投保人通知义务、保险金额限制等问题进行了相应规定。[①] 现行重复保险制度主要内容如下:(1)投保人负有通知义务,即"重复保险的投保人应当将重复保险的有关情况通知各保险人"。(2)保险赔偿金不得超过保险价值,即"重复保险的各保险人赔偿保险金的总和不得超过保险价值"。(3)保险人按比例承担责任,即"各保险人按照其保险金额与保险金额总和的比例承担赔偿保险金的责任",保险合同另有约定除外。(4)投保人享有保费返还请求权,即"重复保险的投保人可以就保险金额总和超过保险价值的部分,请求各保险人按比例返还保险费"。予以补充说明的是,学界对"比例承担责任"这一现行模式还存在不同认知,部分研究者认为,应当以"连带赔偿责任"模式代替之,其主要理由在于,"连带赔偿责任"模式更有利于被保险人权益的有效保护。在"比例承担责任"模式下,若有的保险人丧失理赔能力,将造成被保险人无法获得完全补偿,甚至无法要求退还相应保费,这无疑将极大地损害被保险人利益。[②] 代之以"连带赔偿责任"模式意味着,当保险事故发生后,被保险人可以向任意一家保险公司申请赔偿,不仅能够确保得到完全补偿,而且将大大节约时间、金钱等成本,显然有助于更加周全地保护被保险人的利益。确立"连带赔偿责任"模式的同时,还应当赋予承担赔付责任的保险公司以追偿权,以实现其合法权益的应有保障。

需要注意的是,在司法实践中,判断应否适用重复保险制度,要先甄别所涉保险纠纷是属于财产保险,还是属于人身保险。唯有属于财产保险性质,才有适用重复保险制度的可能性;若所涉保险纠纷属于人身保险,则没有适用重复保险制度的空间。其原因在于,在保险立法中,重复保险制度被置于"财产保险合同"一节,属于财产保险制度体系的重要构成。我国《保险法》以财产保险和人身保险为基本分类,重复保险规定在财产保险合同这一节,体现了立法者对于重复保险仅适用于财产保险而不适用于人身保险的基本立场,其主要理由在于,重复保险制度须遵循损害补偿原则以防止不当得利和道德风险,因人身无价而无法估计生命和健康的保险价值,故不存在超出保险价值的问题,也不会发生不当得利,所以,排除重复保险制度适用于人身保险领域的可能。[③]

---

① 1995 年 6 月 30 日第八届全国人民代表大会常务委员会第十四次会议通过的《保险法》第 40 条规定:"重复保险的投保人应当将重复保险的有关情况通知各保险人。重复保险的保险金额总和超过保险价值的,各保险人的赔偿金额的总和不得超过保险价值。除合同另有约定外,各保险人按照其保险金额与保险金额总和的比例承担赔偿责任。重复保险是指投保人对同一保险标的、同一保险利益、同一保险事故分别向二个以上保险人订立保险合同的保险。"

② 参见杨婵:《海上保险中重复保险分摊纠纷相关法律问题研究》,载《中国海商法研究》2017 年第 1 期。

③ 参见张栩僮:《论重复保险的适用范围和法律效力——以江某与某保险公司南平中心支公司人身保险合同纠纷上诉案为例》,载《保险职业学院学报》2019 年第 5 期。

本案争议的焦点有二：一是中国R财产保险股份有限公司苏州市分公司是否应当在商业险范围内承担赔偿责任；二是若应承担赔偿责任，又应如何确定其具体赔偿责任。对第一个问题，中国R财产保险股份有限公司苏州市分公司认为，其无须承担保险理赔责任，因为根据保险合同第18条之约定，所投保的重型非载货专项作业车在保险合同载明的作业区域范围内发生意外事故，造成第三者人身伤亡或财产损失的，才予以赔偿；而本案事故既非发生在作业区域内，也非发生在进行作业时，故其无须赔偿。但是，依据保险合同的约定，涉案重型非载货专项作业车作业区域为中国境内，本案事故发生地点显然在中国境内，故应认定保险事故发生在所约定的作业区域内；同时，保险合同并未明确约定事故发生时间必须是作业之时。因此，中国R财产保险股份有限公司苏州市分公司缺乏依据，其应当承担保险理赔责任。对第二个问题，中国R财产保险股份有限公司苏州市分公司认为，相关损失不应当由其在保额内先行赔付，而应当依据重复保险制度规则，由两家保险公司按比例承担。但是，本案所涉保险关系并非属于重复保险性质，因此，中国R财产保险股份有限公司苏州市分公司的主张于法无据。

案例三：保险利益的确认

——基于席某林与中国P财产保险股份有限公司保证保险合同纠纷案之分析

一、案情简介①

2016年6月22日，席某林与中国P财产保险股份有限公司（以下简称P财产保险公司）签订《P财产保险公司个人借款保证保险保险单》一份，《P财产保险公司个人借款保证保险保险单》约定：被保险人为陈某1、张某、韩某、陆某、陈某2、任某；个人借款保证保险金额为142,680元；保险期间自借款发放之日起，至该笔借款本息全部清偿之日止；每月保费率为0.66%，每月保险费金额792元；投保人拖欠任何一期借款达到80天（不含）以上，保险人应当依据保险合同约定向被保险人进行理赔，保险人理赔后，投保人需向保险人归还全部理赔款和未付保费；保险人根据《保险法》代位求偿权的相关规定代位行使被保险人对投保人请求赔偿的权利，被保险人应当根据保险人的需要向

① 载中国裁判文书网2020年11月20日，https://wenshu.court.gov.cn/website/wenshu/181107ANFZ0BXSK4/index.html?docId=a7b3a469370040f8a436abb70037f18c。

其出具权益转让书;保险人依法取得的求偿权利包括但不限于被保险人对投保人所享有的借款债权和抵押权、质权等从权利;保险人自理赔当日开始计算,以理赔金额为基数,按每日千分之一,向投保人收取滞纳金;投保人出现逾期或提前还款的,保险人均有权要求投保人支付未付保费,投保人所还款项应按照保费、被保险人规定的相应费用、利息、本金的顺序进行;保险人理赔后,保险人有权要求投保人支付未付保费、理赔款项、违约金、因理赔及催收产生的其他费用等;合同还对其他事项进行了约定。

同日,席某林通过第三方网络借贷平台分别与案外人陈某1、张某、韩某、陆某2、陈某、任某签订《个人借款协议》,6笔借款共计借款金额12万元。后席某林未按约还款,P财产保险公司遂依据保险合同约定进行了代偿。理赔后,P财产保险公司依据保险合同约定要求席某林支付理赔款项等费用,与席某林沟通无果后,将其诉至法院。

二、法院裁判

一审法院经审理认为:席某林向P财产保险公司投保个人借款保证保险,P财产保险公司依规定向席某林出具保险单,双方之间保险合同关系依法成立,受法律保护。保险合同约定保险人理赔后,投保人需向保险人归还全部理赔款项和未付保费。现被告席某林未按约定向被保险人陈某1等人归还借款本息,即发生了保险事故,原告P财产保险公司已按约定理赔,故有权要求被告席某林按照保险合同约定归还理赔款项等费用。据此,一审法院依法判决如下:(1)被告席某林向原告P财产保险公司支付理赔款40,989.06元;(2)被告席某林向原告P财产保险公司支付逾期保费2876.60元。案件受理费960元,由被告席某林承担。

一审判决后,席某林不服判决,依法提起上诉。

二审法院审理认为:保证保险是由债务人投保,为使被保险人在债务人不能清偿债务、遭受经济损失时,由保险人向被保险人赔付的保险,实质上是保险人为投保人(债务人)向被保险人提供的信用担保。在本案中,被上诉人P财产保险公司明确作出了担保承诺的意思表示,上诉人席某林亦实际支付了与保险单相对应的部分保费,所涉保证保险合同系双方真实意思表示,且不违反法律强制性规定,应属合法有效。该合同保险标的与投保人(债务人)的偿债能力、偿债行为相关,故投保人对保险标的具有保险利益。投保人(债务人)是否能按期偿还债务,在订立保险合同时属不能确定的事实,故该合同符合射幸合同的基本原理。上诉人席某林主张所涉保证保险合同无效,无事实和法律依据。综上所述,二审法院认为,一审判决认定事实清楚,适用法律正确,遂依法判决如下:驳回上诉,维持原判。

三、法理分析

本案是关于保险利益确认的典型案例。

一般认为,所谓保险利益,是指投保人或被保险人对保险标的所具有的经济上的利害关系。如果投保人或被保险人没有这种经济上的利害关系,则对保险标的没有保险利益。例如,在财产保险中,当作为保险标的的特定财产遭受保险事故时,若某主体将因此而致经济损失时,则意味着其对作为保险标的的该项财产具有保险利益,反之,则不具有保险利益。作为保险合同的效力要件,投保人或被保险人对其所投保的保险标的必须具有保险利益,否则,保险合同不能生效。一方面,只有对保险标的有保险利益的人才具有投保的资格,对无保险利益的保险标的不能投保;另一方面,是否具有保险利益是判断保险合同能否生效的依据,无保险利益的保险合同不发生法律效力。依据性质的不同,可将保险利益划分为积极的保险利益和消极的保险利益。所谓积极保险利益是指投保人、被保险人对其保险标的享有的有利的经济利益。

一般认为,保险利益的构成要件主要有四:(1)合法性。为法律所承认和保护的利益才能成为保险利益。保险利益作为投保人或被保险人享有的利益,必须是符合法律法规,符合社会公共利益,为法律所认可并受到法律保护的利益。对不法利益,如以违反善良风俗所生的利益而为的保险,不问投保人是善意还是恶意,一律无效。(2)确定性。已经确定或者可以确定的利益才能成为保险利益。已经确定的利益是指被保险人对保险标的的现有利益或因现有利益而产生之期待利益已经确定;可以确定的利益是指事实上的经济利益或客观的利益。(3)经济性。保险利益必须是有经济价值或可作经济评价的利益,否则不能成为保险利益。(4)可计算性。可以用货币计算和估价的利益才能成为保险利益。

作为保险法的基本原则之一,保险利益原则的核心功能在于防止保险活动成为一些人获取不正当利益的手段,从而确保保险活动有效发挥分散风险、减少损失的作用。具体来说,主要体现在以下几个方面:(1)防范道德风险发生。在保险关系中,保险人的赔付以被保险人遭受损失为前提,确立保险利益原则有助于防止投保人、被保险人放任或促使其不具有保险利益的保险标的发生保险事故以谋取保险赔偿,进而诱发道德风险。(2)平衡保险当事人利益。保险利益是保险人所补偿损失的最高限额,被保险人所主张的赔偿金额不得超过其保险利益的金额或价值,确立保险利益原则有助于避免投保人、被保险人获得与所受损失不相称的高额赔偿,从而损害保险人的利益。(3)消除赌博投机行为。保险与赌博同为射幸行为,即当事人一方是否履行义务有赖于偶然事件的发生与否,在合同订立之时,一方当事人义务的履行处于不确定状态。保险不同于赌博的最主要特征就在于被保险人对于保险标的具有一定的保险利益，如果保险事故发生，被保险人很大程度上会遭受损失，即使获得相应的保险金赔付也不会有不当得利问题的产生，赌博中不存在类似于保险利益的其他利益形态。如果允许不具有保险利益的人以他人的生命或财产作为保险标的，以自己作为收益方进行投保，那么一旦发生保险事故，他不需要承担任何损失而获取远远超过保险费的保险给付，保险活动将完全成为投机赌博行为，并丧失了转移风险、减少损失等应有功效。

《保险法》主要从以下方面对保险利益及其制度构成进行了规定：(1)对保险利益内涵进行了界定。法定意义上的保险利益，是指投保人或者被保险人对保险标的具有的法律上承认的利益。① (2)对保险利益适用规则进行了明确。对于人身保险，投保人在保险合同订立时，对被保险人应当具有保险利益；②对于财产保险，被保险人在保险事故发生时，对保险标的应当具有保险利益；③保险事故发生时，被保险人对保险标的不具有保险利益的，不得向保险人请求赔偿保险金。④ (3)对人身保险中保险利益识别进行了规定。投保人对本人、配偶、子女、父母、与投保人有劳动关系的劳动者以及与投保人有抚养、赡养或者扶养关系的家庭其他成员、近亲属当然具有保险利益。除此之外，作为被保险人的其他主体同意投保人为其订立合同的，视为投保人对被保险人具有保险利益。⑤

需要补充的是，《保险法》对财产保险中保险利益识别问题尚未作出明确规定，其原因在于，在财产保险中，保险利益的判断标准具有一定的不确定性，需要结合实际情况进行科学判断。本案中，席某林向P财产保险公司投保个人借款保证保险，并按照保险合同约定支付相应保费；P财产保险公司向席某林出具了保险单，并明确作出了担保承诺的意思表示；保险合同的签订是双方真实意思表示，且不违反法律强制性规定，合法有效，受法律保护。本案所涉保证保险是由席某林投保，为使其债权人在席某林不能清偿债务而遭受经济损失时，由P财产保险公司向其债权人赔付的保险，实质上是P财

① 《保险法》第12条第6款规定："保险利益是指投保人或者被保险人对保险标的具有的法律上承认的利益。"

② 《保险法》第12条第1款规定："人身保险的投保人在保险合同订立时，对被保险人应当具有保险利益。"

③ 《保险法》第12条第2款规定："财产保险的被保险人在保险事故发生时，对保险标的应当具有保险利益。"

④ 《保险法》第48条规定："保险事故发生时，被保险人对保险标的不具有保险利益的，不得向保险人请求赔偿保险金。"

⑤ 《保险法》第31条第1款、第2款规定："投保人对下列人员具有保险利益：(一)本人；(二)配偶、子女、父母；(三)前项以外与投保人有抚养、赡养或者扶养关系的家庭其他成员、近亲属；(四)与投保人有劳动关系的劳动者"；"除前款规定外，被保险人同意投保人为其订立合同的，视为投保人对被保险人具有保险利益。"

产保险公司为席某林向其债权人提供的信用担保。本案所涉保险标的与席某林的偿债能力、偿债行为相关,席某林对该保险标的具有保险利益。席某林主张所涉保险合同无效,无事实和法律依据,一审、二审法院定性准确,裁判合理。

案例四:保险合同格式条款的效力认定

——基于中国T财产保险股份有限责任公司北京分公司与朱某坚财产保险合同纠纷案之分析

一、案情简介①

2019年4月,朱某坚为其自有车辆向中国T财产保险股份有限责任公司北京分公司(以下简称T财产保险公司)投保交强险、第三者责任险(保险金额为20万元)、车辆损失险(保险金额为102,950元),保险期间自2019年4月8日至2020年4月7日。2019年4月16日10时20分,在北京市通州区潞城镇右堤路前疃村南口,朱某坚驾驶车辆由南向北行驶时,车辆右前部撞上王某驾驶的由南向西转弯的轻便三轮摩托车(无号牌)左侧,造成王某死亡,两车损坏。通州交通支队出具交通事故认定书,认定朱某坚驾驶未按规定期限进行检验的小型轿车行经交叉路口违反规定超车的违法行为、王某未取得机动车驾驶证且未佩戴安全头盔驾驶未按规定登记注册的轻便三轮摩托车的违法行为与本起道路交通事故的发生有因果关系,故认定朱某坚与王某承担此次事故同等责任。2019年4月30日,朱某坚与王某伟(王某家属)签订协议书,约定朱某坚向王某家属赔偿死亡赔偿金、丧葬费、精神损害抚慰金共计50万元,双方互不追究责任。通州交通支队出具道路交通事故经济赔偿执行凭证,确认朱某坚于2019年4月30日将全部款项给付王某伟。朱某坚因本次事故维修事故车辆支付费用共计18,363元。在本次事故中,通州交通支队委托某鉴定所对事故车辆的制动系和转向系进行检验。该鉴定所出具的司法鉴定意见书显示,所涉车辆的制动系、转向系工作状况正常。事后,朱某坚就上述费用向T财产保险公司申请理赔。2019年5月20日,T财产保险公司所出具的机动车保险拒赔通知书称,事故车辆发生保险事故时未按规定年检,根据保险条款关于责任免除的规定,拒绝理赔。朱某坚遂将T财产保险公司,请求法院判令其依法

① 载中国裁判文书网2020年11月20日,https://wenshu.court.gov.cn/website/wenshu/181107ANFZ0BXSK4/index.html?docId=2f8d454249fe4c3dbd67abb6000cf6db。

承担理赔责任。

二、法院裁判

一审法院经审理认为：朱某坚向T财产保险公司投保交强险、第三者责任险及车辆损失险并向T财产保险公司支付保费，双方之间的保险合同已经成立并生效。此次事故经通州交通支队认定，朱某坚与王某负同等责任。事故发生后，朱某坚与王某的家属达成协议，朱某坚一次性赔偿王某近亲属死亡赔偿金、丧葬费及精神损害抚慰金共计50万元，朱某坚已经实际支付上述费用。朱某坚为本次事故支付车辆维修费用18,363元。本案争议焦点在于朱某坚是否有权就上述款项要求T财产保险公司理赔。T财产保险公司依据保险条款中责任免除约定为由拒绝理赔，依据法律规定，作为保险人的T财产保险公司应当对其履行了明确说明义务负举证责任。通过网络、电话等形式订立的保险合同，保险人以网页、音频、视频等形式对免除保险人责任条款予以提示和说明的，可以认定其履行了提示和明确说明义务。T财产保险公司提交电子投保流程演示表欲证明其对于免责条款履行了告知义务，但是朱某坚称其投保的地点为亚运村某4S店保险公司网点而非通过网络、电话等形式订立的保险合同。T财产保险公司明确表示投保时不需要投保人本人进行电子投保流程的操作，亦无法还原朱某坚投保的流程。因此，T财产保险公司提交的电子投保流程并不能证明其就相关免责条款对朱某坚履行了提示和明确说明义务，T财产保险公司亦未提交其他证据证明其以其他法律规定的方式履行了提示和明确说明义务，故其应对朱某坚的损失进行理赔。关于赔偿的数额问题。T财产保险公司向朱某坚理赔的数额应以王某近亲属的实际损失为依据。朱某坚与王某伟签订的协议书明确损失包括死亡赔偿金、丧葬费和精神损害抚慰金，经核算，死亡赔偿金数额为344,370元，丧葬费为63,553.5元，精神损害抚慰金酌定为5万元。因此，王某近亲属的合理损失共计457,923.5元。综上，一审法院依法判决如下：(1)T财产保险公司在机动车交通事故责任强制保险限额内给付朱某坚11万元；(2)T财产保险公司在第三者商业责任险限额内给付朱某坚173,961.75元；(3)T财产保险公司给付朱某坚修理费18,363元；(4)驳回朱某坚的其他诉讼请求。

一审判决后，T财产保险公司不服判决，遂依法提起上诉。

二审法院经审理认为，本案之争议焦点有二：一是T财产保险公司是否已就免责条款尽到提示说明义务；二是T财产保险公司能否以朱某坚所投保车辆超期未年检为由拒赔。对于第一个焦点，二审法院认为，T财产保险公司已就免责条款尽到说明义务。在本案中，朱某坚虽称其亲至亚运村某4S店进行投保，全程仅收到投保成功之信息，但对其陈述未能提供相应证据。T财产保险公司已提供其一般投保流程，朱某坚所述之投保流程与通常投保流程不符,朱某坚现有之证据尚不能证明其主张。T 财产保险公司在其网页中已以加黑字体等方式对免责条款予以提示,亦以加黑字体对相关概念内容和法律后果予以说明,应当认为 T 财产保险公司已对免责条款尽到提示说明义务。对于第二个焦点,二审法院认为,T 财产保险公司不能以朱某坚所投保车辆超期未年检为由拒绝理赔。朱某坚投保事故车辆已于 2018 年 8 月超过年检期限。2019 年 4 月朱某坚向 T 财产保险公司为该车辆投保,T 财产保险公司已针对该车辆核保并最终承保。T 财产保险公司称其不知道朱某坚的车辆已超过年检期限,但 T 财产保险公司应当对车辆是否适保进行审查。T 财产保险公司放弃对车辆年检期限的审查,其放弃权利后,禁止反言。现 T 财产保险公司再以车辆超过年检期限拒赔,缺乏法律依据。综上,二审法院依法判决如下:驳回上诉,维持原判。

三、法理分析

本案是关于格式条款效力认定的典型案例。

一般认为,所谓格式条款,又称标准条款,是指当事人为了重复使用而预先拟定,并在订立合同时未与对方协商的条款。① 格式条款具有以下显著特征:(1)预先拟定。格式条款是由合同当事人一方于订立合同前拟定的,而不是在双方反复协商基础上形成的。无论是何方先提出订立合同的建议,提供格式条款的一方总是处于要约人的地位。拟定格式条款的一方当事人,一般是固定提供某种商品或服务的单位,也存在由政府的有关部门为固定提供某种服务或商品制定格式条款的情形。(2)不必协商。在订立合同过程中,提供格式条款一方并不与相对方就格式条款的内容进行协商,也就是说,格式条款的内容是不能改变的,相对方只能或是同意格式条款的内容与提供方订立合同,或是拒绝接受格式条款的内容而不与提供方订立合同,而不可能与对方协商修改格式条款的内容。也正是在这一意义上,格式条款又称为标准条款、附合条款。(3)重复使用。格式条款是为重复使用而不是为一次性使用而制定的。格式条款的重复使用性有助于减少谈判时间和费用,从而节省交易成本,这是格式条款的制度优势所在。格式条款的核心功能在于,通过简化缔约程序、减少缔约时间而降低交易成本、提高交易效率。此外,格式条款还可以使智力、知识、经验、精力、地位不同的消费者受到同等对待,从而平衡消费心理。正是基于上述优势,格式条款被应用于包括保险交易在内的诸多领域。

格式条款能够极大地提高交易效率,因此为经济社会发展所必需,但格式条款并不

① 《民法典》第 496 条第 1 款规定:“格式条款是当事人为了重复使用而预先拟定,并在订立合同时未与对方协商的条款。”

完美,其在带来便利、提高效率的同时,也存在缺陷。例如,由预先拟定、不必协商等特征所决定,格式条款的应用极容易产生社会不公,格式合同提供者借此把不公平条款强加于对方当事人,如不合理地扩大自己的免责范围,规定对方必须放弃某些权利等;当格式条款提供者处于垄断地位,对方当事人将处于别无选择的境地,因此,格式条款的应用在一定程度上削弱了处于接受一方当事人的议价能力。在保险领域,由保险当事人力量对比悬殊、保险条款纷繁复杂、保险用语晦涩难懂等因素所决定,作为合同提供方的保险公司更可能利用格式条款损害投保人、被保险人的合法权益。为此,现行《保险法》对保险合同格式条款的应用进行了必要规制,主要体现在以下几个方面:(1)提示说明规则。订立保险合同,采用保险人提供的格式条款的,保险人向投保人提供的投保单应当附格式条款并向投保人说明合同的内容。对于保险合同中的免责条款,保险人在订立合同时应当在投保单、保险单或者其他保险凭证上作出足以引起投保人注意的提示,并对该条款的内容以书面或者口头形式向投保人作出明确说明;未作提示或者明确说明的,该条款不产生效力。① (2)效力限制规则。采用保险人提供的格式条款订立的保险合同中,"免除保险人依法应承担的义务或者加重投保人、被保险人责任的"和"排除投保人、被保险人或者受益人依法享有的权利的"的格式条款无效。② (3)解释限定规则。采用保险人提供的格式条款订立的保险合同,保险人与投保人、被保险人或者受益人对合同条款有争议的,应当按照通常理解予以解释;有两种以上解释的,应当作出有利于被保险人和受益人的解释。③

在本案中,T 财产保险公司是否已就免责条款尽到提示说明义务是诉争的首要焦点。T 财产保险公司认为,其已就免责条款尽到提示说明义务,并提交了电子投保流程演示表和短信发送记录打印件作为佐证。T 财产保险公司表示,按照公司规定,无论投保人通过何种方式投保均通过电子投保流程进行。其中,第一步为投保人提供准确的邮箱、手机号、个人信息并确认投保险种。第二步为保险公司向投保人预留的手机号发送包含链接的短信,投保人需点击链接,直接阅读基本投保信息、浮动告知书、保险条

---

① 《保险法》第 17 条规定:"订立保险合同,采用保险人提供的格式条款的,保险人向投保人提供的投保单应当附格式条款,保险人应当向投保人说明合同的内容。对保险合同中免除保险人责任的条款,保险人在订立合同时应当在投保单、保险单或者其他保险凭证上作出足以引起投保人注意的提示,并对该条款的内容以书面或者口头形式向投保人作出明确说明;未作提示或者明确说明的,该条款不产生效力。"

② 《保险法》第 19 条规定:"采用保险人提供的格式条款订立的保险合同中的下列条款无效:(一)免除保险人依法应承担的义务或者加重投保人、被保险人责任的;(二)排除投保人、被保险人或者受益人依法享有的权利的。"

③ 《保险法》第 30 条规定:"采用保险人提供的格式条款订立的保险合同,保险人与投保人、被保险人或者受益人对合同条款有争议的,应当按照通常理解予以解释。对合同条款有两种以上解释的,人民法院或者仲裁机构应当作出有利于被保险人和受益人的解释。"

款、免责事项告知书等投保内容。该步骤为投保必经流程，无法跳过。保险条款、投保单、浮动告知单、投保人信息、车辆信息、险种、免责事项告知书，上述事项平铺模式，不阅读无法点击确认。第三步为投保人打开链接地址，进行投保确认。投保人确认投保信息无误且阅读保险条款后，点击确认并需要将验证码提供给出单人员。第四步为投保确认后进入缴费环节，完成投保。第五步为交费成功后，保险公司向投保人以电子邮件形式发送电子发票以及电子保单、保险条款，保险合同订立，同时会发送短信提醒。但是，朱某坚称其本人到亚运村某4S店保险公司网点，其自购买诉争车辆一直在该网点投保；因与业务员较为熟悉，朱某坚将险种、限额告知业务员并交纳保费，三四分钟投保完成朱某坚收到投保成功的短信；朱某坚只看到投保成功的短信，并未看到投保确认的链接。T财产保险公司和朱某坚存在认知分歧的原因在于，现行法律未对电子投保及免责条款说明方式作出明确规定。对此，一审、二审法院也存在不同认知。一审法院认为，依据相关司法解释的规定，T财产保险公司所主张的免责条款说明方式可行，①但是T财产保险公司无法证明在具体操作中是由朱某坚本人完成，还是由朱某坚所称的保险业务员完成，因此，认定T财产保险公司未就免责条款尽到提示说明义务。二审法院却认为，T财产保险公司已提供其一般投保流程，朱某坚所述之投保流程与通常投保流程不符，朱某坚现有之证据尚不能证明其主张，因此，认定T财产保险公司已就免责条款尽到提示说明义务。同时，二审法院以最大诚信原则为据，认为T财产保险公司放弃对车辆年检期限的审查，其放弃权利后，禁止反言，因此，应当就事故承担理赔责任。虽然于裁判结果而言是相同的，但是相较而言，一审法院于保险公司是否已就免责条款尽到提示说明义务这一问题的剖析更为合理，其原因在于，依据《保险法》现行规定及立法精神，对免责条款进行提示说明是保险人的法定义务所在，对此，保险人应当提供充分证据加以证明，②而不能将举证责任分配给投保人、被保险人。

---

① 最高人民法院《关于适用〈中华人民共和国保险法〉若干问题的解释(二)》第12条规定："通过网络、电话等方式订立的保险合同，保险人以网页、音频、视频等形式对免除保险人责任条款予以提示和明确说明的，人民法院可以认定其履行了提示和明确说明义务。"

② 最高人民法院《关于适用〈中华人民共和国保险法〉若干问题的解释(二)》第13条第1款规定："保险人对其履行了明确说明义务负举证责任。"

案例五:近因原则的具体适用

——基于A财产保险股份有限公司重庆分公司两江新区中心支公司与陈某兰保险理赔责任纠纷案之分析

一、案情简介①

2018年3月18日,邓某持D照(逾期未审验)机动车驾驶证驾驶无号牌的正三轮轻便摩托车载邓某昌从长宁县三元乡往珙县方向行驶,当日6时30分许,当车行至省道308线175km+950m处,与由田某驾驶停靠在前方路边的重型半挂牵引车尾部发生碰撞,造成两车不同程度受损、邓某重型颅脑损伤合并胸腔内脏器官损伤当场死亡及邓某昌受伤的交通事故。2018年5月20日,田某强因交通事故死亡。县公安局交通管理大队认定邓某、田某分别承担本次事故同等责任,邓某昌无责任。事故发生后,田某赔偿邓某亲属60,000元。

邓某昌系邓某之父,应某容系邓某之母,陈某兰系邓某之妻,2人生育1子邓某元。田某武系田某强之父,杨某祥系田某强之母,李某红系田某强之妻,2人生育3女。田某强是重型半挂牵引车的实际车主,车辆挂靠某运输公司经营。田某是田某强雇请的驾驶员,初次领证日期2010年5月21日,增驾A2、实习期至2018年12月4日。所涉重型半挂牵引车在A财产保险股份有限公司重庆分公司两江新区中心支公司(以下简称A财产保险公司)投保交强险、商业险。邓某昌、应某容、陈某兰、邓某元等人(以下简称邓某昌等人)将A财产保险公司等主体诉至法院,请求其依法承担赔偿责任。

二、法院裁判

一审法院经审理认为:行为人因过错侵害他人民事权益,应当承担侵权责任。造成受害人死亡的,应当赔偿丧葬费、被扶养人生活费、死亡赔偿金、精神损害抚慰金以及受害人亲属办理丧葬事宜支出的交通费、住宿费和误工损失等其他合理费用。机动车发生交通事故造成人身伤亡、财产损失的,由承保交强险的保险公司在责任限额范围内予以赔偿;不足部分,由承保商业险的保险公司根据保险合同按照责任比例予以赔偿;仍

① 载中国裁判文书网2020年11月20日,https://wenshu.court.gov.cn/website/wenshu/181107ANFZ0BXSK4/index.html?docId=e7f0852e614b4222a5a5ab0d001bb313。

有不足的,由侵权人予以赔偿。本案中,邓某驾驶摩托车与停靠路边、处于静止状态的挂车尾部相撞导致损害后果发生,非因车辆运行过程中驾驶员田某操作不当等原因所致。根据庭审查明的事实及保险法近因原则,田某是否于实习期间驾驶牵引车牵引挂车与本案损害后果的发生没有直接因果关系,A 财产保险公司以田某实习期间违规驾驶为由主张免除商业险赔偿责任的抗辩,没有法律依据。本案当事人对县公安局交通管理大队责任划分不持异议,邓某昌等人的合理损失应由 A 财产保险公司在交强险责任限额范围内予以赔偿;不足部分,在商业险责任限额内赔偿50%;仍有不足的,由田某武、杨某祥、李某红及其 3 个女儿(以下简称田某武等人)在继承田某强遗产范围内予以赔偿。综上,一审法院依法判决如下:(1)A 财产保险公司赔偿邓某昌等人死亡赔偿金、精神损害抚慰金等损失 442,026.63 元;(2)驳回邓某昌等人其他诉讼请求。

一审判决后,A 财产保险公司不服判决,依法提出上诉。

二审法院经审理认为:本案争议焦点为 A 财产保险公司是否应当向邓某昌等人承担商业险第三者责任险。A 财产保险公司所提供的商业险第三者责任险免责条款规定,"实习期内驾驶牵引挂车的机动车造成的人身伤亡、财产损失等,保险人不负责赔偿",A 财产保险公司应当就该条款履行提示和说明义务。但 A 财产保险公司所提供的车辆保险投保告知书只有投保人盖章而无经办人签字,因此,不能证明保险人尽到了说明义务。因此,"实习期内驾驶牵引挂车的机动车造成的人身伤亡、财产损失等,保险人不负责赔偿"这一免责条款不能生效,故 A 财产保险公司应在商业险第三者责任险范围内承担赔偿责任。一审法院援引保险法近因原则,认为"田某是否于实习期间驾驶牵引车牵引挂车与本案损害后果的发生没有直接因果关系",属于裁判理由错误,但裁判结果正确。依据相关司法解释,①当原判决、裁定认定事实或者适用法律虽有瑕疵,但裁判结果正确的,二审法院可以在判决、裁定中纠正瑕疵后,依法予以维持。综上,二审法院依法判决如下:驳回上诉,维持原判。

三、法理分析

本案是关于保险法近因原则具体适用的典型案例。

---

① 2014 年 12 月 18 日最高人民法院审判委员会第 1636 次会议通过的《最高人民法院关于适用〈中华人民共和国民事诉讼法〉的解释》第 334 条规定:"原判决、裁定认定事实或者适用法律虽有瑕疵,但裁判结果正确的,第二审人民法院可以在判决、裁定中纠正瑕疵后,依照民事诉讼法第一百七十条第一款第一项规定予以维持。"2020 年 12 月 23 日、2022 年 4 月 10 日最高人民法院对该司法解释作出两次修正,内容稍作调整。《最高人民法院关于适用〈中华人民共和国民事诉讼法〉的解释》(2022 年修正)第 332 条规定:"原判决、裁定认定事实或者适用法律虽有瑕疵,但裁判结果正确的,第二审人民法院可以在判决、裁定中纠正瑕疵后,依照民事诉讼法第一百七十七条第一款第一项规定予以维持。"

一般认为,作为保险法的基本原则之一,所谓近因原则,是指保险人只有在造成损失的最直接、最有效原因为承保范围内的保险事故时才承担保险责任,对承保范围外的原因引起的损失,不负赔偿责任。近因原则是保险当事人在处理保险案件、法院在审理保险赔偿纠纷案件以及在调查事件发生的起因和确定事件责任的归属时所应遵循的基本原则之一。所谓近因,是指造成损失的最直接、最有效的起主导作用或支配性作用的原因,而非指在时间上或空间上与损失最接近的原因。依据近因原则,当保险人承保的风险事故是引起保险标的损失的近因时,保险人才应当承担赔偿责任。

近因原则在保险法中的确立具有重要意义,主要体现在以下两个方面:(1)有助于平衡保险当事人之间的利益关系。在近因原则缺位的情况下,当保险条款存在歧义而需进行解释时,往往优先适用有利于被保险人的解释准则。由此导致,保险人承担了较重的理赔责任。例如,在实践中,有的被保险人经常将诱因、间接原因引发的事故作为保险事故并诉之司法请求赔偿,而受案法院往往适用有利于被保险人的准则而做出有益于被保险人的解释,从而伤害到保险人的合法权益。同样,对于被保险人而言,近因原则的缺位造成保险事故发生之时遭遇保险人的拒绝理赔,虽可寻求司法解决,但无疑将付出较多的经济成本;对于权利意识和维权能力较弱的被保险人,则不得不承受本应由保险人承担的损害后果。总之,在保险法中确立近因原则,将使得保险事故理赔及其纠纷找到问题解决的基本依据,实现保险当事人责任的合理分配,进而有助于化解保险当事人之间的利益矛盾。(2)有助于防范保险道德风险。由射幸行为性质所决定,保险是道德风险的高发领域,突出表现为保险参与人通过主观行为利用保险为自己谋利,如人为扩大保险标的损失、投保人对被保险人施以故意伤害、不符合投保要求而不如实告知保险人等。道德风险抑制着保险机制的顺利运作和保险风险分担功能的有效发挥。近因原则的确立有助于增强保险当事人的风险防范意识,能够在一定程度上降低保险欺诈的发生率,进而有助于防范保险道德风险的发生。

对于近因原则的认知,应当明确以下几点:(1)单一致损情形下无近因之说。近因是相对于远因而言,近因存在的大前提是风险事故的发生原因不止一个,而应有两个或两个以上。因此,单一致损的情况下不存在近因,更不用考虑近因原则的适用问题。(2)近因本身不带有法律责任性。作为危险事故发生的原因之一,近因与直接原因、间接原因、偶然原因、主要原因处于同一位阶,保险事故发生近因的识别与确定,并不意味着保险人法律责任的必然承担,如属于免责条款者则保险人不必承担赔付责任。(3)近因原则的适用与因果关系的判定存在联系但有所不同。近因原则适用与侵权因果关系判定存在密切联系,近因原则来源于侵权因果关系理论,但近因原则有自身的特点,不能完全按照侵权因果关系理论来理解和适用近因原则。二者主要区别如下:前者体现的是合同责任,后者体现的是侵权责任。保险合同往往是保险人和投保人事先约定,而侵权责任往往都是法定。在保险领域,能够进行理赔的近因不仅仅限于侵权行为,同时也包括违约行为。

对于近因原则的适用,主要分为以下步骤:第一,在保险事故发生后,在众多的原因中找到近因,这个近因是最直接、最有效、起决定作用的原因。第二,查看保险人和投保人签订的保险合同,分析该近因是否属于承保风险。如果属于承保风险,则保险人需要承担赔偿责任;如果并非承保风险或属于除外责任,则保险人不必承担赔偿责任。第三,准确界定近因原则适用范围,保险人仅对承保风险承担责任,如果这种风险在后续中的损害并不必然,则不承担责任。

在本案中,争议焦点为A财产保险公司是否应当向邓某昌等人承担商业第三者责任险。一审、二审法院虽然都支持了邓某昌等人的诉讼请求,但裁判理由不同。一审法院认为,根据庭审查明的事实及保险法近因原则,田某是否于实习期间驾驶牵引车牵引挂车与本案损害后果的发生没有直接因果关系,A财产保险公司以田某实习期间违规驾驶为由主张免除商业险赔偿责任的抗辩没有法律依据,因此,应当依法承担赔偿责任。二审法院则认为,一审法院援引保险法近因原则并认定"田某是否于实习期间驾驶牵引车牵引挂车与本案损害后果的发生没有直接因果关系",属于裁判理由错误;A财产保险公司应当承担赔偿责任的原因在于,其未就"实习期内驾驶牵引挂车的机动车造成的人身伤亡、财产损失等,保险人不负责赔偿"尽到说明义务而致该条款不能生效。综合分析而言,一审法院援引近因原则并认定"田某是否于实习期间驾驶牵引车牵引挂车与本案损害后果的发生没有直接因果关系"的认知更具创新意义,也更符合本案实际情况。

案例六:保险代位求偿权的具体行使

——基于C责任保险股份有限公司上海市分公司与冯某凤、费某海保险人代位求偿权纠纷案之分析

一、案情简介[①]

2017年9月11日,冯某凤、费某海向D信托有限责任公司(以下简称D信托公司)

① 载中国裁判文书网2020年11月20日,https://wenshu.court.gov.cn/website/wenshu/181107ANFZ0BXSK4/index.html? docId=6e731e093d0e45c9bb8bab8500217cb8。

借款3,450,000元并签订《借款合同》《房屋抵押合同》等法律文件,借款期限自2017年9月11日起至2018年3月10日止,冯某凤、费某海提供其位于上海市徐汇区的房屋(以下简称抵押房屋)为该笔借款的抵押物。2017年9月15日,D信托公司取得抵押房屋的抵押登记权属证书。同时,费某海向C责任保险股份有限公司上海市分公司(以下简称C责任保险公司)投保贷款履约保证保险,被保险人为D信托公司。保险合同约定,若冯某凤、费某海未按约还款,由C责任保险公司向D信托公司承担保险赔付责任。后D信托公司按照《借款合同》的约定履行了借款本金的发放义务,但冯某凤、费某海未按约定履行借款本息的偿还义务。2018年3月15日,C责任保险公司按照保险合同约定承担了保险赔付责任,向某D信托公司支付理赔款345万元。C责任保险公司认为,冯某凤、费某海未支付理赔款的行为已经严重侵犯其合法权益,依照法律规定,其有权要求被告冯某凤、费某海支付理赔款本金并赔偿利息损失,同时对抵押房屋享有优先受偿权。在沟通无果的情况下,为维护自身合法权益,C责任保险公司将冯某凤、费某海诉至法院。

二、法院裁判

受案法院经审理认为:在本案中,冯某凤、费某海向C责任保险公司投保贷款履约保证保险,C责任保险公司应冯某凤、费某海的申请出具《贷款履约保证保险保险单》,双方形成保证保险合同关系,内容合法有效。《贷款履约保证保险保险单》约定,C责任保险公司就冯某凤、费某海的还款行为向D信托公司承担保险赔付责任。冯某凤、费某海的逾期还款行为引发保险事故的发生,C责任保险公司按照约定向D信托公司赔付保险金3,450,000元属履行保险义务行为。C责任保险公司在向D信托公司赔付保险金后,有权依据代位求偿权请求冯某凤、费某海返还所代偿的款项。抵押权不得与债权分离而单独转让或者作为其他债权的担保。债权转让的,担保该债权的抵押权一并转让,但法律另有规定或者当事人另有约定的除外。在本案中,C责任保险公司因保证保险合同关系取得对冯某凤、费某海的债权,因此D信托公司享有的对抵押房屋的抵押权应当一并转让于C责任保险公司,C责任保险公司对抵押房屋享有优先受偿权。综上,受案法院依法作出如下判决:(1)被告冯某凤、费某海向C责任保险公司支付理赔款345万元及利息(利息以345万元为基数自2018年3月16日起至2019年8月19日止按照中国人民银行发布的金融机构人民币同期同类贷款基准利率的标准支付利息,自2019年8月20日起按全国银行间同业拆借中心公布的贷款市场报价利率计算至全部清偿之日止);(2)被告冯某凤、费某海向原告C责任保险公司支付律师费1万元;(3)原告C责任保险公司对处置被告冯某凤、费某海所有的位于上海市徐汇区的抵押房屋所得价款在债权范围内享有优先受偿权。

三、法理分析

本案是关于保险代位求偿权适用的典型案例。

关于保险人代位求偿权的概念，学者们虽有不同认知但也有基本共识。所谓保险代位求偿权，是指在第三者对保险标的的损害负有赔偿责任的情况下，保险人在向被保险人支付保险金后，在赔偿金额范围内代位行使被保险人对第三者的求偿权利。① 在保险法律关系中，保险理赔并非被保险人获得补偿的唯一方式，若由第三人造成保险事故，被保险人可依据相关法律规定向第三人主张权利。但是，在已获得保险赔付的情况下，如果允许被保险人仍可向第三人主张权利，便可能造成被保险人获得双重赔付的不当后果。若被保险人可因意外事故而获利，将极有可能诱发道德风险，如被保险人为获得所期待的双重赔付可能会引诱第三人造成保险事故。为防范道德风险、消除不当后果，保险代位求偿权应运而生。依据保险代位求偿权，因第三者对保险标的的损害造成了被保险人损失，一旦保险人对被保险人进行了赔付，就在一定范围内限制被保险人向第三人索赔的权利，保险人自向被保险人赔偿保险金之日起，可代位行使被保险人对第三者请求赔偿的权利，向第三人追偿的数额应以保险人支付的保险金为限。一般认为，保险代位求偿权的成立要件主要有三：第一，保险事故是由第三者对保险标的的损害造成的；第二，被保险人对第三者享有损害赔偿请求权；第三，保险人已向被保险人支付保险金。

《保险法》对保险代位求偿权制度作出了明确规定，其内容主要包括：(1)明确了保险代位求偿权的适用前提。《保险法》第60条第1款明确规定："因第三者对保险标的的的损害而造成保险事故的，保险人自向被保险人赔偿保险金之日起，在赔偿金额范围内代位行使被保险人对第三者请求赔偿的权利。"(2)明确了被保险人的义务：第一，保险事故发生后，保险人未赔偿保险金之前，被保险人放弃对第三者请求赔偿的权利的，保险人不承担赔偿保险金的责任；第二，保险人向被保险人赔偿保险金后，被保险人未经保险人同意放弃对第三者请求赔偿的权利的，该行为无效；第三，被保险人故意或者因重大过失致使保险人不能行使代位请求赔偿的权利的，保险人可以扣减或者要求返还相应的保险金；第四，保险人向第三者行使代位请求赔偿的权利时，被保险人应当向保险人提供必要的文件和所知道的有关情况。(3)明确了保险代位求偿权行使的限制性规则。除被保险人的家庭成员或者其组成人员故意造成法定保险事故外，保险人不得

---

① 参见温世扬主编：《保险法》，法律出版社2007年版，第190页。

对被保险人的家庭成员或者其组成人员行使代位请求赔偿的权利。

在现行法律规定下,保险代位求偿权具有以下显著特征:(1)权利法定。作为一项法定权利,保险人可依照法律规定直接行使保险代位求偿权而无须与被保险人就该权利进行约定,更不需要征得被保险人的同意或授权。此外,法律在赋予被保险人以选择权(或向保险人行使求偿权,或向侵权人行使求偿权)的同时,明确了被保险人的法定义务,如不得未经保险人同意放弃对第三者请求赔偿的权利。(2)债权移转。"代位"本身就蕴含"权利转移"之义,但与传统民法中的代位权存在显著不同的是,保险代位权是权利的法定转移,而非约定转移。其意义在于,有助于防止被保险人获得双重赔偿。被保险人在获得保险赔付后,其利益得到填平,若其仍享有向负有赔偿责任的第三者请求赔偿的权利,则可能双重获益,不符合损害填补原则。(3)前提限制。保险代位求偿权虽然是法定权利,但保险人要想取得该权利有一定的前提限制,必须满足以下条件方可行使:一是第三者对保险事故的发生负有责任,被保险人享有对该第三者的请求赔偿权;二是保险人在保险事故发生后,只有先行履行赔付责任才取得代位资格,此时被保险人对负有赔偿责任的第三者的请求赔偿权才移转至保险人名下。

在本案中,冯某凤、费某海的逾期还款造成保险事故的发生,C责任保险公司根据保险合同约定,向D信托公司赔付了保险金345万元,这属于履行保险义务的行为。依据现行法律规定,C责任保险公司在向作为被保险人的D信托公司赔付保险金后,其有权依据代位求偿权请求冯某凤、费某海返还所代偿款项。同时,因抵押权不得与所担保的债权分离而单独转让或者作为其他债权的担保,应当与所担保的债权一并转让,D信托公司享有的对抵押房屋的抵押权应当一并转让于C责任保险公司,C责任保险公司对抵押房屋享有优先受偿权。受案法院认定事实清楚,适用法律准确。